Dieter Mindt

Unterrichtsplanung Englisch für die Sekundarstufe I

Neubearbeitung

Unter Mitarbeit von
Eva Grabowski, Jürgen Heidrich,
Sabine Herfurt, Felicitas Tesch

Ernst Klett Verlag für Wissen und Bildung
Stuttgart · Dresden

Gedruckt auf Papier, das aus chlorfrei gebleichtem Zellstoff hergestellt wurde.

Die Deutsche Bibliothek – CIP-Einheitsaufnahme

Mindt, Dieter:
Unterrichtsplanung Englisch für die Sekundarstufe I/
Dieter Mindt. – Neubearb. / unter Mitarb. von Eva Grabowski ...,
1. Aufl. – Stuttgart; Dresden:
Klett-Verl. für Wissen und Bildung, 1995
ISBN 3-12-922649-4

1. Auflage 1995

Gesamtherstellung. W. Röck, Weinsberg
Einbandgestaltung: Dieter Zembsch, München
ISBN 3-12-922649-4

Inhalt

Vorwort

Die erste Fassung dieses Buches erschien im Jahre 1979 und hat sich über ein Jahrzehnt als Einführung in die Unterrichtsplanung Englisch für die Sekundarstufe I (Klassen 5–10) bewährt. Seit dem Jahr 1979 haben sich allerdings neue Erkenntnisse in der Didaktik des Englischen ergeben, und darüber hinaus sind bei der Arbeit mit dem Buch einige Lücken offenbar geworden.

Die Neubearbeitung will Lücken schließen, Neues integrieren und Bewährtes weiterentwickeln. Ziel war die Erstellung eines modernen Lehr- und Arbeitsbuchs, das die folgenden Ergebnisse anstrebt:

- Fähigkeit, Englischunterricht auf der Grundlage eines elementaren fachdidaktischen Planungsgerüsts zu entwerfen
- Kenntnis der elementaren Hilfsmittel zur Planung und Durchführung von Englischunterricht und Fähigkeit, sie angemessen einzusetzen
- Kenntnis wichtiger Grundbegriffe der Didaktik des Englischen mit der Befähigung, weiterführende fachdidaktische Literatur zu benutzen.

Das Buch verbindet die wichtigsten theoretischen Grundlagen mit Planungshinweisen für die Praxis des Unterrichts. Der Text ist so angelegt, daß neu eingeführte Begriffe beim ersten Auftreten erläutert werden. Das Sachregister verweist durch Fettdruck auf die Seiten, an denen Erläuterungen zu einzelnen Begriffen gefunden werden können.

Den einzelnen Kapiteln sind Zusammenfassungen vorangestellt, die die Inhalte und ihre Abfolge wiedergeben. Arbeitsaufgaben dienen der Selbstkontrolle des Gelernten oder ergänzen die hier gegebenen elementaren Hinweise. Die Arbeitsaufgaben können darüber hinaus als Grundlage weiterführender Diskussionen in Lehrveranstaltungen herangezogen werden. Zu jedem Kapitel werden Literaturangaben gemacht, die eine erste Vertiefung des jeweiligen Themas ermöglichen. Um die Übersichtlichkeit zu wahren, erfolgt eine Beschränkung auf höchstens sechs Literaturangaben.

Obwohl die einzelnen Kapitel aufeinander bezogen sind, wurden sie so angelegt, daß sie auch jeweils separat lesbar sind. Dies soll die spätere Wiederholung einzelner Teile erleichtern (z.B. im Praktikum oder im Referendariat). Dafür wurde eine gelegentliche Redundanz in Kauf genommen.

Kapitel 5. *Beispiel einer Unterrichtsplanung* wurde von Frau stud. phil. Gabriele Thiede (unter Betreuung von Frau Brigitte Länger als Mentorin) in

ihrem Unterrichtspraktikum erarbeitet und für diese Veröffentlichung in eine endgültige Form gebracht. Frau stud. phil. Elin Nadjafian hat Zitate und Literaturangaben überprüft und an der endgültigen Korrektur des Manuskripts mitgewirkt. Ihnen allen sei herzlich gedankt.
Die Neufassung ist ein gemeinschaftliches Werk von Angehörigen aller drei Berliner Universitäten: Dr. Sabine Herfurt (Humboldt-Universität), Dr. Felicitas Tesch (Technische Universität), Dr. Eva Grabowski, Jürgen Heidrich und ich selbst (Freie Universität). Wir haben uns gemeinsam bemüht, das neue Werk zu einem verständlichen und zuverlässigen Begleiter bei den ersten Schritten in die Vorbereitung und Durchführung der Unterrichtsplanung werden zu lassen.

Dieter Mindt

Hinweise zur Benutzung dieses Buches

Das Buch ist sowohl für einführende Lehrveranstaltungen an der Hochschule als auch für die Verwendung in der 2. Phase der Lehrerausbildung konzipiert. Es ist so angelegt, daß die Informationsdarbietung ergänzt wird durch Teile, die die eigene Informationserarbeitung durch den Benutzer erfordern.

Der Aufbau des Buches und das Verhältnis der einzelnen Kapitel zueinander ist in der folgenden graphischen Darstellung veranschaulicht.

In Lehrveranstaltungen an der Hochschule wird in der Regel die Erarbeitung aller Teile des Buches erforderlich sein. Bei der Verwendung außerhalb der Hochschule wird im allgemeinen die Bearbeitung von *7. Aufgaben zur Unterrichtsplanung* entfallen, da die Unterrichtsplanungen im konkreten Einzelfall nicht mit denen identisch sind, die hier genannt werden. Die Aufgaben dieses Kapitels können dennoch als Orientierungshilfen für die eigenen Unterrichtsplanungen herangezogen werden.

Bei der Bearbeitung des Buches ist es nicht zwingend erforderlich, daß die hier vorgeschlagene Reihenfolge

- Wortschatzarbeit
- Arbeit mit grammatischen Strukturen
- Textarbeit
- Arbeit mit phonologischen Elementen
- Arbeit mit Sprachfunktionen

in jedem Fall eingehalten wird. Sie hat sich an der Hochschule bewährt, weil sie an den in ersten Unterrichtserfahrungen gewonnenen Eindruck anknüpft, daß diese Reihenfolge sich am Gewicht dieser Bereiche in der Sekundarstufe I orientiert.

Für die Zusammenstellung von Handapparaten sind in einer abschließenden Literaturliste die Titel genannt, die für die Bearbeitung der im Text enthaltenen Aufgaben erforderlich sind.

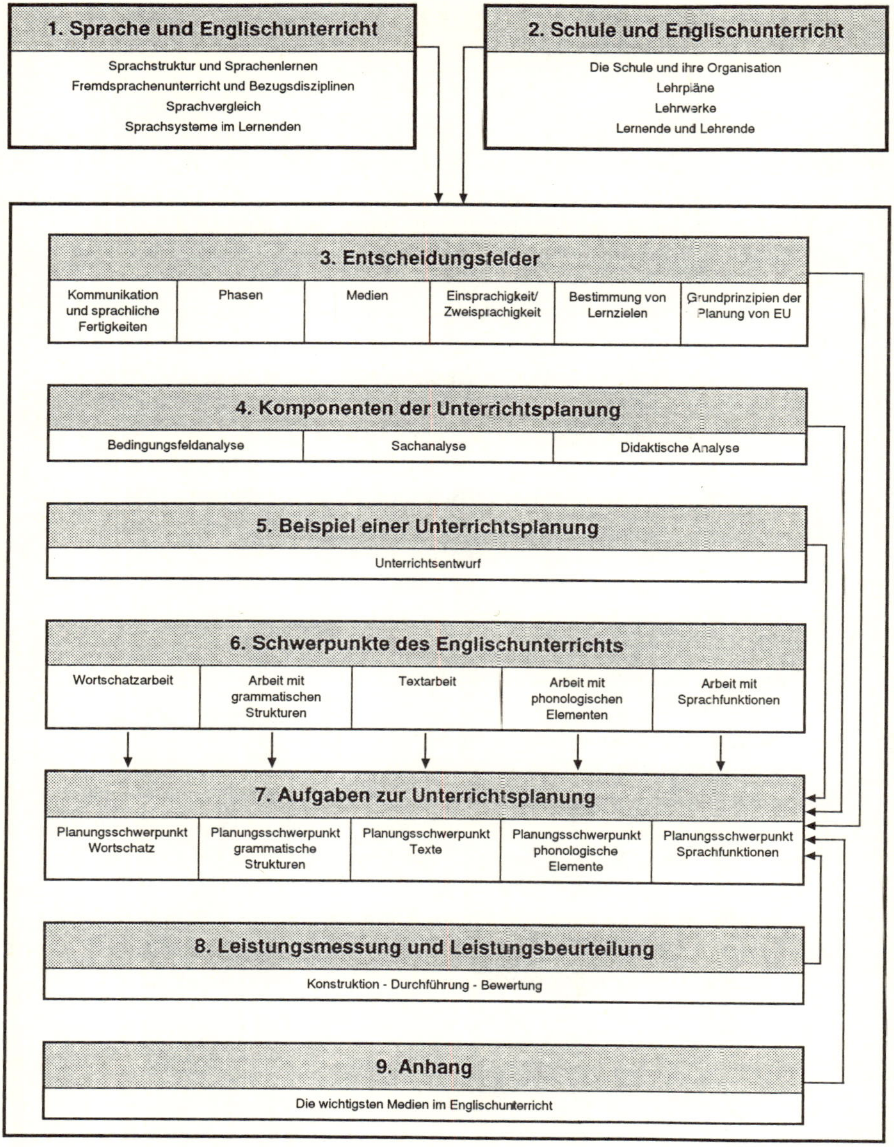
1. Sprache und Englischunterricht
Sprachstruktur und Sprachenlernen
Fremdsprachenunterricht und Bezugsdisziplinen
Sprachvergleich
Sprachsysteme im Lernenden
2. Schule und Englischunterricht
Die Schule und ihre Organisation
Lehrpläne
Lehrwerke
Lernende und Lehrende
3. Entscheidungsfelder
Kommunikation und sprachliche Fertigkeiten
Phasen
Medien
Einsprachigkeit/ Zweisprachigkeit
Bestimmung von Lernzielen
Grundprinzipien der Planung von EU
4. Komponenten der Unterrichtsplanung
Bedingungsfeldanalyse
Sachanalyse
Didaktische Analyse
5. Beispiel einer Unterrichtsplanung
Unterrichtsentwurf
6. Schwerpunkte des Englischunterrichts
Wortschatzarbeit
Arbeit mit grammatischen Strukturen
Textarbeit
Arbeit mit phonologischen Elementen
Arbeit mit Sprachfunktionen
7. Aufgaben zur Unterrichtsplanung
Planungsschwerpunkt Wortschatz
Planungsschwerpunkt grammatische Strukturen
Planungsschwerpunkt Texte
Planungsschwerpunkt phonologische Elemente
Planungsschwerpunkt Sprachfunktionen
8. Leistungsmessung und Leistungsbeurteilung
Konstruktion - Durchführung - Bewertung
9. Anhang
Die wichtigsten Medien im Englischunterricht

1. Sprache – Sprachenlernen – Fremdsprachenunterricht

1.1 Sprachstruktur und Sprachenlernen

Dieses Teilkapitel beschreibt die Besonderheiten der englischen Sprache im Hinblick auf das Sprachenlernen. Zunächst werden die Strukturschichten Pragmatik/Pragmalinguistik, Lexik, Grammatik und Semantik erläutert. Wir bestimmen ferner die Rolle der Morphologie, Syntax und Phonologie. Danach wird das Verhältnis von gesprochener zu geschriebener Sprache behandelt. Auf dieser Grundlage werden am Ende Schlußfolgerungen für die Behandlung der verschiedenen Strukturschichten im Englischunterricht gezogen.

1.1.1 Pragmatik/Pragmalinguistik

Der amerikanische Linguist Bloomfield hat in seinem bekannten Buch *Language* das folgende Ereignis beschrieben, das danach öfter zum Ausgangspunkt sprachwissenschaftlicher oder fachdidaktischer Überlegungen wurde:

Suppose that Jack and Jill are walking down a lane. Jill is hungry. She sees an apple in a tree. She makes a noise with her larynx, tongue, and lips. Jack vaults the fence, climbs the tree, takes the apple, brings it to Jill, and places it in her hand. Jill eats the apple.[1]

Wie ist es zu erklären, daß Jack eine so komplizierte Handlung aufgrund der von Jill geäußerten Laute ausführt? Offensichtlich dadurch, daß diese Laute eine bestimmte Bedeutung haben.
Nehmen wir an, Jill hätte die Lautsequenz (1) mit ihren Sprechorganen erzeugt.

(1) [ˌaɪmˈsəʊˈhʌŋgriˈlʊkˌðætˈbjuːtəfᵊlˈæpᵊlʌpˈðeə][2]

Ein Sprecher, der Englisch als Muttersprache gelernt hat (*native speaker*), oder jemand, der Englisch als später erlernte Sprache gut beherrscht, erkennt, daß diese Lautfolge aus zwei Sätzen besteht, die durch die Umschreibungen (2) und (3) wiedergegeben werden können:

(2) Feststellung, daß die Sprecherin starken Hunger verspürt
(3) Hinweis der Sprecherin an ihren Zuhörer auf einen gut aussehenden Apfel in der Nähe.

---

1 Bloomfield, Leonard. *Language*. New York, 1933. S. 22.
2 *I'm so hungry. Look, that beautiful apple up there!* Die phonetische Umschrift folgt: Wells, John Christopher. *Longman Pronunciation Dictionary*. Harlow, 1990.

Wir wollen (2) und (3) zusammen als linguistische Bedeutung der Äußerung Jills bezeichnen.
Die linguistische Bedeutung der Äußerung Jills macht aber immer noch nicht verständlich, wieso Jack über den Zaun springt, den Baum erklimmt und Jill den Apfel bringt. Die linguistische Bedeutung der Äußerung Jills enthält nämlich weder eine Bitte noch eine Aufforderung zu einer solchen Handlung. Dennoch sieht Jack diese Äußerung als eine solche Bitte oder Aufforderung an und handelt entsprechend.
Die Äußerung Jills muß demnach über die linguistische Bedeutung hinaus eine zusätzliche Bedeutung haben. Diese Bedeutung ergibt sich zunächst aus dem Vorwissen von Sprecherin und Angesprochenem über einander. Jill weiß offenbar, daß Jack um ihr Wohlwollen bemüht und auch in der Lage ist, einen Zaun zu überspringen und einen Baum zu erklettern. Ferner spielen die örtlichen und zeitlichen Bedingungen eine Rolle sowie der Wahrnehmungsraum von Sprecherin and Angesprochenem. Jill hat erkannt, daß die am Ort gegebenen Bedingungen es zur Zeit zulassen, daß Jack relativ gefahrlos die gewünschte Handlung durchführen kann (der Zaun ist nicht zu hoch, der Gartenbesitzer nicht anwesend). Zwischen Sprecherin und Angesprochenem wird durch die Äußerung und ihre beabsichtigte Folge eine bestimmte Beziehung hergestellt. Jack nimmt an, daß er Jill mit der ins Auge gefaßten Handlung eine Freude bereitet und nimmt die Gelegenheit gern wahr, seine körperliche Gewandtheit zu zeigen. Jill ihrerseits vermutet diese Einstellung bei Jack.
Alle diese Gesichtspunkte, die zusammen als Elemente der Sprechsituation bezeichnet werden, ergeben die pragmatische Bedeutung der Äußerung, die nur erkennbar ist, wenn auch der außerlinguistische Zusammenhang, in dem die Äußerung erfolgt, berücksichtigt wird.
Das Beispiel zeigt, daß linguistische Bedeutung und pragmatische Bedeutung nicht identisch sein müssen (linguistische Bedeutung: Feststellung und Hinweis auf einen Sachverhalt; pragmatische Bedeutung: Bitte, Aufforderung, eine Handlung auszuführen). Unter anderen Bedingungen kann dieselbe linguistische Bedeutung eine andere pragmatische Interpretation erfahren, zum Beispiel in dem Fall, daß Sprecherin und Angesprochener nicht durch ein freundschaftliches Verhältnis miteinander verbunden sind oder daß die äußeren Bedingungen es nicht zulassen, den Apfel zu erreichen etc. Das Beispiel zeigt aber gleichzeitig, daß die pragmatische Bedeutung einer Äußerung ohne die linguistische Bedeutung nicht erschließbar ist.
Um eine Sprache verstehen und sprechen zu können, ist daher sowohl die Kenntnis der linguistischen Bedeutung von Äußerungen dieser Sprache erforderlich als auch die Kenntnis der pragmatischen Bedeutung.

Die Disziplin, die das Verhältnis von sprachlichen und nichtsprachlichen Faktoren unter Berücksichtigung aller am Kommunikationsprozeß beteiligten Gesichtspunkte untersucht, nennt sich Pragmalinguistik.[3]

Literatur zu: Pragmatik/Pragmalinguistik

Austin, J. L. *How to do things with words.* Cambridge, Mass., 1962.
Leech, Geoffrey N. *Principles of Pragmatics.* London, 1983.
Searle, John R. *Speech Acts: An Essay in the Philosophy of Language.* London, 1969.

1.1.2 Lexik, Grammatik, Semantik

Wichtige Bedeutungsträger der Sprache sind Wörter. Alle Wörter einer Sprache machen in ihrer Gesamtheit das lexikalische System aus.
Bei willkürlicher Nebeneinanderstellung einzelner Wörter ergibt sich aus den isolierten Einzelbedeutungen der Wörter jedoch keine sinnvolle Gesamtbedeutung. Eine solche Gesamtbedeutung kann nur entstehen, wenn die Einzelwörter in eine geregelte Anordnung gebracht werden. Das bedeutet, daß sie funktional miteinander verbunden werden, d.h. in einer grammatischen Struktur stehen. Eine solche grammatische Struktur weist den Einzelwörtern ihren funktionalen Stellenwert zu. Sie hat aber auch eine gewisse Eigenbedeutung.
Um die Eigenbedeutung einer grammatischen Struktur zu verdeutlichen, betrachten wir Satz (4), dessen Wörter keine in einem Wörterbuch auffindbare Bedeutung haben.

(4) *Woggles ugged diggles*[4]

Selbst ohne Berücksichtigung der Bedeutung der Wörter kann dem Satz dennoch eine gewisse Bedeutung entnommen werden:

1. Es wird Bezug genommen auf Dinge oder Lebewesen, die die Bezeichnung *woggle* tragen.
2. Es handelt sich nicht um ein Exemplar der Gattung *woggle*, sondern um mehr als ein Exemplar.
3. Diese *woggles* führen eine Handlung aus, die durch das Verb *ug* beschrieben ist.
4. Die Handlung vollzieht sich nicht in der Gegenwart, sondern in der Vergangenheit.

3 Gelegentlich auch linguistische Pragmatik genannt.
4 Fries, Charles C. *The Structure of English.* New York, 1952. S. 71.

5. Die Handlung wird an Dingen oder Lebewesen mit der Bezeichnung *diggle* vollzogen.
6. Es handelt sich um mehr als ein Exemplar der Gattung *diggle*.

Die Bedeutung, die sich aus dieser Analyse ergibt, wird als strukturale Bedeutung (*structural meaning*)[5] bezeichnet. Die Teildisziplin, die sich mit dem Studium solcher Strukturen befaßt, heißt Grammatik.
Erst wenn die Eigenbedeutung der einzelnen Wörter (*lexical meaning*) und die Bedeutung der grammatischen Struktur (*structural meaning*), in die sie eingebettet sind, in ihrem Bezug aufeinander betrachtet werden, kann die linguistische Gesamtbedeutung einer sprachlichen Äußerung erschlossen werden.
Betrachten wir dazu das englische Wort *leave*. Ohne grammatischen Kontext ist seine Funktion und Bedeutung unbestimmt. Es kann als Verb u.a. die folgenden Bedeutungen haben: ‚überlassen, verlassen, weggehen/abreisen, hinterlassen'. Es kann aber auch ein Substantiv mit der Bedeutung ‚Urlaub' sein. Die Wortart und die Bedeutung im Einzelfall kann aber nur aus der grammatischen Umgebung erschlossen werden.

(5) *I wanted to* leave.
(6) *We'll* leave *you*.
(7) Leave *it to chance*.
(8) *Doesn't it* leave *a mark*?
(9) *He was on* leave.

In den Sätzen (5) bis (8) tritt *leave* als Verb auf. Die Verbfunktion wird dadurch angezeigt, daß *leave* in (5) durch den voraufgehenden Infinitivmarkierer *to* gekennzeichnet ist, in (6) durch seine Stellung nach einem Modalverb, in (7) durch die Imperativposition am Satzanfang und in (8) durch die Stellung nach dem Hilfsverb *do*. In jedem der Sätze (5) bis (8) hat das Verb *leave* eine unterschiedliche Bedeutung, die sich aus dem Zusammenspiel mit den übrigen lexikalischen Elementen des Satzes ergibt.
In (9) ist *leave* durch seine Position nach einer Präposition als Substantiv gekennzeichnet und hat wiederum eine andere Bedeutung.
Das Beispiel zeigt, daß ein isoliertes englisches Wort in sehr vielen Fällen keine klar bestimmbare Funktion und Bedeutung hat. Im Unterricht muß daher immer mit Kontexten gearbeitet werden, aus denen für die Schüler wesentliche Merkmale der Funktion (z.B. Wortklasse) und der Bedeutung erkennbar sind.

---

5 Fries. *The Structure of English*. S. 69.

Englische Wörter sollten daher im Unterricht niemals isoliert benutzt werden und auch nicht isoliert an der Tafel oder im Vokabelheft erscheinen.

Ungeeignete Darbietung eines Wortes	**Brauchbare Darbietung eines Wortes**
lead	*a lead pipe* *I had to lead her*
arms	*he stretched out his arms* *nuclear arms*
bank	*the bank of a river* *money in the bank*

Obwohl schon ein knapper Kontext in den meisten Fällen sicherstellt, daß einer Sprachäußerung eine eindeutige Bedeutung zugeordnet werden kann, gibt es dennoch Äußerungen, die ohne oder mit Absicht des Sprechers/Schreibers mehrdeutig sind. In

(10) *Hugo is drawing a cart*[6]

kann das Verb *draw* sowohl die Bedeutung ‚ziehen' als auch ‚zeichnen' haben.

Da Sprecher in realen Kommunikationssituationen meist eine problemlose Verständigung beabsichtigen, hat ein bestimmter Satz in den meisten Fällen aber nur eine einzige Bedeutung. Selbst wenn der isolierte Satz mehrdeutig ist, ergibt sich die Bedeutung meist eindeutig aus dem größeren Kontext- oder Situationszusammenhang, in dem eine sprachliche Äußerung erfolgt. Dies bedeutet, daß für eine befriedigende Ermittlung der Bedeutung von sprachlichen Äußerungen auch satzübergreifende Elemente sowie die pragmatischen Aspekte der jeweiligen Sprechsituation berücksichtigt werden müssen.

Die linguistische Disziplin, die sich mit der Beschreibung von Bedeutungsstrukturen befaßt, ist die Semantik.

Die bisherigen Ausführungen haben gezeigt, daß die Ermittlung der pragmatischen Bedeutung von sprachlichen Äußerungen nicht ohne Bezug auf die linguistische Bedeutung möglich ist. Die Ermittlung der linguistischen Bedeutung wiederum erfordert u.a. die Berücksichtigung der Lexik und der jeweiligen grammatischen Struktur, in der einzelne lexikalische Elemente ihren funktionalen und semantischen Stellenwert erhalten. Pragmatik, Semantik, Lexik und Grammatik sind daher nicht getrennte Bereiche, sondern beeinflussen und durchdringen sich gegenseitig.

---

6 Leech, Geoffrey. *Semantics*. Harmondsworth, 1974. S. 89.

1.1.3 Morphologie, Syntax

Die bisherigen Beispiele ließen den Eindruck aufkommen, als seien Wörter die kleinsten Bausteine, die die semantische Interpretation von Äußerungen bestimmen. Betrachten wir das folgende Satzpaar:

(11) *Margaret helps Grandpa*
(12) *Margaret helped Grandpa*

Satz (12) unterscheidet sich von (11) durch die Ersetzung des *-s* (als [s] ausgesprochen) von *helps* durch *-ed* [t]. Mit dieser Ersetzung ändert sich gleichzeitig die semantische Interpretation des Satzes. Während (11) sich auf die Gegenwart bezieht oder für einen längeren Zeitraum als gültig angesehen werden kann, bezieht sich (12) auf die abgeschlossene Vergangenheit.

Das Wort *helped* besteht demnach in der gesprochenen Sprache aus zwei Einheiten mit unterschiedlichen Bedeutungen ([help] ‚helfen' und [t] ‚abgeschlossene Vergangenheit'). Diese kleinsten bedeutungstragenden Einheiten der Sprache werden Morpheme genannt. Das Wort *helped* besteht demnach aus zwei Morphemen.

Die Bedeutung ‚abgeschlossene Vergangenheit' kann in der englischen Sprache nicht nur durch Hinzufügung von [t] an einen Verbstamm realisiert werden. Bei dem Wort *call* wird zur Bezeichnung der abgeschlossenen Vergangenheit ein [d] angefügt [kɔ:ld], bei *want* tritt [ɪd] hinzu: [wɒntɪd]. Diese unterschiedlichen Realisierungen eines Morphems (hier des Vergangenheitsmorphems) werden als Allomorphe bezeichnet.

Die Darstellung der drei häufigsten Vergangenheitsallomorphe macht deutlich, daß bei der Betrachtung von Sprache zwischen Schreibung und Aussprache streng unterschieden werden muß. Obwohl die drei genannten Allomorphe in der Aussprache erheblich differieren, wird dieser Unterschied durch die geschriebene Sprache nicht wiedergegeben.

Das Teilgebiet der Linguistik, das sich mit Morphemen und ihren Verbindungen bis hin zur Bildung lexikalischer Einheiten befaßt, ist die Morphologie.[7]

In unserer Definition von Morphem haben wir die lexikalische Einheit als die größte Einheit der morphologischen Beschreibung bezeichnet.[8] Morphologisch können wir daher die Beziehung zwischen *Margaret* (Ausführende einer Handlung) und *Grandpa* (Person, die Ziel der Handlung ist) in

(12) *Margaret helped Grandpa*

---

7 Vgl. Mindt, Dieter. *Moderne Linguistik*. Düsseldorf, 1975. S. 22–37.
8 Zum Problem der Abgrenzung der Morphologie vgl. Mindt. *Moderne Linguistik*. S. 11f.

nicht beschreiben. Diese Beziehung wird hergestellt durch die Anordnung der drei Elemente *Margaret, helped* und *Grandpa* zueinander. Die Reihenfolge

(13) *Grandpa helped Margaret*

bezeichnet demgegenüber *Grandpa* als Ausführenden der Handlung und *Margaret* als Person, die Ziel der Handlung ist. Die Beschreibung solcher wortübergreifender Anordnungsmuster und der damit verbundenen Funktionen der Elemente und ihrer Beziehungen zueinander erfolgt durch die Syntax. In dem von uns benutzten Beschreibungsmodell von Sprache werden Morphologie und Syntax unter dem Oberbegriff Grammatik zusammengefaßt.

1.1.4 Phonologie

Morpheme als kleinste bedeutungstragende Einheiten sind jedoch nicht die kleinsten Bausteine der Sprache. Betrachten wir die Wörter

(14) *bed* [bed] und
(15) *bad* [bæd].

Bei diesen Wörtern handelt es sich um zwei verschiedene Morpheme. Die Ursache ihrer Verschiedenheit liegt in dem Unterschied zwischen [e] in *bed* und [æ] in *bad*. Weder [e] noch [æ] haben eine eigene Bedeutung, dennoch bewirkt ihr Austausch in der Umgebung *b – d* eine Bedeutungsveränderung. Solche sprachlichen Elemente, die selbst keine Bedeutung haben, deren Austausch aber eine Bedeutungsänderung zur Folge hat, heißen Phoneme. Wörter, die sich nur durch ein Phonem unterscheiden, heißen Minimalpaare (*minimal pairs*).
Betrachten wir das *l* in den Wörtern

(16) *lip* und
(17) *pill*.

Offensichtlich unterscheiden sich beide *l*-Laute durch ihre Aussprache. Das *l* in *lip* wird als *clear l*, das *l* in *pill* als *dark l* gesprochen. Dennoch würde ein Austausch der verschiedenen *l*-Laute in beiden Wörtern keinen Bedeutungsunterschied zur Folge haben. Im Fall von *clear l* und *dark l* handelt es sich um positionsbedingte Varianten eines Phonems. Solche positionsbedingten Varianten heißen Allophone. *Clear l* und *dark l* sind Allophone des Phonems [l].[9]

9 Die in den üblichen Aussprachewörterbüchern, z. B. Wells, J. C. *Longman Pronunciation Dictionary*. Harlow, 1990 gegebene Umschrift bezeichnet nur Phoneme und macht daher keinen Unterschied zwischen *clear l* und *dark l*.

Die hier gegebene Darstellung von Sprache wird nicht von allen sprachwissenschaftlichen Richtungen geteilt.

1.1.5 Gesprochene und geschriebene Sprache

Die primäre Erscheinungsform von Sprache ist die gesprochene Sprache. Um Sprache unabhängig von Ort und Zeit einer konkreten Äußerung festzuhalten, sind Schriftsysteme erfunden worden. Die schriftliche Fixierung von Sprache bildet aber die gesprochene Sprache nur unvollständig ab. So fehlen bei schriftlichen Fixierungen (= Transkriptionen) zwangsläufig die pragmatischen Elemente, die jede Sprechsituation beeinflussen. Das Schriftsystem der europäischen Sprachen konzentriert sich darüber hinaus auf die Wiedergabe der segmentalen Elemente. Suprasegmentale Elemente wie Intonation, Betonung oder Satzrhythmus werden nur unvollständig wiedergegeben (z.B. durch Interpunktionssysteme).
Durch diese Beschränkungen hat die geschriebene Sprache bestimmte Eigengesetzlichkeiten entwickelt, die sie von der gesprochenen Sprache unterscheiden. In literarischen Texten besitzt die geschriebene Sprache ihre eigene Pragmatik und kann dort nicht als unvollkommene Wiedergabe gesprochener Sprache betrachtet werden.
Unvollständige Äußerungen, die in der gesprochenen Sprache wegen der ergänzenden Funktion von Gestik, Mimik und der zwangsläufig gegebenen Begleitumstände häufig sind, sind in geschriebener Sprache nur in Ausnahmefällen anzutreffen. In der Schriftsprache müssen statt dessen oft verbale Erklärungen zur Erläuterung der Begleitumstände einer Situation herangezogen werden.
Die gesprochene Sprache drückt nicht selten denselben Sachverhalt durch mehrere sprachliche Elemente aus. In

(18) *I'll be doing stuff and that kind of thing*

wird das Ziel der Tätigkeit sowohl durch *stuff* als auch durch *that kind of thing* bezeichnet. Die gesprochene Sprache ist daher oft redundanter als die geschriebene Sprache. Schriftsprache ist andererseits immer weniger spontan als gesprochene Sprache, und die Stilebene von schriftsprachlichen Äußerungen liegt in der Regel über der Stilebene von analogen Äußerungen der gesprochenen Sprache.
Die westeuropäischen Sprachen, besonders das Englische, sind ferner durch erhebliche Unterschiede zwischen Aussprache und Schreibung gekennzeichnet. Dies hat u.a. seinen Grund darin, daß seit der ersten Fixierung der Orthographie erhebliche Lautwandlungen im Laufe der Zeit eingetreten sind, die oft keine Entsprechung in der Schreibung fanden.

Betrachten wir dazu die Wörter *knight* und *write*:

1400		1990	
Aussprache	Schreibung	Schreibung	Aussprache
['wri:tə] [knıçt][10]	write knight	write knight	[raıt] [naıt]

Wir unterscheiden daher zwischen historischer Orthographie (z.B. *knight, write*) und phonetischer Umschrift [naıt], [raıt]. Die Bezeichnung phonetische Umschrift ist dabei nicht ganz korrekt, denn tatsächlich handelt es sich um eine Umschrift, die versucht, für ein Phonem ein Buchstabensymbol zu verwenden, also um eine phonemische Umschrift.

1.1.6 Strukturschichten der Sprache und Sprachenlernen

Jeder Mensch, der eine Sprache erlernt, erwirbt die Beherrschung eines Systems, in dem die Elemente aller Sprachebenen miteinander verbunden sind. Der Erwerb der Muttersprache (natürlicher Erstspracherwerb) vollzieht sich, wie wir wissen, nicht in der Weise, daß das Kind zunächst Phoneme, dann Morpheme, dann Morphemverbindungen in syntaktischen Strukturen mit semantischer Funktion und schließlich Sprechakte mit bestimmten Äußerungsabsichten getrennt erlernt. Das erfolgreiche Verstehen und Äußern von Sprechakten umfaßt vielmehr die gleichzeitige Beherrschung der Elemente aller Sprachebenen. Diese Beobachtung führt zu vier Schlußfolgerungen für den Fremdsprachenunterricht:

1. Die Systematisierung der Sprachwissenschaft in linguistische Ebenen wie Phonologie, Morphologie, Syntax, Semantik und Pragmatik erlaubt es nicht, die Elemente einzelner Sprachebenen getrennt in einer Reihenfolge, die der linguistischen Systematik entspricht, zu vermitteln.
2. Die Interdependenz aller Sprachebenen verbietet es, eine einzelne Ebene als isolierten Ausgangspunkt für sämtliche Planungsprozesse im Fremdsprachenunterricht auszuwählen. Ein fremdsprachlicher Lehrgang kann weder ausschließlich auf phonologischer, noch auf morphologisch-syntaktischer oder pragmatischer Grundlage geplant werden.
3. Die einzelnen Ebenen nehmen vielmehr im Verlauf des Spracherwerbsprozesses wechselnde Prioritäten ein. So wird besonders im Anfangsunterricht dem phonologischen Bereich erhöhte Aufmerksamkeit gewidmet werden müssen. Nach Abschluß des Anfangsunterrichts treten die

10 [ç] wie *ch* in deutsch *nicht*.

Ebenen von Morphologie und Syntax stärker in den Vordergrund. In dem Maße, wie daran anschließend die Verfeinerung sprachlicher Ausdrucksmittel voranschreitet, wird die pragmatische Seite ein stärkeres Gewicht bei der Planung von Fremdsprachenunterricht gewinnen. Auf jeder Stufe des Lehrgangs sind jedoch immer alle Strukturebenen zu beachten.

4. Daraus ergibt sich, daß es keine Unterrichtsstunden zur ausschließlichen Vermittlung von phonologischen Elementen, lexikalischen Elementen, grammatischen Strukturen oder von Sprachfunktionen im Sinne der Pragmalinguistik (z.B. sprachliche Mittel zum Ausdruck von Zustimmung, Ablehnung, Aufforderung etc.) geben sollte, sondern nur Unterrichtsstunden, die sich schwerpunktmäßig mit bestimmten Teilbereichen befassen. In jeder Unterrichtsstunde sind immer alle linguistischen Ebenen am Unterricht beteiligt.

Literatur zu: Sprachstruktur und Sprachenlernen

Crystal, David. *A First Dictionary of Linguistics and Phonetics.* London, 1980.
Lyons, John. *Introduction to Theoretical Linguistics.* London, 1968.

1.2 Der Fremdsprachenunterricht und seine Bezugsdisziplinen

Dieses Teilkapitel betrachtet zunächst die Unterschiede zwischen natürlichem Spracherwerb und dem durch Unterricht gesteuerten Sprachenlernen. Anschließend geht es auf wichtige Bezugsdisziplinen des Fremdsprachenunterrichts ein: Es nennt linguistische Grundlagen für den Englischunterricht und referiert einige Grundaussagen zur Lernpsychologie und dem Zweitsprachenerwerb. Ferner werden zentrale Erkenntnisziele der Spracherwerbsforschung und der Sprachlehrforschung genannt. Vor diesem Hintergrund erfolgt abschließend eine kurze Bestimmung der Rolle der Fremdsprachendidaktik.

1.2.1 Natürlicher Spracherwerb und Sprachenlernen durch Unterricht

Das schulische Sprachenlernen unterscheidet sich erheblich vom Erwerb der Muttersprache und auch vom natürlichen Zweitsprachenerwerb in einer fremdsprachlichen Umgebung. Für den Schüler, der eine fremde Sprache in der Schule erlernt, ist das Erlernen dieser fremden Sprache keine unmittelbare Lebensnotwendigkeit zur Befriedigung seiner elementaren Bedürfnisse und zur Herstellung von sozialem Kontakt mit der fremdsprachlichen Gemeinschaft. Die Motivation, die eine unverzichtbare Bedingung für den Erfolg jedes Lernprozesses ist, ist daher zwangsläufig anderer Art als beim natürlichen Spracherwerb.

Der natürliche Spracherwerb ist ferner dadurch gekennzeichnet, daß der Lernende sich ständig in der fremdsprachlichen Umgebung bewegt. Dieser ständige Kontakt mit sprachlichen Daten der zu erlernenden Sprache bewirkt einen schnellen Aufbau von Sprachgewohnheiten, die als Reaktion auf bestimmte sprachliche oder außersprachliche Stimuli angesehen werden können bzw. als Erwerb eines unbewußten Regelsystems, das den Lernenden allmählich immer besser in die Lage versetzt, sprachliche Äußerungen zu verstehen und in einer für den *native speaker* akzeptablen Form hervorzubringen.

Im Fremdsprachenunterricht an Schulen ist die Zeit gegenüber dem natürlichen Sprachenlernen erheblich begrenzt. Bei einem sechsjährigen Lehrgang (Klassen 5–10) mit je vier wöchentlichen Unterrichtsstunden ergeben sich bei 40 Schulwochen pro Schuljahr insgesamt 960 Unterrichtsstunden. Dies entspricht 720 Stunden zu 60 Minuten.

Demgegenüber umfaßt der Kontakt mit der zu erlernenden Sprache bei einem einjährigen Aufenthalt im fremdsprachigen Land und bei täglich 10stündiger Berührung mit der fremden Sprache insgesamt 3650 Stunden. Ein sechsjähriger schulischer Lehrgang umfaßt dementsprechend etwa nur 20% der Zeit, die ein einjähriger Aufenthalt in der fremdsprachlichen Umgebung bietet.

Angesichts dieser Begrenzung kann ein schulischer Lehrgang nicht auf präzise Planung des Unterrichts verzichten. Für den Englischunterricht bedeutet dies, daß zunächst eine Auswahl im Hinblick auf die zu erlernende Sprachvariante (britisches, amerikanisches Englisch, soziale Variante der ausgewählten Sprachform etc.) zu treffen ist. Auch der Wortschatz und die grammatischen Strukturen müssen auf einen Umfang, der in der zur Verfügung stehenden Zeit erlernt werden kann, begrenzt werden.

Für die ausgewählten Lerngegenstände muß anschließend eine Anordnung festgelegt werden, so daß das Erlernen der fremden Sprache sich in einer sinnvollen Abstufung vollziehen kann. Schließlich müssen Entscheidungen zur Darbietung der jeweiligen Unterrichtsgegenstände getroffen werden. Hier spielen Methoden und Unterrichtsmedien eine wichtige Rolle.

Ein weiterer Nachteil des schulischen Fremdsprachenlernens gegenüber dem natürlichen Erwerb einer Sprache liegt darin, daß beim schulischen Zweitsprachenerwerb die kulturelle Umgebung, in die die zu erlernende Sprache eingebettet ist, weder im Klassenraum noch in der weiteren Umgebung der Lernenden gegeben ist. Dieses Problem ist prinzipiell nicht lösbar. Es kann jedoch durch den Einsatz von Medien, besonders von visuellen und audiovisuellen Medien, gemildert werden.

1.2.2 Linguistische Grundlagen für den Englischunterricht

Die Linguistik beschreibt Formelemente der Sprache und ihre Funktionen und wurde daher oft als wichtigste Grundlage für den Englischunterricht angesehen. Die (theoretische) Linguistik hat aber vielfach ein völlig anderes Erkenntnisinteresse als die Didaktik des Fremdsprachenunterrichts. Sie will z.B. den Sprachwandel erforschen oder sprachliche Universalien (Elemente, die in allen Sprachen der Welt anzutreffen sind) ermitteln.
Die Anwendung linguistischer Arbeitsergebnisse auf den Fremdsprachenunterricht und die etablierte Tradition verbreiteter Grammatiken bestimmen heute die Behandlung der grammatischen Komponenten im Fremdsprachenunterricht. Es hat sich aber gezeigt, daß Regelformulierungen, die auf diese Weise Eingang in den Englischunterricht gefunden haben, nicht selten im Widerspruch zum heutigen Gebrauch der englischen Sprache stehen.[11] Viele Lehrwerke vermitteln auf dieser Grundlage ein Englisch, das sich vom heutigen Sprachgebrauch nicht unerheblich unterscheidet.
Grammatiken können deskriptiv oder präskriptiv sein. Eine deskriptive Grammatik beschreibt den beobachteten Sprachgebrauch, ohne Aussagen über die Fragestellung „richtig–falsch" zu machen. Eine präskriptive Grammatik stellt den von der Sprachgemeinschaft als korrekt und angemessen empfundenen Sprachgebrauch dar und kleidet ihn in Regelform. Für den Unterricht benötigt der Schüler eine präskriptive Grammatik, die aber auf der Grundlage einer deskriptiven Grammatik des heutigen Sprachgebrauchs zu erstellen ist.
Der Weg zu einer Grammatik für den Fremdsprachenunterricht geht aus von Sprachkorpora (Sammlungen von Sprachdaten des heutigen Englisch), die nach den Lernzielen des Fremdsprachenunterrichts ausgewählt und zusammengestellt worden sind. Diese Korpora müssen unter fremdsprachendidaktischen Erkenntnisinteressen analysiert werden.
Diese erste Analyse führt zu einer deskriptiven Grammatik (didaktische Grammatik). Die didaktische Grammatik liefert dem Lehrwerkautor und dem Lehrer Grundlagen für die Auswahl, Abstufung und Darbietung grammatischer Strukturen in einem Lehrgang und im Unterricht. Aus einer didaktischen Grammatik können vom Lehrwerkautor unterschiedliche präskriptive Grammatiken (pädagogische Grammatiken) abgeleitet werden.
Pädagogische Grammatiken sind auf spezielle Kurstypen, Lernergruppen, Schulformen etc. bezogen. Sie sind unmittelbar für den Unterricht be-

11 Vgl. Tesch, Felicitas. *Die Indefinitpronomina* some *und* any *im authentischen englischen Sprachgebrauch und in Lehrwerken: Eine empirische Untersuchung*. Tübingen, 1990.

stimmt. In der Hand des Lehrers sind sie Leitfaden für die Anordnung und Darbietung grammatischer Strukturen. In der Hand des Schülers unterstützen sie den Lernprozeß durch Bewußtmachung und dienen als Merk- und Erinnerungshilfe.
Der Weg zu pädagogischen Grammatiken ist in Darstellung 1 wiedergegeben.

Darstellung 1: Der Weg zu pädagogischen Grammatiken

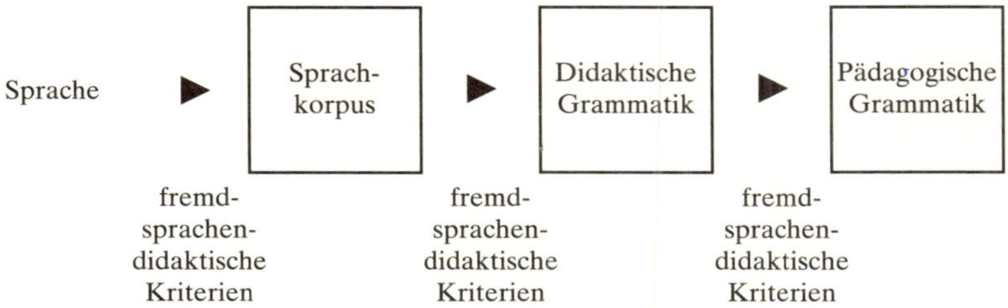

Defizite in den bisherigen Grammatiken beruhen auf
- der Überbetonung des Sprachgefühls (Introspektion) des Grammatikers bei gleichzeitiger Nichtberücksichtigung ausreichender Mengen von Sprachdaten außerhalb der eigenen Wahrnehmung
- überholten zugrundeliegenden Sprachdaten
- der Nichtberücksichtigung fremdsprachendidaktischer Erkenntnisziele bei der Auswahl, Zusammenstellung und Analyse der Sprachdaten
- der oft nicht eingehaltenen Trennung von deskriptiven und präskriptiven Verfahren und Aussagen
- sowie den begrenzten Analyse- und Erkenntnismöglichkeiten der traditionellen Verfahren der Linguistik.

Grammatische Aussagen für den heutigen Englischunterricht müssen auf dem gegenwärtigen englischen Sprachgebrauch beruhen. Haltbare grammatische Generalisierungen können nur auf der Grundlage großer Datenmengen mit fremdsprachendidaktisch bestimmten Kategorisierungen und kohärenten Analysetechniken gewonnen werden. Erst die Existenz großer maschinenlesbarer Sprachkorpora und neu entwickelter EDV-gestützter Analysetechniken ermöglicht den für den Englischunterricht erforderlichen Erkenntnisfortschritt.
Alle Arbeiten, die auf fremdsprachendidaktischer Grundlage und unter Einsatz von neuen EDV-gestützten Methoden unternommen wurden, haben gezeigt, daß die bisherigen grammatischen Grundlagen des Englischunterrichts unzureichend und nicht selten irreführend sind. Vieles von

dem, was heute in Schulen und Universitäten als sicheres Wissen über die englische Sprache gelehrt wird, wird sich in der Zukunft als korrekturbedürftig erweisen. Grammatiken und die Bestandteile von Lehrwerken für den Englischunterricht, die sich auf bisherige grammatische Einsichten stützen, werden in den nächsten Jahrzehnten grundlegende Revisionen erfahren müssen.

Literatur zu: Linguistische Grundlagen für den Englischunterricht

Mindt, Dieter. *Sprache – Grammatik – Unterrichtsgrammatik: Futurischer Zeitbezug im Englischen I.* Frankfurt am Main, 1987.

Mindt, Dieter (Hrsg.). *EDV in der Angewandten Linguistik: Ziele – Methoden – Ergebnisse.* Frankfurt am Main, 1988.

Mindt, Dieter. *Zeitbezug im Englischen: Eine didaktische Grammatik des englischen Futurs.* Tübingen, 1992.

1.2.3 Lernpsychologie und Zweitsprachenerwerb

Obwohl es sehr viele Einzelerkenntnisse in der Psychologie des Zweitsprachenerwerbs gibt, existiert bis heute keine Theorie, die in der Lage wäre, alle beim Lernen einer fremden Sprache auftretenden Phänomene widerspruchsfrei zu erklären und vorauszusagen. Carroll unterscheidet zwei Hauptrichtungen der Theoriebildung im Bereich der Psychologie des Zweitsprachenerwerbs, die er mit den Begriffen
(a) *audiolingual habit theory* und
(b) *cognitive code-learning theory*
bezeichnet.[12]

Die *audiolingual habit theory* geht von folgenden Voraussetzungen aus:[13]

1. Da gesprochene Sprache primär und geschriebene Sprache sekundär ist, müssen zunächst Sprachgewohnheiten im Bereich des Hörens und Sprechens erworben werden.
2. Sprachgewohnheiten müssen so weit automatisiert werden, daß sie ohne bewußte Aufmerksamkeit abgerufen werden können.
3. Die Automatisierung von Sprachgewohnheiten vollzieht sich im wesentlichen durch wiederholende Übung (Lernen durch Imitation und Gewöhnung).

---

12 Carroll, John B. „The Contributions of Psychological Theory and Educational Research to the Teaching of Foreign Languages.“ In: Albert Valdman (Hrsg.). *Trends in Language Teaching.* New York, 1966. S. 93–106.

13 Eine zusammenhängende Darstellung dieses Ansatzes mit linguistischen Begründungen und unterrichtsmethodischen Schlußfolgerungen ist von Lado, Robert. *Language Teaching: A Scientific Approach.* New York, 1964 gegeben worden.

Die *cognitive code-learning theory* geht dagegen von folgenden Annahmen aus:

1. Der Sprachbeherrschung geht bewußtes Lernen durch kognitive Prozesse (Lernen durch Einsicht) voraus.
2. Das bewußte Erlernen von Sprache vollzieht sich durch das Studium der Regeln, die bestimmten sprachlichen Erscheinungen zugrunde liegen.
3. Wenn die zugrundeliegenden Regeln verstanden sind, folgt die Anwendung der Regeln in sinnvollen Kommunikationssituationen ohne größere Probleme.

Die *audiolingual habit theory* basiert auf einer Lerntheorie, die ihre deutlichste Ausprägung bei B. F. Skinner[14] gefunden hat. Nach dieser Theorie erfolgt Lernen von Sprache durch die Verbindung eines sprachlichen oder außersprachlichen Reizes (*stimulus*) mit einer darauf erfolgenden sprachlichen Reaktion (*response*). Die Verbindung zwischen *stimulus* (S) und *response* (R) festigt sich in dem Maße, in dem einer *response* eine Bestärkung (*reinforcement*) folgt. Erwünschtes Verhalten wird durch *reinforcement* verstärkt. Dadurch festigt sich die Verbindung zwischen Reiz (S) und Reaktion (R) mehr und mehr. Unerwünschtes Verhalten erfährt keine Bestärkung. Eine Verbindung von Reiz (S) und Reaktion (R) kann sich in diesem Fall nicht verfestigen.
Auf ähnliche Weise soll nach der *audiolingual habit theory* Fremdsprachenlernen erfolgen. Die Verbindung von sprachlichem oder nicht-sprachlichem Reiz mit einer sprachlichen Reaktion soll so häufig wiederholt und als richtig bekräftigt werden, bis eine feste Verbindung zwischen auslösendem Reiz und sprachlicher Reaktion hergestellt ist. Die Beherrschung einer Sprache wird dabei als komplexes System von S-R-Verbindungen angesehen.
Nach dieser Theorie erfolgt das Erlernen einer Sprache weitgehend unbewußt. Der Lernende ist Objekt des Lernvorgangs. Eine angeborene Spracherwerbsfähigkeit wird nicht angenommen.
Die Theorie betrachtet lediglich wahrnehmbare Stimuli und beobachtbares sprachliches Verhalten. Wegen der zentralen Stellung des beobachtbaren Verhaltens (am. *behavior*) und des Ausschlusses von Annahmen über Prozesse, die diesem beobachtbaren Verhalten zugrunde liegen können, wird die Theorie als behavioristisch bezeichnet.
Als ein herausragender Vertreter der *cognitive code-learning theory* und scharfer Kritiker der *audiolingual habit theory* ist Chomsky[15] hervorgetre-

14 Skinner, B. F. *Verbal Behavior.* New York, 1957.
15 Chomsky, Noam. „A Review of B. F. Skinner's *Verbal Behavior.*" *Language,* 35 (1959) 1, S. 26–58.

ten. Chomsky bezweifelt, daß Begriffe wie *stimulus*, *response* und *reinforcement*, die an Tierexperimenten entwickelt wurden, auf menschliches Verhalten übertragbar seien. Menschliches Sprachverhalten sei kreativ und nicht vorhersagbar. Aus diesem Grunde lehnt Chomsky es ab, von S-R-Verbindungen beim menschlichen Spracherwerb auszugehen. Sprache sei regelgesteuert. Spracherwerb bestehe im Erwerb des Regelsystems, das den sprachlichen Daten zugrunde liege. Die Schnelligkeit des Spracherwerbs von Kindern könne nur damit erklärt werden, daß der Mensch einen angeborenen Spracherwerbsmechanismus (*language acquisition device*) besitze. Dieser angeborene Spracherwerbsmechanismus befähige ihn, aus einer begrenzten Menge sprachlicher Daten Regeln abzuleiten, die es ihm erlauben, eine unbegrenzte Menge von Sätzen zu erzeugen und zu verstehen, und zwar auch solche, die er nie zuvor gehört oder produziert hat.

Folgt man diesen Annahmen Chomskys über den Erwerb der Muttersprache, so müßte sich auch der Erwerb einer fremden Sprache schneller und besser durch regelgeleitetes bewußtes Lernen vollziehen als durch unbewußtes S-R-Lernen.

Die Spracherwerbstheorie, die einen angeborenen Spracherwerbsmechanismus annimmt, sieht den Lernenden nicht als Objekt, sondern als bewußtes Subjekt des Lernvorgangs an. Ihr endgültiges Ziel ist nicht die Beschreibung von sprachlichem Verhalten, sondern die Ermittlung von Vorgängen, die beim Sprechen im menschlichen Gehirn ablaufen (mentale Prozesse). Im Gegensatz zu behavioristischen Theorien bezeichnet sie sich daher als mentalistisch.

Viele Lernpsychologen und Fachdidaktiker lehnen es ab, den Zweitsprachenerwerb ausschließlich auf eine der beiden Theorien zu stützen. Aus diesem Grunde werden beide Lernverfahren oft miteinander verbunden. Lernmaterialien und Planungsvorschläge für den Fremdsprachenunterricht enthalten daher im allgemeinen nicht nur Übungssequenzen zum Aufbau von Sprachgewohnheiten durch imitatives Lernen, sondern auch Regeln, die erklären, wie bestimmte sprachliche Erscheinungen funktionieren und so kognitives Lernen ermöglichen.

Literatur zu: Lernpsychologie und Zweitsprachenerwerb

Chomsky, Noam. „A Review of B. F. Skinner's *Verbal Behavior.*" *Language,* 35 (1959) 1, S. 26–58; auch in: Jerry A. Fodor und Jerold J. Katz (Hrsg.). *The Structure of Language: Readings in the Philosophy of Language.* Englewood Cliffs, New Jersey, 1964. S. 547–578.

Grimm, Hannelore und Johannes Engelkamp. *Sprachpsychologie: Handbuch und Lexikon der Psycholinguistik.* Berlin, 1981.

Skinner, B. F. *Verbal Behavior.* New York, 1957.

1.2.4 Spracherwerbsforschung

Die Spracherwerbsforschung ist eine Disziplin, die seit Ende der 60er Jahre ausgehend von den Vereinigten Staaten zunehmendes Interesse auch in anderen Teilen der Welt gefunden hat. Ihr Ursprung liegt im Europa der 40er Jahre und ist mit Roman Jakobson verbunden. In dem Buch *Kindersprache, Aphasie und allgemeine Lautgesetze* hat Jakobson schon im Jahre 1941 die These aufgestellt, daß der Spracherwerb universellen Gesetzmäßigkeiten folge.

Erst nach Erscheinen einer Übersetzung des Buches von Jakobson in das Englische (1968) begann über 25 Jahre später ein systematisches Studium der allgemeinen Erwerbssequenzen von Sprachelementen. Die Forschungsrichtung geht von der Grundannahme Jakobsons aus, der Erwerb der Muttersprache vollziehe sich nach einer streng gesetzmäßigen Folge. Diese Gesetzmäßigkeiten seien unabhängig vom Individuum, das die Sprache lernt und unabhängig von der Sprache, die im Einzelfall erworben wird.

Der Aufbau eines Phonemsystems der Muttersprache vollzieht sich nach Jakobson im Anschluß an die frühkindliche Lallphase, die noch völlig unsystematisch ist. Für den strukturierten Aufbau des Phonemsystems sei jedoch eine allgemein gültige, von den Einzelsprachen unabhängige Aufeinanderfolge feststellbar.

Nach Jakobsons Beobachtungen gibt es keine Sprache, in der Kinder die Gaumenlaute [g] und [k] verstehen und produzieren können, wenn sie nicht zuvor die Zahnlaute [d] und [t] erworben haben. Jakobson spricht von einer relativen Chronologie des Lauterwerbs: [d] und [t] werden in jeder Sprache der Welt und bei jedem einzelnen Kind vor [g] und [k] erworben. Analoge Sequenzen gelten nach Jakobson für alle Bereiche des Phonemerwerbs.

Wenn es solche systematischen Erwerbssequenzen beim Muttersprachenerwerb gibt, liegt es nahe zu vermuten, daß auch der Aufbau eines fremdsprachlichen Systems im Lernenden einer beobachtbaren Gesetzmäßigkeit unterliegt. Von dieser Hypothese geht die Fremdsprachenerwerbsforschung (*second language acquisition research*) aus. Sie bemüht sich, Regularitäten zu ermitteln, die bei allen Individuen, die eine Fremdsprache lernen, identisch sind.

Wenn es gelingen sollte, den Nachweis für solche Regularitäten zu finden, muß der Fremdsprachenunterricht so organisiert werden, daß die Abfolge der Lernschritte mit der natürlichen Abfolge beim Erlernen von Fremdsprachen identisch ist. Bisher gibt es lediglich Studien zu Teilbereichen des Erwerbs grammatischer Strukturen des Englischen, die im allgemeinen nur

Sprecher derselben Muttersprache betreffen. Für deutsche Lernende ist z.B. der Erwerb der Negation studiert worden.[16] Wie weit die dabei gefundenen Beobachtungen für Lernende mit anderen Muttersprachen in gleicher Weise gelten und welche Konsequenzen aus diesen Befunden für den Fremdsprachenunterricht insgesamt zu ziehen sind, ist eine Forschungsaufgabe der Zukunft.

Literatur zu: Spracherwerbsforschung

Ellis, Rod. *Understanding Second Language Acquisition.* Oxford, 1986.

Larsen-Freeman, Diane und Michael H. Long. *An Introduction to Second Language Acquisition Research.* London, 1991.

Wode, Henning. *Einführung in die Psycholinguistik: Theorien, Methoden, Ergebnisse.* Ismaning, 1988.

1.2.5 Sprachlehrforschung

Während die Spracherwerbsforschung eine internationale Disziplin ist, beschränkt sich die Sprachlehrforschung (Oberbegriff für Sprachlehr- und Sprachlernforschung) im wesentlichen auf den deutschen Sprachraum. Feld der Sprachlehrforschung ist das durch Unterricht gesteuerte Lehren und Lernen von Fremdsprachen. Die Sprachlehrforschung will lernerbezogen, empirisch und interdisziplinär/integrativ vorgehen. Unter interdisziplinär/integrativ wird verstanden, daß sie auch Disziplinen wie die Linguistik, die Didaktik, die Soziologie und die Psychologie berücksichtigt.

Die Sprachlehrforschung grenzt sich von der Fremdsprachendidaktik ab, indem sie dieser lehr- und praxisbezogene Fragestellungen zuweist. Von der Spracherwerbsforschung grenzt sie sich dadurch ab, daß sie als Aufgabe dieser Disziplin die Erforschung des „natürlichen“, außerschulischen Fremdsprachenerwerbs sieht. Die Sprachlehrforschung strebt die Entwicklung einer Theorie des Fremdsprachenlernens an ebenso wie die Formulierung empirisch begründeter Empfehlungen für die Sprachvermittlung.

Literatur zu: Sprachlehrforschung

Edmondson, Willis und Juliane House. *Einführung in die Sprachlehrforschung.* Basel, 1993.

Koordinierungsgremium im DFG-Schwerpunkt ‚Sprachlehrforschung‘ (Hrsg.). *Sprachlehr- und Sprachlernforschung: Begründung einer Disziplin.* Tübingen, 1983.

16 Wode, Henning. *Learning a Second Language: I. An Integrated View of Language Acquisition.* Tübingen, 1981. S. 91ff. und Felix, Sascha W. *Psycholinguistische Aspekte des Zweitsprachenerwerbs.* Tübingen, 1982. S. 20ff.

1.2.6 Fremdsprachendidaktik

Bevor die von der Sprachlehrforschung geführte Abgrenzungsdebatte zu anderen Disziplinen begonnen wurde, betrachtete man die Fremdsprachendidaktik als diejenige Disziplin, die sich mit der Erforschung des Fremdsprachenunterrichts, seiner Bedingungen, Möglichkeiten seiner Optimierung und der mit dem Fremdsprachenunterricht verbundenen Bezugswissenschaften befaßte.
Die Fremdsprachendidaktik hat sich immer als Disziplin verstanden, die sowohl der Perspektive des Lernenden als auch des Lehrenden verpflichtet ist. Sie hat nie die Empirie ausgeschlossen und interdisziplinäres Vorgehen immer als zentral betrachtet. Auch wurde die Arbeit an einer Theorie des Fremdsprachenlehrens und -lernens immer als wichtige Aufgabe der Fremdsprachendidaktik gesehen.[17]
In einer Epoche, die für immer mehr Menschen die Notwendigkeit mit sich bringt, über Sprachgrenzen hinweg zu kommunizieren, gebührt jedem Forschungsansatz Anerkennung, der sich um eine Verbesserung des Fremdsprachenunterrichts bemüht. Kooperation und gegenseitiger Respekt sind zu jeder Zeit wichtiger als Ausgrenzungsdiskussionen.

Literatur zu: Bezugsdisziplinen des Fremdsprachenunterrichts

Digeser, Andreas. *Fremdsprachendidaktik und ihre Bezugswissenschaften: Einführung, Darstellung, Kritik, Unterrichtsmodelle.* Stuttgart, 1983.

1.3. Sprachvergleich/Sprachsysteme im Lernenden

In diesem Teilkapitel wird ein Sprachvergleich zwischen der Muttersprache des Lernenden und der zu erlernenden Fremdsprache vorgenommen. Dabei werden zunächst die Einflüsse betrachtet, die die Muttersprache und die Fremdsprache auf das Sprachsystem des Lernenden ausüben. Im Anschluß daran werden die Interimsgrammatiken des Lernenden und ihre Erforschung mit Hilfe der Fehleranalyse dargestellt.

17 Diese Aufgaben beansprucht auch die Fremdsprachenforschung; vgl. Timm, Johannes-Peter und Helmut J. Vollmer. „Fremdsprachenforschung: Zur Konzeption und Perspektive eines Wissenschaftsbereichs." *Zeitschrift für Fremdsprachenforschung,* 4 (1993) 1, S. 1–47.

1.3.1 Einflüsse der Muttersprache und der Fremdsprache

Der Lernende, der beginnt, Englisch zu lernen, beherrscht bereits seine Muttersprache. Er verfügt über ein voll ausgebildetes Phonemsystem. Als Sprecher ist er in der Lage, Morphemverbindungen syntaktisch so anzuordnen, daß seine Äußerungen von anderen Sprechern seiner Sprache als intentionale Sprechakte interpretiert werden können. Als Hörer ist er in der Lage, Lautsequenzen seiner Muttersprache phonologisch, morphologisch und syntaktisch zu interpretieren und ihnen den Bedeutungsinhalt von bestimmten Sprechakten zuzuordnen. Alle diese komplizierten Vorgänge verlaufen weitgehend automatisch und unbewußt.
Durch den Zweitsprachenunterricht treffen im Lernenden zwei Sprachsysteme aufeinander. Dabei stehen die fest automatisierten (internalisierten) Muster der Muttersprache (Ausgangssprache) den neuen Sprachmustern gegenüber, die nicht nur einen geringen Grad an Verfestigung und damit spontaner Abrufbarkeit aufweisen, sondern in vielen Fällen andere Konstruktionseigenschaften haben. Diese unterschiedlichen Eigenschaften von Ausgangssprache (L 1) und Zielsprache (L 2) existieren auf allen Sprachebenen.

Der Kontakt der unterschiedlichen Systeme kann zwei verschiedene Folgen haben:
- Interferenzen (fehlerhafte Sprachverwendung aufgrund des Einflusses der in diesem Punkt anders strukturierten Muttersprache)
- Transfer (Übertragung einer analogen Erscheinung der Muttersprache auf die Fremdsprache).

Interferenzen greifen im allgemeinen die fest internalisierte Ausgangssprache (*source language*) nicht an, während die schwächer internalisierte Zielsprache (*target language*) erheblich beeinflußt werden kann.
Die kontrastive Linguistik setzt sich das Ziel, mögliche Quellen von Interferenz aufzuspüren. Zu diesem Zweck werden Vergleiche mehrerer Sprachen durchgeführt. Solche Vergleiche können die Unterschiede und Gemeinsamkeiten verschiedener Sprachen beschreiben. In diesem Fall spricht man von konfrontativer Linguistik. Beschränkt man sich dagegen auf die Beschreibung der Unterschiede, so spricht man von kontrastiver Linguistik.
Es ist jedoch zu beachten, daß nicht nur große Unterschiede, sondern gerade auch Ähnlichkeiten zwischen Sprachen zu Fehlern führen können.

Mögliche Interferenzursachen auf der Ebene der Phonologie

Die Phonemsysteme verschiedener Sprachen unterscheiden sich dadurch, daß die Phonemgrenzen in L 1 und L 2 verschieden verlaufen können. Darüber hinaus können in einer Sprache Phoneme existieren, die in der anderen nicht vorhanden sind.
Beispiel 1:
Im Englischen existieren neben [s] und [z] die Phoneme [θ] und [ð]. Dadurch ergeben sich im Englischen Minimalpaare wie *sick* [sɪk] – *thick* [θɪk] oder *close* [kləʊz] – *clothe* [kləʊð]. Im Deutschen existieren [θ] und [ð] nicht als Phoneme. Falls sie (bei lispelnder Sprechweise) auftreten, wird [θ] von deutschen Hörern und Sprechern dem Phonem [s] und [ð] dem Phonem [z] zugeordnet. Aufgrund des Fehlens von [θ] und [ð] im deutschen Phonemsystem neigen deutsche Lernende dazu, das englische [θ] durch [s] und das englische [ð] durch [z] zu ersetzen. Dadurch wird *thank* [θæŋk] als *sank* [sæŋk] ausgesprochen und *scythe* [saɪð] als *size* [saɪz]. In vielen Fällen können aus diesen interferenzbedingten Fehlern Kommunikationsstörungen entstehen.

Unterschiede zwischen zwei Sprachen unterhalb der phonemischen Ebene, d.h. auf der subphonemischen Ebene, beeinträchtigen zwar nicht die Verständigung, sind aber dafür verantwortlich, daß dem *non-native speaker* ein charakteristischer Akzent zugesprochen wird.
Beispiel 2:
Sowohl das Englische als auch das Deutsche haben ein [r]-Phonem. Die Artikulation unterscheidet sich jedoch erheblich. Während das deutsche [r] im oberen hinteren Teil des Mundraums am Zäpfchen (uvular) gebildet wird, handelt es sich bei dem englischen [r] um einen am hinteren Teil des Zahndamms (postalveolar) mit leicht nach oben gebogener Zungenspitze gebildeten Laut. Wegen der Andersartigkeit bereitet die Bildung des englischen [r] deutschen Sprechern am Anfang erfahrungsgemäß Schwierigkeiten.

Das unterschiedliche Verhältnis von Aussprache und Schreibung im Englischen und im Deutschen kann ebenfalls die Ursache von Fehlern sein. Während das Verhältnis von Phonem zu Graphem im Deutschen eine gewisse Regelmäßigkeit zeigt, kann im Englischen nicht ohne weiteres vom Schriftbild auf das Lautbild (oder umgekehrt) geschlossen werden.
Beispiel 3:
So können dem englischen Diphthong [aɪ] die folgenden Schreibweisen entsprechen: *five, die, high, sky, rye, sign, either, eye, height, aisle, aye* ‚ja‘, *buy*.

Die Verteilung gleicher Phoneme in verschiedenen Sprachen kann unterschiedlich sein.
Beispiel 4:
Sowohl das englische als auch das deutsche Phonemsystem kennen die Phonempaare [t] und [d], [k] und [g] sowie [p] und [b]. Diese Explosivlaute unterscheiden sich jeweils nur durch das Merkmal stimmhaft/stimmlos. Im Englischen treten alle stimmhaften Konsonanten auch am Wortende auf, während es im Deutschen zur Auslautverhärtung kommt. So wird z.B. der Auslaut in *Rad* und *Rat* gleich ausgesprochen: [t]. Wendet ein deutscher Lernender die Auslautverhärtung auf das Englische an, kommt es zur falschen Aussprache und gelegentlich sogar zur Aufhebung von Minimalpaaren, wodurch die Verständigung erschwert werden kann, z.B. werden *cab* und *cap* von einem deutschen Lernenden gleich ausgesprochen.

Mögliche Interferenzursachen auf der Ebene der Morphologie

Beispiel 5:
Während die deutsche Sprache überwiegend einen Typ der Steigerung von Adjektiven benutzt, zeigt die englische Sprache zwei unterschiedliche Steigerungsarten.
Deutsch: *schön – schöner – am schönsten*
Englisch: (a) *warm – warmer – warmest* (synthetische Steigerung)
(b) *beautiful – more beautiful – most beautiful* (analytische Steigerung)

Beispiel 6:
Während das Adverb im Deutschen formal nicht gekennzeichnet ist (*Das Mädchen ist schön* vs. *Sie singt schön*), erfolgt im Englischen im allgemeinen eine Kennzeichnung des Adverbs durch die Endung *-ly* (*The girl is beautiful* vs. *She sings beautifully*).

Mögliche Interferenzursachen auf syntaktischer Ebene

Beispiel 7:
Die Bildung von Fragesätzen im Deutschen erfolgt im allgemeinen durch Inversion (Umstellung von Subjekt und Verb): *Er kam gestern* vs. *Kam er gestern?* Zur Kennzeichnung dieses Fragetyps verwendet das Englische dagegen Formen des Verbs *to do*:
He came yesterday vs. *Did he come yesterday?*

Beispiel 8:
Im Englischen kann auch das indirekte Objekt eines Aktivsatzes zum Subjekt eines Passivsatzes werden: *They gave him a book – He was given a*

book. Im Deutschen kann die Hervorhebung dieses Satzteils nur durch die Wortstellung erfolgen: *Sie gaben ihm ein Buch – Ihm wurde ein Buch gegeben,* nicht aber durch die Umwandlung dieses Satzteils in ein Subjekt wie im Englischen: **Er wurde ein Buch gegeben.*[18]

Mögliche Interferenzursachen auf semantischer Ebene

Beispiel 9:
Das deutsche Wort *schwimmen* hat die englischen Entsprechungen
(a) *swim* mit der Bedeutung ‚durch eigene Bewegungsanstrengung schwimmen': *He swam across the river* und
(b) *float* mit der Bedeutung ‚durch das geringere spezifische Gewicht auf der Wasseroberfläche schwimmen': *Wood floats on water.*

Beispiel 10:
Das englische Verb *eat* kann zur Bezeichnung der Nahrungsaufnahme durch Mensch und Tier benutzt werden, während im Deutschen die Nahrungsaufnahme durch Menschen im allgemeinen mit dem Verb *essen*, die durch Tiere mit dem Verb *fressen* bezeichnet wird.
Die Beispiele 9 und 10 zeigen, daß der Bedeutungsinhalt der jeweiligen Wörter in den beiden Sprachen nicht gleich ist. Völlige Bedeutungsgleichheit (Äquivalenz) ist nur bei wenigen Wörtern verschiedener Sprachen gegeben. Daraus wird deutlich, daß Vokabellernen durch eine zweisprachige Vokabelgleichung vom Typ *swim = schwimmen* oder *eat = essen* in vielen Fällen einen falschen Gebrauch nach sich zieht.

Beispiel 11:
Der deutsche Satz *Robert liest die Times* hat zwei englische Entsprechungen
(a) *Robert reads the Times* und
(b) *Robert is reading the Times.*
Dem deutschen Satz ist ohne erläuternden Kontext nicht zu entnehmen, ob er ausdrücken will, daß Robert ein regelmäßiger Leser dieser Zeitung ist oder ob er die *Times* im Augenblick liest. Die englische Sprache drückt diesen Unterschied durch die Verwendung zweier unterschiedlicher Formen aus: die einfache (*simple*) Form, *he reads*, und die erweiterte (*progressive*) Form, *he is reading.*
Für den Lernenden bedeutet dies, daß er seiner Mitteilungsabsicht entsprechend für jeden englischen Satz entscheiden muß, ob im Einzelfall die *simple form* oder die *progressive form* verwendet werden muß. Wir wissen,

---

18 Das vorangestellte Zeichen * kennzeichnet nicht-akzeptable Äußerungen.

daß dieser Unterschied zwischen der englischen und der deutschen Sprache die Ursache für viele Fehler beim Erlernen des Englischen ist.
Es ist anzumerken, daß *simple form* und *progressive form* sich nicht nur semantisch unterscheiden, sondern auch formal verschieden sind. Dieser formale Unterschied wird morphologisch und syntaktisch dargestellt. Dies zeigt sich z.B. in der Verwendung bei der Frage und Verneinung. Die Feststellung, daß solche Unterschiede mehrere sprachliche Strukturebenen betreffen, gilt für die meisten derartigen Erscheinungen.
Die formale Kennzeichnung von Funktionsunterschieden dieser Art erfolgt in verschiedenen Sprachen oft auf unterschiedlichen Strukturebenen. Während das Englische den Funktionsunterschied von *simple form* und *progressive form* auf der Ebene der Morphosyntax realisiert, kann das Deutsche den gleichen funktionalen Unterschied lexikalisch ausdrücken, zum Beispiel: *Robert liest die Times regelmäßig* vs. *Robert liest gerade die Times.*

Mögliche Interferenzen auf pragmatischer Ebene

Beispiel 12:
„Eine deutsche Studentin, die als *au pair girl* in einer englischen Familie ihre Englischkenntnisse verbessern möchte, hat gerade mit ihrer Gastgeberin die Einkäufe erledigt. Die eingekauften Sachen liegen auf dem Küchentisch, und die Studentin fragt, indem sie auf eine Dose Kaffee zeigt: *‚Will you put it in the cupboard?‘*“ Die Gastgeberin reagiert empört auf diese Äußerung und weist die Studentin entsprechend zurecht. „Die kommunikative Absicht der Studentin war ganz einfach, sich zu informieren, wohin die Hausfrau normalerweise solche Dinge wie Kaffeedosen stellt. Ihr war nicht klar, daß ihre Formulierung von der Gastgeberin als rüde und in dieser Situation als unangemessene Form eines Befehls mißverstanden werden mußte ... Der Fehler liegt im pragmatischen Bereich.“[19]

Die bisher beschriebenen Fälle zeigen Fehlerursachen auf, die durch die Verschiedenheit von Ausgangs- und Zielsprache verursacht werden. In einem solchen Fall spricht man von interlingualen Interferenzen.

Neben Fehlern, die sich aus interlingualen Interferenzen ergeben, gibt es Fehler, die durch die falsche Übertragung von Gesetzmäßigkeiten der Zielsprache entstehen. Dieser Fehlertyp wird als intralinguale Interferenz bezeichnet.

---

19 Benecke, Jürgen. „Verstehen und Mißverstehen im Englischunterricht: Multilaterale Kommunikation und Lehrwerkkritik.“ *Praxis des neusprachlichen Unterrichts,* 22 (1975) 4, S. 351–362. Zitat S. 352f.

Beispiel 13:
**he falled* statt *he fell,*
**he hided* statt *he hid.*

Hierbei handelt es sich um systematische Fehler, deren Ursache offenbar in der internen Struktur der zu erlernenden Sprache liegt. Der Lernende hat den häufigsten Typ der Präteritalbildung auf *-ed* auf Fälle übertragen, wo ein anderer Typ von Präteritalbildung erforderlich ist.

1.3.2 Interimsgrammatiken

Aus Fehlertypen dieser und anderer Art kann die Schlußfolgerung abgeleitet werden, daß der Lernende bereits über ein strukturiertes Teilsystem der Zielsprache verfügt, das jedoch noch nicht ausreichend differenziert ist, um alle in Frage kommenden Fälle zu erfassen. Solche strukturierten Teilsysteme, die noch nicht hinreichend ausdifferenziert sind, werden Annäherungsgrammatiken genannt. Diese Grammatiken ergeben sich aus der Beschreibung der Lernersprache (*interlanguage*), die sich als neuer Forschungszweig in der Fremdsprachendidaktik etabliert hat. Es gibt Gründe für die Annahme, daß der Prozeß des Erlernens einer fremden Sprache über eine große Zahl solcher Annäherungsgrammatiken (auch als Interimsgrammatiken bezeichnet) erfolgt, wobei sich jede Annäherungsgrammatik von der voraufgehenden durch eine stärkere Differenzierung der Regelanwendung unterscheidet. Die Ausbildung und Gestaltung dieser Annäherungsgrammatiken wird nicht nur durch interlinguale und intralinguale Interferenzen beeinflußt, sondern auch durch psychologische Dispositionen und soziale Prägungen des Lernenden sowie durch die Art und die Bedingungen der Vermittlung der zu erlernenden Fremdsprache.
Die Beobachtung, daß die kontrastive Linguistik nur einen Teil von Fehlern beim Erlernen einer fremden Sprache voraussagen und erklären kann, hat dazu geführt, die Interimsgrammatiken von Lernenden zu untersuchen, um auf diese Weise Aussagen über die Psychologie des Zweitsprachenerwerbs zu gewinnen. Ein Schwerpunkt der Forschung hat sich damit von der Linguistik zur Psycholinguistik verschoben. Interessant ist dabei auch, daß intralinguale Fehler ebenfalls bei Kindern auftreten, die ihre Muttersprache erlernen.

1.3.3 Fehleranalyse

Um eine Fehleranalyse (*error analysis*) durchzuführen, müssen drei Stufen durchlaufen werden: Erkennen des Fehlers, Beschreiben des Fehlers, Erklären des Fehlers.[20]

Bereits das Erkennen eines Fehlers bereitet große Schwierigkeiten, da es vorkommt, daß eine formal akzeptable Äußerung nicht der Äußerungsabsicht des Sprechers/Schreibers entspricht. Der günstigste Fall ist dann gegeben, wenn der Sprecher/Schreiber anwesend ist und nach seiner Äußerungsabsicht befragt werden kann. Oft ist dies jedoch nicht der Fall.

Ein weiteres Problem entsteht dadurch, daß Äußerungen von einigen muttersprachlichen Sprechern als akzeptabel empfunden werden, von anderen dagegen nicht.

Beispiel 14:
Die Sätze *They seem fools* und *He is very appreciated*[21] werden von einigen *native speakers* des Englischen als akzeptable Äußerungen angesehen, von anderen dagegen nicht. Vgl. deutsch *Er hat gewunken, Hans sein Sohn, Ich habe hier einen Koffer zu stehen.* Um solche Fälle zu lösen, muß eine Definition des Begriffs „Fehler" erarbeitet werden, die ohne (willkürliche) Festlegung einer Norm kaum möglich sein dürfte.

Das Problem der Norm wird deutlich am folgenden Beispiel:

Beispiel 15:
Der Satz *I don't want no tea* folgt der systematischen Anwendung eines strukturierten Regelsystems und ist in einer soziolinguistisch definierbaren Umgebung durchaus akzeptabel. Ist es gerechtfertigt, ihn insgesamt als nicht-akzeptabel zu bezeichnen?

Die Fehleranalyse und die damit verbundene Erforschung von Interimsgrammatiken auf der Grundlage der Analyse der Lernersprache liefern wichtige Informationen für den Fremdsprachenunterricht. Dabei sind viele Fragen ungelöst, z.B. das Problem, wie die kontinuierliche Entwicklung der Sprachbeherrschung der Lernenden, d.h. der dynamische Aspekt von Interimsgrammatiken beschrieben werden kann. Ungeklärt ist weiterhin, auf welche Weise Faktoren ermittelt und beschrieben werden können, die Einfluß auf die Entwicklung des Spracherwerbsprozesses haben.

---

20 Vgl. Corder, S. Pit. „Error Analysis." In: J. P. B. Allen und S. Pit Corder. *The Edinburgh Course in Applied Linguistics,* Vol. 3. *Techniques in Applied Linguistics.* London, 1974. S. 122-154. Für die genannten 3 Punkte s. S. 126.

21 Quirk, Randolph, Sidney Greenbaum, Geoffrey Leech und Jan Svartvik. *A Comprehensive Grammar of the English Language.* London, 1985. S. 412 u. 414.

Dennoch können auch vorläufige Ergebnisse zu wichtigen Konsequenzen für die Planung von Fremdsprachenunterricht, zum Abbau und zur Verhinderung von Fehlern und damit zu einem wirksamen Fremdsprachenlernen führen. Systemunterschiede zwischen Sprachen oder durch Fehleranalyse erkannte Schwierigkeitsbereiche, die Ursachen für Interferenzen sein können, müssen als Problempunkte im Lernprozeß betrachtet werden. Ihnen ist bei der Gestaltung von Lernmaterialien und bei der Planung und Durchführung von Unterricht ein besonderes Gewicht zu geben.

Zu: Sprachvergleich/Sprachsysteme im Lernenden

1. Worin besteht das Ziel der kontrastiven Linguistik?
2. Nennen Sie über die gegebenen Beispiele hinaus ein Beispiel, wo die Struktur des Englischen sich von der des Deutschen unterscheidet.
3. Erläutern Sie den Unterschied zwischen interlingualer und intralingualer Interferenz an je einem Beispiel.
4. Erläutern Sie den Begriff Interimsgrammatik.
5. Welche Funktion hat die Fehleranalyse für die Planung von Fremdsprachenunterricht?

Literatur zu: Sprachvergleich/Sprachsysteme im Lernenden

Burgschmidt, Ernst und Dieter Götz. *Kontrastive Linguistik deutsch/englisch: Theorie und Anwendung.* München, 1974.

Felix, Sascha W. *Psycholinguistische Aspekte des Zweitsprachenerwerbs.* Tübingen, 1982.

Selinker, Larry. *Rediscovering Interlanguage.* Harlow, New York, 1992.

Vogel, Klaus. *Lernersprache.* Tübingen, 1990.

2. Schule und Englischunterricht

Unterricht und seine Planung vollziehen sich in einem Bedingungsfeld, dessen Faktoren in einigen Punkten vorgegeben sind. Die wichtigsten dieser Vorgaben sind:
- die Schule und ihre Organisation
- die Lehrpläne der Ministerien mit den dort definierten Rahmenbedingungen für den Englischunterricht
- die Lehrwerke, die sich an den institutionellen Vorgaben der Schule und an den Lehrplänen orientieren
- die Lernenden mit ihren altersspezifischen Lernvoraussetzungen und ihren sozio-kulturellen Prägungen
- die Lehrenden.

2.1 Die Schule und ihre Organisation

Dieses Teilkapitel beschreibt die Gliederung des Schulsystems in Schulstufen und nennt die wichtigsten Schularten der Sekundarstufe I in den einzelnen Bundesländern. Es schließt mit der Rolle des Englischen in der Sekundarstufe I.

Die Gestaltung des Schulsystems in der Bundesrepublik Deutschland unterliegt der Gesetzgebung der einzelnen Bundesländer. In diesem föderalen System hat jedes Bundesland ein eigenes Schulgesetz, eigene Schularten und unterschiedliche Vorschriften für den Englischunterricht.
Das Grundgesetz der Bundesrepublik verlangt Einheitlichkeit der Lebensverhältnisse. Deshalb müssen die einzelnen Bundesländer trotz aller landesspezifischen Besonderheiten eine grundlegende Vergleichbarkeit der Schularten und Bildungsgänge gewährleisten.
Innerhalb des Bildungssystems unterscheidet man zwischen allgemeinbildenden Schulen und berufsbildenden Schulen. Unser Gegenstand ist die Sekundarstufe I. Sie gehört zum allgemeinbildenden Schulsystem.
Das allgemeinbildende Schulsystem erhebt den Anspruch, durchlässig zu sein, d.h., Übergänge von einer Schulart in die andere sollen grundsätzlich möglich sein.
Das Schulsystem wird üblicherweise in drei Schulstufen gegliedert (Darstellung 1).

Darstellung 1: Gliederung des Schulsystems in Schulstufen

Schuljahr		Alter
13		18
12	Sekundarstufe II	17
11		16
10		15
9		14
8	Sekundarstufe I	13
7		12
6		11
5		10
4		9
3	Primarstufe	8
2		7
1		6

Die vorherrschende Schulart in der Primarstufe ist die Grundschule. Sie umfaßt in den meisten Bundesländern die ersten vier Schuljahre, in wenigen Bundesländern gibt es eine sechsjährige Grundschulzeit.
Die Sekundarstufe I umfaßt in den meisten Bundesländern die Klassenstufen 5 bis 10. In Bundesländern mit sechsjähriger Grundschulzeit beginnt die Sekundarstufe I in Klassenstufe 7. Da auch in diesen Bundesländern der Unterricht in der ersten Fremdsprache in der 5. Klasse beginnt, behalten wir bezüglich des Englischunterrichts die Bezeichnung Sekundarstufe I für die Klassen 5 bis 10 bei.
Die der Sekundarstufe I folgende Sekundarstufe II umfaßt je nach Bundesland zwei oder drei Jahre und führt zum Abitur. Die hauptsächlichen Schularten der Sekundarstufe II sind:
Gymnasium, Gesamtschule mit gymnasialer Oberstufe, Fachgymnasium bzw. berufliches Gymnasium.
Die Schularten der Sekundarstufe I unterscheiden sich von Bundesland zu Bundesland teilweise erheblich. Insgesamt sind in der Bundesrepublik die folgenden Schularten vertreten:
Hauptschule, Realschule, Gymnasium; Gesamtschule; Regelschule, Mittelschule, Sekundarschule, wobei die letzten drei Schularten jeweils einen Hauptschul- und einen Realschulbildungsgang enthalten.
Jeweils nur einige der Schularten existieren nebeneinander in einem Bundesland.

Die folgenden drei Darstellungen zeigen die Schularten der Sekundarstufe I dreier Bundesländer (Darstellung 2 bis 4).

Darstellung 2: Schularten der Sekundarstufe I in Baden-Württemberg

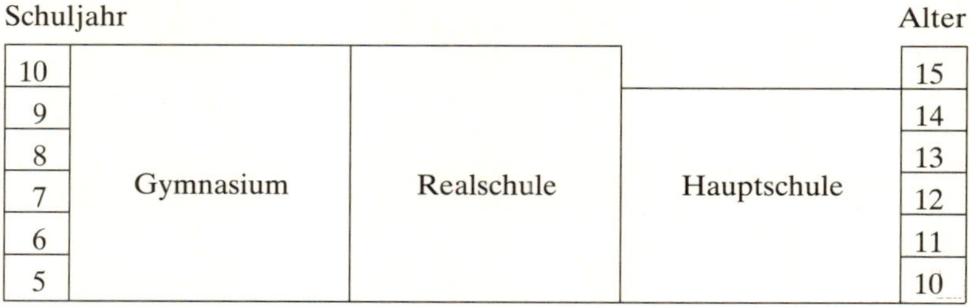

Darstellung 3: Schularten der Sekundarstufe I in Hessen

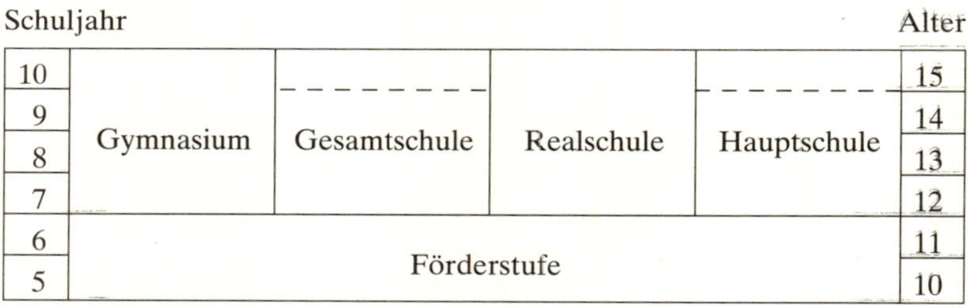

Darstellung 4: Schularten der Sekundarstufe I in Sachsen

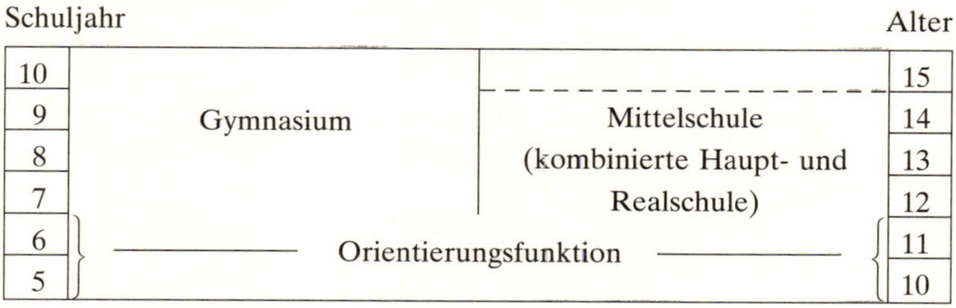

Die ersten beiden Jahrgangsstufen der Sekundarstufe I, die Klassen 5 und 6, werden in einigen Bundesländern u.a. als Orientierungs-, Förder- oder Erprobungsstufe bezeichnet. Sie sind entweder als eigenständige Schulformen organisiert oder sind Teile einzelner Schularten. Die Orientierungs-, Förder- oder Erprobungsstufe wurde mit dem Ziel eingerichtet, einer frühen Festlegung auf eine bestimmte Ausbildungsrichtung entgegenzuwirken.

Der Hauptschulabschluß kann nach neun- oder zehnjähriger Schulzeit in den jeweiligen Schularten erworben werden (dies ist durch die gestrichelte Linie in den Darstellungen 3 und 4 angedeutet).
Englisch wird in der Bundesrepublik Deutschland überwiegend als erste Fremdsprache gelehrt und beginnt in diesem Fall in Klasse 5. Wenn Englisch als zweite Fremdsprache gelehrt wird, beginnt der Unterricht in der Regel in Klasse 7, als dritte Fremdsprache in Klasse 9.
Die Anzahl der Wochenstunden ist für die einzelnen Schularten und Unterrichtsjahre verschieden. Für die erste Fremdsprache stehen in den ersten beiden Lernjahren meist fünf, in späteren Lernjahren zwischen vier und zwei Wochenstunden zur Verfügung.
In einigen Bundesländern gibt es Englischunterricht bereits in der Primarstufe (z.B. in den Klassen 3 und 4).
Daneben existieren bilinguale Schulen bzw. bilinguale Zweige an Schulen, die in unterschiedlichen Jahrgangsstufen in verschiedenen Schulfächern mit dem Sachunterricht in der Fremdsprache einsetzen.

Zu: Die Schule und ihre Organisation

Beantworten Sie die folgenden Fragen in bezug auf Ihr Bundesland.
1. Welche Schularten gibt es in Ihrem Bundesland, und welchem der dargestellten Modelle (vgl. Darstellungen 2 bis 4) steht Ihr Schulsystem am nächsten?
2. Welchen Umfang hat der Englischunterricht in den Schularten der Sekundarstufe I und in den einzelnen Jahrgangsstufen?
3. Lernen alle Schüler bis zum Ende ihrer Schulzeit eine Fremdsprache?
4. Gibt es Möglichkeiten der äußeren Differenzierung für den Englischunterricht?

2.2 Lehrpläne

Dieses Teilkapitel bietet Aufgaben, die die Grundlage für das erste Kennenlernen des Lehrplanes des eigenen Bundeslandes bilden.

Rahmenpläne/Richtlinien/Rahmenrichtlinien/Lehrpläne (im folgenden Lehrpläne genannt) sind die von den Kultusministerien der einzelnen Bundesländer herausgegebenen Dokumente, die für alle Lehrenden in dem entsprechenden Bundesland die Ziele und Inhalte des Unterrichtsfaches festlegen. Darüber hinaus enthalten sie allgemein methodische Vorschriften, Hinweise und Anregungen.
Lehrpläne stellen die verbindliche Grundlage des Unterrichts in dem entsprechenden Unterrichtsfach dar.

In jedem Bundesland ist der Unterricht durch eigene Lehrpläne geregelt. Sie unterscheiden sich in Aufbau, Inhalt, Umfang sowie im Grad der Konkretheit der Anforderungen.

Zu: Lehrpläne

1. Welche Bezeichnung tragen die Lehrpläne in Ihrem Bundesland?
2. Wie viele unterschiedliche Lehrpläne für das Fach Englisch gibt es in Ihrem Bundesland?
3. Wählen Sie einen Lehrplan für den Englischunterricht in der Sekundarstufe I.
   - Wie begründet der Lehrplan den Unterricht in modernen Fremdsprachen?
   - Welche Lernziele werden formuliert?
     Nennen Sie jeweils Beispiele für die folgenden Kategorien:
     (a) sprachliche Fertigkeiten
     (b) Kenntnisse und Einsichten zur Sprache und zur Landeskunde
     (c) Haltungen/Einstellungen
   - Welche methodischen Grundprinzipien werden vorgegeben?
   - Welche Themen/Inhalte werden für den Englischunterricht genannt?

2.3 Lehrwerke

Dieses Teilkapitel beschreibt die Bestandteile und Eigenschaften von Lehrwerken.

Der Unterricht in der Sekundarstufe I wird in der Regel auf der Grundlage von Lehrwerken erteilt. Als Lehrwerk bezeichnet man die Gesamtheit der aufeinander abgestimmten Materialien, die auf der Grundlage von Lehrplänen für einen Lehrgang im institutionalisierten Unterricht konzipiert sind. Lehrwerke existieren in unterschiedlichen Ausgaben für die einzelnen Schularten.
Ein Lehrwerk ist meist so angelegt, daß es den Lehrplänen unterschiedlicher Bundesländer gerecht wird. Die Auswahl eines Lehrwerkes für die jeweilige Schule ist Aufgabe der Fachkonferenz. Die Fachkonferenz besteht aus allen Lehrern der Schule, die das Fach unterrichten. Sie trifft die Auswahl aus den Lehrwerken, die im Bundesland zugelassen sind. An einer Schule sollten nicht mehrere Lehrwerke nebeneinander benutzt werden.

Kriterien für die Auswahl des Lehrwerkes ergeben sich aus den Ansprüchen der Schüler, der Lehrer und des Unterrichts. Dazu gehören:
- die Vollständigkeit des Stoffes sowie seine angemessene Darbietung
- das methodische Grundkonzept, das sich u.a. äußert in den Textsorten,

der Verteilung, der Wiederholung und der Vielfalt der Übungsarten
- eine interessante und ansprechende Aufbereitung der Themen
- selbständig handhabbare, verständliche Nachschlageteile.

Die Materialien eines Lehrwerkes sind üblicherweise nach Unterrichtsjahren gegliedert. Ein Lehrwerksjahrgang enthält, bezogen auf eine Schulart, mehrere oder alle der in Darstellung 5 aufgeführten Bestandteile.

Darstellung 5: Bestandteile eines Lehrwerkes

Lehrbuch
Workbook, Grammatik, Lektüreheft, Vokabeltrainer Wandbild, Folie, Haftelement, Lernspiel, Dia(serie) Kassette Video Computerprogramm, Sprachlaborprogramm
Lehrerhandbuch

Das Lehrbuch und das Lehrerhandbuch nehmen innerhalb des Lehrwerkes eine Sonderstellung ein. Das Lehrbuch wird sowohl von Lehrern als auch von Schülern im Unterricht selbst und bei der häuslichen Arbeit genutzt. Es ist darüber hinaus das einzige Mittel, das der Schüler immer zur Verfügung hat. Das Lehrerhandbuch ist ausschließlich für die Hand des Lehrers bestimmt.
Von den übrigen Bestandteilen sind einige vorrangig für den Einsatz durch den Lehrer vorgesehen, wie z.B. Folien, Videos, Sprachlabormaterialien, Wandbilder etc. Andere sind vorrangig für die Hand der Schüler und für ihre (selbständige, häusliche) Arbeit bestimmt, wie *Workbooks,* Grammatiken, Vokabeltrainer u.a.
Alle Bestandteile des Lehrwerkes sind Sammlungen von Unterrichtsstoff. Dieser Stoff ist nach bestimmten Gesichtspunkten ausgewählt (*selected*), abgestuft (*graded*) und dargeboten (*presented*). Diese Auswahl, Abstufung und Darbietung betrifft den Sachstoff, z.B. *School in Britain, Family and Friends,* ebenso wie den Wortschatz, die grammatischen Strukturen, z.B. *Comparison, Past Tense or Present Perfect,* und die Pragmatik, wie z.B. *making suggestions.*
Lehrwerke sind auf diese Weise komplexe Verknüpfungen verschiedener Inhalte. Diese Verknüpfung ist von Lehrwerk zu Lehrwerk unterschiedlich organisiert.

Die Ergebnisse der Auswahl, Abstufung und Darbietung sind im Lehrwerk manifest; sie spiegeln Auffassungen von Sprache und Sprachenlernen, sind damit selbst Methode und beeinflussen das Vorgehen des Lehrers ebenso wie das Lernen der Schüler. Viele Lehrwerke nehmen in Anspruch, innerhalb vieler methodischer Konzepte einsetzbar zu sein.
Das Lehrbuch (man findet ebenso die Bezeichnungen Schülerbuch, *pupil's book, textbook, course book*) ist der zentrale Teil des Lehrwerkes. Es enthält in seinen Texten, Illustrationen, Übungen, Aufgabenstellungen, Grammatik- und anderen Übersichten sowie Vokabelverzeichnissen alle Informationen, die notwendig sind für die gelenkte oder selbständige Arbeit, für individuelles Vorgehen oder die Nutzung in der Gruppe.
Der Umfang und die Art und Weise der Nutzung von Lehrbüchern und der sie begleitenden Materialien ist bei Lehrern umstritten. Sie reicht von unkritischer Abarbeitung über die schöpferische Nutzung entsprechend den Bedürfnissen und Möglichkeiten der konkreten Lernergruppe bis zu völliger Ablehnung und zum Ersatz durch selbst erstellte Materialien. Am sinnvollsten ist es, das Angebot gründlich zur Kenntnis zu nehmen, kritisch zu prüfen, um dann gezielt auszuwählen und überlegt zu ergänzen. Dabei müssen die Interessen von Schülern und Lehrern gleichermaßen berücksichtigt werden.
Das Lehrerhandbuch (man findet auch die Bezeichnungen Lehrerkommentar, Unterrichtshilfe, *teacher's book, teacher's guide*) enthält Vorschläge für die Arbeit mit den meisten der anderen Bestandteile des Lehrwerkes.

Das Lehrerhandbuch ist in der Regel dreigeteilt:
- Es enthält zum einen grundlegende Informationen zum Aufbau des Lehrwerkes und der Funktion seiner einzelnen Bestandteile sowie zu Zielen, Inhalten und methodischem Vorgehen auf der jeweiligen Klassenstufe.
- Den größten Teil nehmen die Ausführungen zur Arbeit mit der einzelnen Lektion ein. Hier findet man unterschiedlich konkrete Lernzielangaben, die vor allem die Arbeit am neuen Sprachstoff betreffen. Ebenso findet man hier Vorschläge zur Gestaltung einzelner Unterrichtsabschnitte unter Einbeziehung vor allem des Lehrbuches aber auch anderer Bestandteile des Lehrwerkes. Gegeben werden Beispiele für Zielleistungen und Tafelbilder, Lösungsschlüssel für Übungen, Vorschläge für Leistungsmessungen u.a.
- Außerdem enthält das Lehrerhandbuch geordnete Stoffsammlungen, wie z.B. Texte von Tonbandkassetten, den Wortschatz und die grammatischen Mittel vergangener Jahre.

In noch stärkerem Maße als für das Lehrbuch gilt für das Lehrerhandbuch, daß hier Angebote dargestellt werden, die man nutzen kann, aber nicht nutzen muß. In diesem Sinne sollte das Lehrerhandbuch Hilfe bei der Planung sein, nicht aber Planung ersetzen.

Zu: Lehrwerke

1. Wählen Sie ein in Ihrem Bundesland zugelassenes Lehrwerk.
2. Stellen Sie fest, welche Bestandteile das Lehrwerk hat.
3. Aus welchen Teilen besteht das Lehrbuch?
4. Betrachten Sie das Inhaltsverzeichnis des Lehrbuches.
   - Welche Themen/Inhalte werden behandelt?
   - Inwieweit sind alle Sprachebenen berücksichtigt (phonologische Elemente, Wortschatz, grammatische Strukturen, Pragmatik)?
   - Welche Lerntechniken werden genannt?
   - Wie sind die neu zu erarbeitenden grammatischen Strukturen abgestuft?
   - Welche Wiederholungsorganisation ist zu erkennen?
5. Betrachten Sie eine Lektion.
   - Wie ist sie gegliedert, und in welchem Verhältnis stehen die einzelnen Abschnitte zueinander?
   - Welche Möglichkeiten für die Arbeit an den Fertigkeiten gibt es?
   - Wie sind die Übungen organisiert?
(überwiegend form- oder funktional orientiert?
drill- oder *task*-orientiert?
viele Übungsformen oder eintönig von den Formen her?)
   - Welche Aufgaben gibt es zur Anwendung des Gelernten?
   - Wie werden sprachliche Erscheinungen bewußtgemacht?
   - Welche Angebote gibt es für differenziertes Arbeiten?
6. Betrachten Sie das Lehrerhandbuch.
   - Wie ist es gegliedert?
   - Welche Hilfen gibt es für die langfristige Planung?
   - Wie sind die Ausführungen zur Arbeit mit der Lektion angelegt (vorwiegend ziel- oder stoff- oder prozeßbezogen)?
   - Was empfinden Sie als Hilfe für die Planungsarbeit des Lehrers?
   - Welche Hinweise für differenziertes Vorgehen werden gegeben?

Literatur zu: Lehrwerke

Cunningsworth, Alan. *Evaluating and Selecting EFL Teaching Materials.* Oxford, 1984.

Piepho, Hans-Eberhard. „Das Lehrwerk im Englischunterricht.“ In: Wilfried Brusch, Wulf Künne und Reiner Lehberger (Hrsg.). *Englischdidaktik: Rückblicke – Einblicke – Ausblicke.* Festschrift für Peter Kahl. Berlin, 1989.

2.4 Lernende und Lehrende

Dieses Teilkapitel skizziert zunächst die Eigenschaften der Lernenden und die Auswirkungen dieser Eigenschaften auf den Unterricht. Anschließend stellt es die Rolle des Lehrenden dar sowie die Voraussetzungen, über die der Lehrende für einen erfolgreichen Unterricht verfügen muß.

Jede Unterrichtsplanung muß sich an den spezifischen Voraussetzungen orientieren, die Lernende und Lehrende in den Unterricht mitbringen. Diese sind naturgemäß unterschiedlich und können sich auf verschiedene Weisen auf den Unterricht auswirken. Jeder Lehrende sollte deshalb nicht nur die Lernvoraussetzungen seiner Schüler möglichst genau ermitteln, sondern sich auch über seine eigenen Lehrvoraussetzungen im klaren sein. Nur dann wird er seinen Unterricht bestmöglich auf seine Lerngruppe ausrichten können.
Auf beiden Seiten sind hierbei zum einen die anthropogenen und zum anderen die sozio-kulturellen Voraussetzungen zu berücksichtigen. Anthropogene Voraussetzungen sind solche, die eine Person als Individuum mitbringt, die anlage-, reifungs- und entwicklungsbedingt sind. Bei den soziokulturellen Voraussetzungen geht es um solche, die sich aus der sozialen Prägung des Individuums ergeben (Erfahrungen in der Familie, in der sozialen Umwelt, wie Muttersprache, Kulturgemeinschaft, Konfession etc.).[1]

In einer Lerngruppe oder Klasse treffen die Individuen mit ihren unterschiedlichen anthropogenen und sozio-kulturellen Prägungen aufeinander. Das Zusammenspiel der anthropogenen und sozio-kulturellen Voraussetzungen aller Individuen einer Lerngruppe bestimmt Faktoren wie Lernklima, Verhältnis und Verhalten der Lernenden untereinander und gegenüber den Lehrenden, Einstellung(en) zum Englischunterricht generell u.a. Diese Faktoren haben einen nicht zu unterschätzenden Einfluß auf die Lern- und Arbeitsgewohnheiten einer Klasse.

---

1 Zur Erfassung der anthropogenen und sozio-kulturellen Voraussetzungen auf der Seite der Lernenden und der Lehrenden vgl. u.a. das Kapitel „Voraussetzungen des Lehrens und Lernens.“ In: Wilhelm H. Peterßen. *Handbuch Unterrichtsplanung: Grundfragen, Modelle, Stufen, Dimensionen.* 5., überarb. und aktualisierte Aufl. München, 1992. S. 403–412.

Der Lehrende unterscheidet sich von seinen Schülern nicht nur bezüglich seines Alters, seiner Erfahrungen, seiner Kenntnisse und seiner Fähigkeiten. Unter Umständen muß er sich auch auf ein ihm nicht besonders vertrautes soziales Umfeld einstellen. Seine Herkunft, Lebensumstände, Sprache, Normen, Einstellungen, Verhaltensweisen und Interessen können von denen seiner Schüler deutlich abweichen.
Ebenfalls zu berücksichtigende Faktoren auf seiten des Lehrenden, die sich unmittelbar auf den Unterricht auswirken, sind seine fremdsprachliche Kompetenz, seine fachliche und fachdidaktische Qualifikation, seine Unterrichtserfahrung, seine Vertrautheit mit dem Unterrichtsgegenstand und seine pädagogische und soziale Kompetenz. In der Regel wird der Unterricht um so erfolgreicher sein, je besser es dem Lehrenden gelingt, sich auf allen genannten Ebenen möglichst gut auf die Lernenden einzustellen.

Die folgenden Beispiele sollen dies verdeutlichen.

Im Englischunterricht kann der Fall eintreten, daß sich der Lehrende zwar vorbehaltlos mit seinem Fach identifiziert, einige Schüler und manchmal auch Eltern dieses Schulfach aber als unerheblich und unnötige Belastung empfinden. Für den Lehrer sind Fremdsprachen, das Lesen fremdsprachlicher Literatur und Reisen ins englischsprachliche Ausland eine Selbstverständlichkeit, jedoch steht dies keineswegs immer im Einklang mit den Erfahrungen, Interessen und Erwartungen vieler Schüler. Hierauf muß der Lehrer vorbereitet sein, denn entsprechend wenig werden solche Schüler zunächst motiviert sein.
Auch bei der Auswahl und Bearbeitung bestimmter Themen im Englischunterricht können die Interessen und Vorstellungen von Lehrern und Schülern weit auseinandergehen. Dies betrifft nicht nur die Auswahl von Lektüren oder Sachtexten, sondern erfordert auch einen kritischen Umgang mit dem Angebot eines Lehrwerks in der Sekundarstufe I. Zudem sollte bei Themen wie *My home and my family* o.ä. bereits im Vorfeld überlegt werden, wie möglicherweise Peinlichkeiten für Schüler, die beispielsweise, anders als die Lehrwerkskinder, über kein eigenes Zimmer verfügen, vermieden werden können. Das kann nur gelingen, wenn sich der Lehrer immer wieder in die Situation seiner Schüler zu versetzen sucht.
Die Besonderheiten der Altersstufe und die Leistungsfähigkeit der Schüler müssen vom Lehrenden ebenfalls richtig eingeschätzt werden. So ist z.B. im methodischen Bereich darauf zu achten, daß insbesondere mit jüngeren Lernenden im Anfangsunterricht oft gesungen, gespielt, viel mit Realgegenständen und visuellen Medien gearbeitet und dem vorhandenen Bewegungsdrang entgegengekommen werden muß, selbst wenn derartige Akti-

vitäten weniger den Neigungen des Lehrenden entsprechen. Vor allem gegenüber leistungsschwächeren Schülern darf der Lehrer nicht von seinem eigenen Lernverhalten ausgehen, sondern muß sich an dem der Lernenden orientieren.
Die Fähigkeit des Lehrenden zur Unterrichtsorganisation stellt eine weitere wesentliche Bedingung für das Gelingen des Unterrichts dar. Dies betrifft u.a. die Vertrautheit im Umgang mit technischen und anderen Medien, aber auch die Fähigkeit, in der Fremdsprache klare und verständliche Arbeitsanweisungen geben sowie Unterricht in unterschiedlichen Sozialformen organisieren zu können, wie beispielsweise Gruppen- oder Partnerarbeit. Alle Anforderungen, die an die Schüler gestellt werden, sind vom Lehrer eingehend daraufhin zu überprüfen, ob er selbst in der Lage wäre, diese zu bewältigen. Dies gilt auch für das Lösen von Aufgaben.
Schließlich ist jeder Lehrende nicht nur Vermittler von Wissensstoff, sondern immer auch Erzieher. Er muß in seinem Verhalten stets ein Vorbild für die Schüler sein. Zudem sollte er den Lernenden das Gefühl vermitteln, daß es im Unterricht nicht nur um das Abarbeiten vorgegebener Lernpensen geht. Die Schüler sollen erfahren, daß jede Unterrichtsstunde die Entwicklung ihrer Fähigkeiten fördert und ihnen sowohl für ihr späteres berufliches und privates Leben als auch schon während der ersten Lernjahre Möglichkeiten der Kommunikation mit Menschen aus anderen Ländern und Kulturkreisen eröffnet.[2] Dazu gehört auch, daß die Schüler mit ihren Interessen, Ansichten und Problemen ernst genommen werden und in angemessener Weise an der Gestaltung des Unterrichts mitwirken können.

Jeder Lehrende muß über hinreichende entwicklungs- und erziehungspsychologische Kenntnisse und über ein breites Repertoire an pädagogischen Maßnahmen verfügen, um auch in Konfliktsituationen angemessen reagieren zu können.[3] Dabei sollten die eigenen Erziehungsnormen und Verhaltensweisen nicht als selbstverständlich gesetzt werden. Eine enge Zusammenarbeit mit Kollegen, Eltern und Schülern ist in jedem Fall erforderlich.

---

2 Hierbei kann es sich sowohl um Menschen handeln, deren Muttersprache Englisch ist, als auch um Angehörige anderer Nationen, die das Englische als internationale Verkehrssprache benutzen, ggf. ebenso unvollkommen wie die Schüler.

3 Vgl. hierzu u.a. die von Winkel genannten 21 pädagogischen Maßnahmen zur Reaktion auf Unterrichtsstörungen in: Winkel, Rainer. *Der gestörte Unterricht.* 4. überarb. Aufl. Bochum, 1988. S. 86ff.

Zu: Lernende und Lehrende

1. Welches sind die verschiedenen Rollen, die jeder Englischlehrer beherrschen muß?
   Benutzen Sie zur Beantwortung dieser Frage das Kapitel „Class Management." In: Harmer, Jeremy. *The Practice of English Language Teaching.* New edition. London, New York, 1991. S. 200–217 sowie das Kapitel „Lehrerrollen." In: Piepho, Hans-Eberhard. *Contacts. 50 Stichwörter von A-Z.* 2. erw. Aufl. Bochum, 1982. S. 40–43.
2. Durch welche Eigenschaften sollte sich ein guter Fremdsprachenlehrer auszeichnen?
   Benutzen Sie zur Beantwortung dieser Frage Peck, Anthony. *Language Teachers at Work: A Description of Methods.* New York, 1988; insbes. S. 11–16.

Literatur zu: Lernende und Lehrende/Allgemeine Didaktik

Gudjons, Herbert, Rita Teske und Rainer Winkel (Hrsg.). *Didaktische Theorien.* 7. Aufl. Hamburg, 1993.

Klafki, Wolfgang. *Neue Studien zur Bildungstheorie und Didaktik: Zeitgemäße Allgemeinbildung und kritisch konstruktive Didaktik.* 3. Aufl. Weinheim, Basel, 1993.

Schulz, Wolfgang. „Unterricht – Analyse und Planung." In: Paul Heimann, Gunter Otto und Wolfgang Schulz. *Unterricht – Analyse und Planung.* 6. bearb. Aufl. Hannover, 1972. S. 13–47.

3. Entscheidungsfelder

3.1 Kommunikation und sprachliche Fertigkeiten

Dieses Kapitel beginnt mit einem Kommunikationsmodell von Sprache und zeigt auf, daß die sprachliche Kommunikation durch materielle Signale erfolgt. Es stellt anschließend dar, auf welche Weise der Code die Verbindung dieser Signale mit Bedeutungen herstellt. Der im Unterricht neuzuerlernende Code und und die dadurch bewirkte Verknüpfung der Signale mit Bedeutungen erfordert die Betrachtung der Fertigkeiten des Fremdsprachenunterrichts: Hörverstehen, Sprechen, Leseverstehen, Schreiben. Das Kapitel schließt mit der Beschreibung dieser Fertigkeiten und ihrer Behandlung im Unterricht.

3.1.1 Kommunikation

Zwei einfache Kommunikationsvorgänge

Bei jeder Kommunikation wird eine Verbindung zwischen einem Sender und einem Empfänger hergestellt.[1] Dies geschieht dadurch, daß ein Signal vom Sender an den Empfänger gegeben wird. Die Übermittlung des Signals erfolgt durch eine materielle Verbindung zwischen Sender und Empfänger (Kanal). Dieses sehr einfache Kommunikationsmodell hat die Bestandteile: Sender, Empfänger, Signal, Kanal und kann graphisch wie in Darstellung 1 wiedergegeben werden.

Darstellung 1: Einfaches Kommunikationsmodell

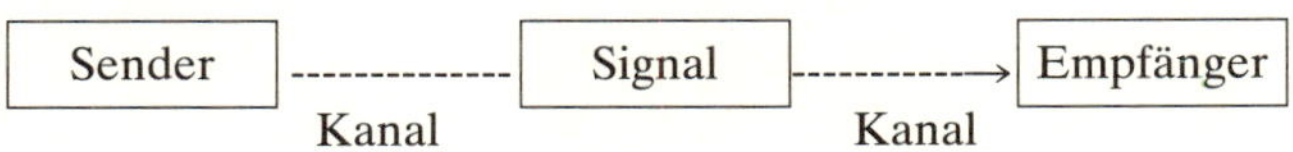

Beispiel: Ein Taucher zieht zweimal an einer Reißleine.

Sender:	Taucher
Empfänger:	Mitglied der Begleitmannschaft des Tauchers
Kanal:	Reißleine
Signal:	zweimaliges Ziehen

1 Die Darstellung des Kommunikationsmodells erfolgt in Anlehnung an Herrlitz, Wolfgang. „Einführung in die allgemeinen Grundlagen der Kommunikation“, „Aufbau eines Modells der sprachlichen Kommunikation“ und „Modell der Kodierung und Dekodierung“. In: *Funk-Kolleg Sprache: Eine Einführung in die moderne Linguistik.* Band 1. Frankfurt am Main, 1973. S. 27–56. Vgl. dazu Hüllen, Werner. *Linguistik und Englischunterricht 1: Didaktische Analysen.* 3. Aufl. Heidelberg, 1976. S. 29–37.

Selbst wenn in diesem Beispiel das Signal ohne Störungen vom Sender zum Empfänger gelangt, kann dem Signal auf der Empfängerseite keine Bedeutung entnommen werden, wenn nicht vorher zwischen Sender und Empfänger die Bedeutung für ein bestimmtes Signal oder eine Menge von Signalen vereinbart wurde.

Beispiel: Einmaliges Ziehen bedeutet „Herunterlassen"
zweimaliges Ziehen bedeutet „Stop"
dreimaliges Ziehen bedeutet „Hochziehen".

Erst durch die Verknüpfung von Signal und Bedeutung kann Kommunikation stattfinden. Die Verknüpfung von Signal und Bedeutung erfolgt durch eine Vereinbarung. Diese Vereinbarung muß vom Sender und vom Empfänger als verbindlich akzeptiert werden. Die Zuordnung einer Bedeutung zu einem Signal ist dabei willkürlich (arbiträr).
Auf dem Kanal werden demnach nur materielle Signale transportiert. Ihre Bedeutung ist durch die vorherige Vereinbarung festgelegt. Wenn auf der Senderseite und auf der Empfängerseite einer Menge von Signalen eine entsprechende Menge von Bedeutungen durch eine Vereinbarung zugeordnet ist, spricht man von einem gemeinsamen Code. Kommunikation ist nur möglich, wenn auf der Senderseite und auf der Empfängerseite ein gemeinsamer Code benutzt wird.
Um zu zeigen, daß das in Darstellung 1 wiedergegebene Kommunikationsmodell zu einfach ist, betrachten wir einen anderen Kommunikationsvorgang: Ein Schiff funkt SOS.

Sender:	Funkgerät des Schiffes
Empfänger:	Funkempfangseinrichtung an Land
Kanal:	Funkwellen
Signal:	SOS

Das Modell muß auf der Senderseite erweitert werden um eine Quelle, die die Ausgabe des Signals durch den Sender anregt (in unserem Beispiel: der Kapitän mit dem Bewußtsein der Notlage seines Schiffes) und auf der Empfängerseite um die Erkenntnis der Notlage durch die Person am Empfangsgerät an Land, die die Nachricht entschlüsselt.
Das um die Bestandteile Code und Quelle/Resultat erweiterte Kommunikationsmodell ist in Darstellung 2 wiedergegeben:

Darstellung 2: Erweitertes Kommunikationsmodell

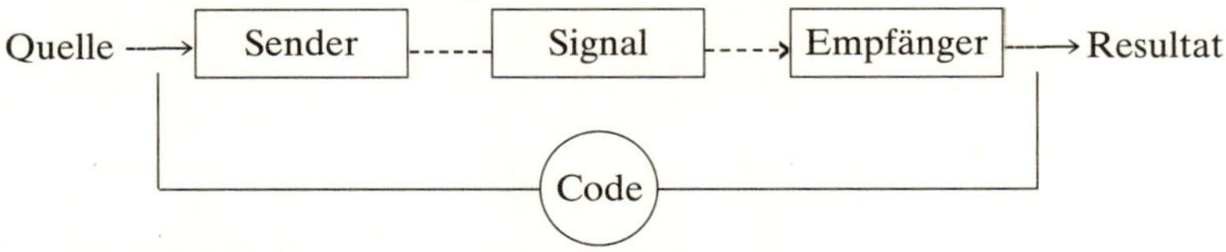

Ein Modell der sprachlichen Kommunikation

Übertragen auf die mündliche sprachliche Kommunikation bedeutet dies:

Sender	=	Sprecher
Empfänger	=	Hörer
Kanal	=	Luft
Signal	=	Luftschwingungen, von den Artikulationsorganen als Sprachlaute in Form einer Lautkette erzeugt
Code	=	Das System der sprachlichen Zeichen einer Einzelsprache (z.B. Englisch, Deutsch)
Quelle	=	Die gedankliche Vorstellung im menschlichen Gehirn als Verursacher einer Botschaft
Resultat	=	Die gedankliche Vorstellung im menschlichen Gehirn als Erkenntnis der Botschaft.

Dabei muß durch den Sprecher eine Enkodierung und durch den Hörer eine Dekodierung vorgenommen werden:

Enkodierung	=	Umsetzung der auslösenden gedanklichen Vorstellung in Muskelbewegungen der Artikulationsorgane zur Hervorbringung einer mit Hilfe des Codes interpretierbaren Lautkette
Dekodierung	=	Zuordnung einer gedanklichen Vorstellung zu der gehörten Lautkette als Resultat der Botschaft.

Zusätzlich gilt, daß bei sprachlicher Kommunikation ein Sprecher immer auch als Hörer auftreten kann und umgekehrt. Ein Modell der sprachlichen Kommunikation kann daher in der Form von Darstellung 3 wiedergegeben werden.

Bei schriftlicher Kommunikation erfolgt die Signalübertragung nicht durch eine Lautkette, sondern durch Schriftzeichen.

Der Enkodierungsvorgang bildet die Brücke zwischen gedanklicher Vorstellung und der Lautstruktur der Äußerung des Sprechers. Die gedanklichen Vorstellungen werden dabei unter Berücksichtigung pragmatischer, semantischer, syntaktischer, morphologischer und phonologischer Eigenschaften des sprachlichen Codes in Lautketten umgesetzt. Der Hörer ord-

Darstellung 3: Sprachliches Kommunikationsmodell

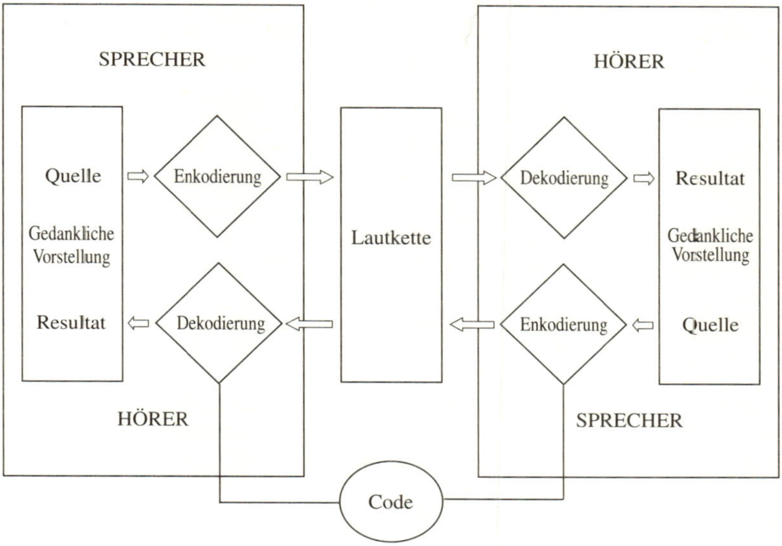

net solchen Lautketten gedankliche Vorstellungen zu, wobei er beim Dekodieren ebenfalls alle phonologischen, morphologischen, syntaktischen, semantischen und pragmatischen Eigenschaften des sprachlichen Codes berücksichtigt.

Beispiel:
Ein Sprecher des Englischen will die gedankliche Vorstellung mitteilen, daß ein bestimmtes Individuum seinem Körper oft und in großen Mengen Flüssigkeiten zuführt, die Alkohol enthalten, wobei die Flüssigkeitsaufnahme durch den Mund erfolgt. Dazu muß er das genannte System der Eigenschaften des englischen Sprachcodes sukzessiv anwenden.
Pragmatische Eigenschaften fordern die Wahl einer Aussage/Feststellung, im Gegensatz etwa zu einer Frage. Die semantischen Eigenschaften des Englischen führen zur Wahl der lexikalischen Elemente *Sam* (für den Namen des Individuums), *heavily* (zum Ausdruck der Häufigkeit der ausgeführten Tätigkeit und der Menge der aufgenommenen Flüssigkeit) und *drink* (zur Bezeichnung der Aufnahme von Flüssigkeiten durch den Mund). Die syntaktischen Regeln bestimmen die Reihenfolge der lexikalischen Elemente: *Sam drink heavily*. Die Auslassung eines direkten Objektes beim Verb *drink* läßt die Schlußfolgerung zu, daß der Vorgang sich nicht

auf beliebige Flüssigkeiten, sondern auf solche bezieht, die Alkohol enthalten. Morphologische Regeln legen fest, daß ein sich auf *Sam* beziehendes *drink* die Form *drinks* annehmen muß. Die Wahl von *drinks* statt *is drinking* drückt aus, daß die Handlung gewohnheitsmäßig erfolgt. Phonologische Eigenschaften des englischen Sprachcodes bestimmen Aussprache, Intonations- und Akzentverhältnisse der Äußerung, z.B. Aussprache des *-s* von *drinks* in der stimmlosen Form [s], Wahl von fallender Intonation, um auszudrücken, daß es sich um eine Feststellung und nicht um eine Frage handelt, Festlegung der Hauptakzente der Äußerung auf *Sam* und die erste Silbe von *heavily.* Erst wenn das ganze System der Eigenschaften des sprachlichen Codes durchlaufen ist, kann der Sprecher die Äußerung in Form der Lautkette

['sæmˌdrɪŋks'hevɪli]

mit Hilfe seiner Artikulationsorgane vornehmen.
Die Verständigung zwischen Sprecher und Hörer ist dann gelungen, wenn der Hörer dieser Lautkette nach dem Dekodieren dieselbe gedankliche Vorstellung mit der Äußerung verbindet wie der Sprecher es beim Enkodieren tat.
Es ist festzuhalten, daß Kommunikation zwischen Menschen teilweise oder ganz auch durch nichtsprachliche Mittel vollzogen werden kann. Es ist ferner zu beachten, daß sprachliche Äußerungen sich immer in einem sozialen Bezugsrahmen vollziehen und Äußerungen als Sprechhandlungen auch unter Gesichtspunkten wie Beziehung zwischen Sprecher und Angesprochenem, Ort der Äußerung, Zeit der Äußerung, Annahmen des Sprechers über Vorwissen des Hörers und umgekehrt, Wahrnehmungsraum von Sprecher und Hörer etc. enkodiert und dekodiert werden.

Fremdsprachenlernen

Der Schüler hat bereits eine Muttersprache erworben, bevor er mit dem Fremdsprachenlernen beginnt. Von der Muttersprache her sind ihm alle Komponenten des Kommunikationsvorgangs bis auf eine, den Code, bekannt.
Der neuzuerlernende Code kann außer bei eng verwandten Sprachen (z.B. Spanisch/Italienisch, Ukrainisch/Russisch) nicht aus der Muttersprache oder dem allgemeinen Vorwissen erschlossen oder abgeleitet werden. Aus der Sicht des Schülers ist der Code weitgehend willkürlich. Die Vereinbarungen, die dem fremdsprachlichen Code zugrunde liegen, haben sich in einer Zeit entwickelt, als schriftliche Aufzeichnungen der Sprache noch nicht existierten, und sie haben seitdem viele historische Entwicklungsstufen durchlaufen.

So gibt es aus heutiger Sicht keinen ersichtlichen Grund, warum ein vierbeiniges Tier, das bellen kann, im Englischen mit der Lautkette [dɒg] bezeichnet wird. Das Vorwissen des Schülers bietet keine Hilfe für die Notwendigkeit, daß für viele Fragen im Englischen das Verb *do* benutzt werden muß, z.B.: *What do you think?* Die Kenntnis der Muttersprache erklärt nicht, daß die Äußerung *How do you do?* im Englischen nicht als Frage, sondern als Begrüßungsformel verwendet wird, die als Antwort die Wiederholung von *How do you do?* verlangt.
Das Erlernen des Codes einer anderen Sprachgemeinschaft mit dem Ziel der unbewußten Verfügung über alle neuen phonologischen, morphologischen, syntaktischen, semantischen und pragmatischen Eigenschaften einschließlich der automatischen Beherrschung einer neuen Artikulationsbasis und eines elementaren Wissens über die fremde Kultur ist eine Aufgabe, die ein sehr großes Ausmaß an Zeit und Übung verlangt. Niemand kann eine fremde Sprache in wenigen Wochen oder Monaten erlernen. Dennoch werden immer wieder Verfahren propagiert, die von sich behaupten, die Beherrschung einer Fremdsprache in sehr kurzer Zeit und ohne Anstrengung zu vermitteln.

3.1.2 Sprachliche Fertigkeiten

Den neu zu erlernenden Code benötigt der Schüler, um sich in der Fremdsprache verständigen zu können. Verständigen heißt im einzelnen, wenn wir den Kommunikationsvorgang aus der Sicht der ablaufenden sprachlichen Tätigkeiten betrachten, daß der Schüler hören, lesen, schreiben und sprechen muß.
Eine der wichtigsten Entscheidungen, die ein Fremdsprachenlehrer für seine Unterrichtsplanung zu treffen hat, ist deshalb diejenige nach der Wichtigkeit und Reihenfolge der Schulung der sprachlichen Fertigkeiten. Man spricht von vier Fertigkeiten (*skills*) im Fremdsprachenunterricht: dem Hörverstehen (*listening comprehension*), dem Sprechen (*speaking*), dem Leseverstehen (*reading comprehension*) und dem Schreiben (*writing*).
Sprechen und Schreiben sind produktive Fertigkeiten. Hörverstehen und Leseverstehen sind rezeptive Fertigkeiten. Dabei ist Sprachrezeption keine passive Aufnahme von Sprachelementen, sondern besteht in einer viele Stufen umfassenden aktiven Konstruktionsleistung.
Aus einer anderen Perspektive betrachtet, unterteilt man in mündliche Fertigkeiten (Hörverstehen und Sprechen) und schriftliche Fertigkeiten (Leseverstehen und Schreiben). Zur Verdeutlichung wird diese Einteilung in Darstellung 4 präsentiert.

Darstellung 4: Fertigkeiten

	mündlich	schriftlich
rezeptiv	Hörverstehen	Leseverstehen
produktiv	Sprechen	Schreiben

Die vier Fertigkeiten stehen nicht immer gleichberechtigt nebeneinander, sondern haben – je nach Lernziel – unterschiedliche Prioritäten.
Sicherlich wird ein chinesischer Physiker, dessen Lernziel darin besteht, englischsprachige Fachliteratur zu verstehen, weniger Wert auf die Fertigkeiten Hörverstehen, Sprechen und Schreiben, sondern vor allem auf das Leseverstehen legen. Ähnlich wird ein zukünftiger Übersetzer sich hauptsächlich auf die Fertigkeiten Leseverstehen und Schreiben konzentrieren – beim Dolmetscher sieht dies schon anders aus.
In der Sekundarstufe I gilt für den Englischunterricht im allgemeinen die Kommunikationsfähigkeit in Alltagssituationen als übergeordnetes Lernziel. Daraus ergibt sich vor allem im Anfangsunterricht der Vorrang des Mündlichen vor dem Schriftlichen. Mithin haben die mündlichen Fertigkeiten besonders am Beginn der Sekundarstufe I ein größeres Gewicht als die schriftlichen Fertigkeiten. Der Vorrang (Primat) des Mündlichen läßt sich auch linguistisch begründen, da die gesprochene Sprache der geschriebenen immer vorausgeht; es gibt auch noch heute Sprachgemeinschaften, die über kein Schriftsystem verfügen. Manche Linguisten gehen sogar so weit zu sagen, nur die gesprochene Sprache mache die Sprache an sich aus. Festzuhalten bleibt in jedem Fall, daß die gesprochene Sprache die Ausgangsform und zugleich die häufigste Form der sprachlichen Kommunikation ist. Außerdem geht mit dem Wechsel vom Mündlichen zum Schriftlichen sehr häufig ein Wechsel der Stilebene einher.
Der Zeitpunkt der Einführung des Schriftbildes im Anfangsunterricht ist umstritten. Einige Didaktiker treten für einen mehrwöchigen mündlichen Vorkurs unter völligem Verzicht auf das Schriftbild ein.[2] Das Hauptargument dabei ist, daß eine frühe Einführung des Schriftbildes zu unnötigen Lernschwierigkeiten und vor allem zu unerwünschten interlingualen Interferenzen auf phonologischer Ebene (durch das Schriftbild der Muttersprache verursachte störende Einflüsse auf die Aussprache des Lernenden beim Erlernen der Fremdsprache) führe.

2 Dies wird heute oft auch für den Frühbeginn des Englischunterrichts für die Klasse 3 gefordert.

Die Erfahrung hat aber gezeigt, daß auch Lernanfänger im Fremdsprachenunterricht das Schriftbild brauchen, um sich Wortschatzelemente oder grammatische Strukturen besser einprägen zu können. Stellt der Lehrer das Schriftbild überhaupt nicht zur Verfügung, so machen sich die Schüler selbst – meist fehlerhafte – Aufzeichnungen. Sobald mündlich dargebotene lexikalische Elemente und grammatische Strukturen von den Schülern sicher erkannt und korrekt mündlich (re)produziert werden, sollte ihnen deshalb das Schriftbild nicht vorenthalten werden. Der Vorrang des Mündlichen schließt das Lesen und Schreiben auch im Anfangsunterricht nicht aus. Eine späte Einführung des Schriftbildes ist methodisch schwieriger und führt zu geringeren Lernleistungen.[3]
Grundsätzlich muß in den ersten Jahren der Sekundarstufe I jedes im Englischunterricht neu zu vermittelnde sprachliche Element zunächst durch den Lehrenden oder ein anderes Medium präsentiert und von den Schülern aufgenommen werden, bevor die Schüler es reproduzieren bzw. selbständig produzieren können. Hier unterscheidet sich die Vermittlung einer Fremdsprache teilweise von anderen Unterrichtsfächern, in denen z.B. durch Allgemeinwissen und logische Schlußfolgerungen Neues aus Bekanntem abgeleitet werden kann. Dies ist beim Fremdsprachenlernen nur bedingt möglich, da die Verbindung von Bedeutung mit dem Laut- und Schriftbild eines Wortes meist willkürlich ist und nur in wenigen Fällen Transfermöglichkeiten gegeben sind. Daraus folgt, daß im elementaren Englischunterricht die rezeptiven Fertigkeiten immer vor den produktiven stehen. Die Schüler können nichts sprechen, was sie nicht zuvor gehört haben; sie können nichts schreiben, was sie nicht zuvor gelesen haben.
Aus den Forderungen „Vorrang des Mündlichen“ und „rezeptiv vor produktiv“ ergibt sich für den Anfangsunterricht im allgemeinen folgende Reihenfolge der Fertigkeiten, die bei jedem neu zu erlernenden sprachlichen Element einzuhalten ist: das Hörverstehen geht dem Sprechen, das Sprechen dem Lesen und das Lesen dem Schreiben voraus.
Im Verlauf der Sekundarstufe I erhalten die schriftlichen Fertigkeiten ein zunehmendes Gewicht. Auch hier ist bei neuen sprachlichen Mitteln nach wie vor die Reihenfolge „rezeptiv vor produktiv“ einzuhalten. Anders als im Anfangsunterricht können neue sprachliche Elemente auch als erstes durch das Schriftbild präsentiert werden, ohne daß deren Lautbild zuvor vom Lehrenden oder durch ein anderes Medium vermittelt wurde. Nur auf diese Weise kann auch die Fertigkeit des Leseverstehens – unabhängig vom

3 Vgl. Mindt, Dieter und Ute Mischke. „Der Zeitpunkt der Einführung des Schriftbildes im englischen Anfangsunterricht.“ *Neusprachliche Mitteilungen*, 38 (1985) 4, S. 232–237.

Hörverstehen – angemessen geschult werden. Die vier Fertigkeiten fördern und beeinflussen sich jedoch gegenseitig, so daß im fortgeschrittenen Englischunterricht an allgemeinbildenden Schulen stets auf eine gleichgewichtige Schulung aller vier Fertigkeiten zu achten ist.

Zu: Kommunikation und sprachliche Fertigkeiten

1. Welche Rolle spielt das Lernen arbiträrer Eigenschaften der Fremdsprache? Benutzen Sie zur Beantwortung dieser Frage: Digeser, Andreas. *Fremdsprachendidaktik und ihre Bezugswissenschaften: Einführung, Darstellung, Kritik, Unterrichtsmodelle.* Stuttgart, 1983. S. 37–39.
2. Ein Lernziel des Fremdsprachenunterrichts der Sekundarstufe I besteht darin, den Schüler in die Lage zu versetzen, in einfachen Situationen des täglichen Lebens *native speakers* und englischsprechende Ausländer zu verstehen und sich verständlich zu machen. Welche Fertigkeiten müssen in größerem Umfang als andere ausgebildet sein, um an solchen Kommunikationsprozessen erfolgreich teilnehmen zu können?
3. Bekanntlich ist die Kommunikation schwieriger, wenn Sprecher und Hörer sich nur akustisch verständigen (z.B. Telefongespräche). Welche Kommunikationsmittel ergänzen und stützen die sprachlichen Kommunikationsmittel?

Literatur zu: Kommunikation und sprachliche Fertigkeiten

Gutschow, Harald. *Eine Methodik des elementaren Englischunterrichts: Probleme und Arbeitsformen.* Berlin, 1978. S. 25-27.

Hörmann, Hans. *Psychologie der Sprache.* Berlin, 1970. „Kapitel IV: Sprache und Kommunikation." S. 53–83.

Steinmüller, Ulrich. *Kommunikationstheorie: Eine Einführung für Literatur- und Sprachwissenschaftler.* Stuttgart, 1977.

3.2 Phasen

Das Erlernen einer fremden Sprache gliedert sich in Phasen: in die Phase der Sprachaufnahme, der Sprachverarbeitung und der Sprachanwendung. Das Kapitel nennt die Hauptmerkmale dieser drei Phasen und äußert sich zum Problem der Bewußtmachung als Unterrichtsphase. Es gibt Hinweise über die Dauer der Phasen und schließt mit Prinzipien über die Abfolge und Verbindung von Unterrichtsphasen.

Zwischen der ersten Begegnung mit neu zu erlernenden Sprachmitteln und der freien Verfügbarkeit über sie liegen viele Zwischenstufen. Die methodischen Maßnahmen, die auf die freie Verfügbarkeit von Sprachmitteln abzielen, müssen so angelegt sein, daß ein allmählicher Übergang zu einer immer sichereren Beherrschung der Sprachmittel gewährleistet ist.
Als theoretisches Instrument zur Beschreibung dieses Verlaufs von Lernprozessen wurden in der Fachdidaktik Phasenmodelle entwickelt. Streng

genommen verbietet sich eine Phaseneinteilung, da der Lernprozeß ein Kontinuum ist. Dennoch können für bestimmte Abschnitte des Unterrichts, die in ihrem Ablauf und Inhalt aufeinander bezogen sind, bestimmte Merkmale und Arbeitsformen als jeweils schwerpunktmäßig dominierend angesehen werden, so daß sich aus diesem Grund eine Phaseneinteilung rechtfertigen läßt.
Phasenmodelle erlauben es ferner, Unterricht für Planungs- und Analysezwecke zu gliedern, Lernschwierigkeiten zu isolieren und methodische Maßnahmen gezielt aufeinander zu beziehen. Ein einfaches Phasenmodell unterscheidet zwischen drei Phasen: Sprachaufnahme, Sprachverarbeitung, Sprachanwendung.[1]

3.2.1 Sprachaufnahme

In der Sprachaufnahmephase geht es schwerpunktmäßig um die Präsentation von neuen Sprachmitteln (phonologische Elemente, lexikalische Elemente, grammatische Strukturen, Sprachfunktionen, Texte). In dieser Phase ist besonders darauf zu achten, daß Sprachmittel nicht als isolierte Elemente dargeboten werden. Sie müssen vielmehr in einen natürlichen Kontext und eine motivierende Situation eingebettet sein, die dem Auftreten dieser Sprachmittel in einer realen Kommunikationssituation entspricht.

Bei der Darbietung spielen Medien eine wichtige Rolle. Eine Situation, die nicht mit Realgegenständen im Klassenraum dargestellt oder simuliert werden kann, läßt sich häufig durch Benutzung visueller Medien darstellen. In vielen Fällen ist es günstig, die bildliche Darstellung der Situation mit der gleichzeitigen auditiven Darbietung von Sprachmustern zu verbinden.
In der Sprachaufnahmephase ist der Schüler nur scheinbar passiv. Tatsächlich wird von ihm eine sehr komplexe Leistung verlangt. Er muß die gesamte dargebotene Situation und ihre Einzelkomponenten verstehen. Damit dies erreicht wird, ist darauf zu achten, daß die Situation eindeutig ist. Bei der Darbietung muß der Schüler die neuen Sprachmittel formal erkennen und von den bekannten unterscheiden (Diskrimination). Er soll auch die Funktion und Bedeutung der neuen Sprachmittel erkennen (Interpretation).
Damit dies möglich ist, darf die dargestellte Situation nicht zu komplex sein. Die Zahl der neuen Sprachmittel muß überschaubar sein, und sie sollen über die gesamte Sprachaufnahmephase gleichmäßig verteilt sein. Die neuen Sprachmittel müssen darüber hinaus so angeordnet sein, daß Unbe-

1 Vgl. Zimmermann, Günther. „Integrierungsphase und Transfer im neusprachlichen Unterricht." *Praxis des neusprachlichen Unterrichts,* 16 (1969) 3, S. 245–260.

kanntes durch Bekanntes erschließbar ist. Keinesfalls darf das Verständnis eines unbekannten Elements von einem weiteren unbekannten Element abhängig sein.
Unterrichtsmaterialien, in denen gleichzeitig eine große Zahl von neuen Wortschatzelementen und neuen grammatischen Strukturen auftritt, erfüllen diese Anforderungen nicht. In den meisten Fällen muß daher die Sprachaufnahmephase durch die eigene Unterrichtsplanung des Lehrers vorbereitet und gestaltet werden.
Die Sprachaufnahmephase soll an Interessenlage und Vorwissen der Schüler anknüpfen. Ihre Planung setzt eine genaue Kenntnis der Leistungsfähigkeit und Leistungsbereitschaft der jeweiligen Lerngruppe voraus. Diese Faktoren sind für den Lehrbuchautor nicht in allen Einzelheiten vorhersehbar. Aus diesem Grunde können die Vorschläge für die Sprachaufnahmephase selten ohne Veränderung vom Lehrbuch übernommen werden.
In vielen Fällen ist es günstig, wenn der Sprachaufnahmephase Unterrichtsabschnitte zur Vorbereitung der Sprachaufnahme vorangestellt werden. Neue Informationen werden wesentlich besser aufgenommen, eingeordnet und behalten, wenn sie sich in Bekanntes integrieren lassen und die Lernenden einen persönlichen Bezug zu dem Lerngegenstand aufbauen können. In dieser Vorbereitung der Sprachaufnahme kann z.B. das Vorwissen der Schüler gesammelt und bereitgestellt werden.
Dafür können beispielsweise Assoziationen genutzt werden, die die Schüler mit dem Thema verbinden. Oder es können Hypothesen bezüglich der zu erwartenden Inhalte aufgestellt werden. Diese Hypothesen können etwa aus der Überschrift eines neuen Textes oder aus dem Inhalt eines entsprechenden Bildes abgeleitet werden. Die Vorbereitung der Sprachaufnahme stellt in der Regel gleichzeitig eine Sprachverarbeitung oder Sprachanwendung von bereits Bekanntem dar.

3.2.2 Sprachverarbeitung

Das Erkennen der Form und das Verstehen der Funktion einer sprachlichen Erscheinung in der Sprachaufnahmephase bedeutet keineswegs die Fähigkeit, die neue sprachliche Erscheinung ohne intensive Vorbereitung produzieren zu können. Die Entwicklung dieser Fähigkeit ist die Aufgabe der Sprachverarbeitungsphase.
In der Sprachverarbeitungsphase lernt der Schüler, das neue Sprachmittel zunächst in anderen Kontexten formal korrekt zu reproduzieren.

Beispiele:
Der Schüler lernt die richtige Artikulation des englischen [r], die Aussprache eines neuen Wortes unter Verwendung des korrekten Betonungsschemas, zum Beispiel *cucumber*, die korrekte Reihenfolge der Wörter in einem englischen Fragesatz und die Übereinstimmung der darin enthaltenen Formen, zum Beispiel *When did he come?* gegenüber **When came he?* oder **When did he came?*
Es wird vielfach gefordert, die formale Produktion, die überwiegend durch Imitation vorgegebener Sprachmuster entsteht, in einen situativen Zusammenhang einzubetten. Wo immer dies möglich ist, sollte so verfahren werden.
Es kann aber nicht übersehen werden, daß es auch Fälle gibt, in denen eine situative Einbettung weniger sinnvoll ist. Wenn Schüler im Anfangsunterricht beispielsweise ein gefordertes [ð] durch ein [z] ersetzen, ist es kaum vertretbar, nach Situationen zu suchen, in denen Wörter mit [ð] und [z] natürlicherweise auftreten, um die Übung von [ð] und [z] in solchen Situationen durchzuführen. In einem solchen Fall kann es sogar geboten sein, [ð] isoliert und kontrastierend mit [z] zu üben, bevor man zur Verwendung von [ð] in Wörtern und Sätzen übergeht.
Die formale Beherrschung einer sprachlichen Erscheinung reicht nicht zur freien Anwendung aus. Freie Anwendung bedeutet die Verfügbarkeit in einer realen Kommunikationssituation. Um die freie Verfügbarkeit zu erreichen, müssen daher Übungen eingeschaltet werden, die eine spätere Übertragung auf völlig neue Kommunikationssituationen anbahnen.
Um diese Übertragung (Transfer) auf neue Situationen zu gewährleisten, muß ein Sprachmittel in einer ausreichenden Anzahl von systematisch variierten Situationen geübt werden. Diese Situationen müssen zunächst noch einfach strukturiert sein, und die Beziehung zwischen ihnen muß so sein, daß sie klar erkennbare gemeinsame Merkmale aufweisen, die den Lernenden anzeigen, daß zwischen allen Situationen dieser Art und dem sprachlichen Element, das geübt wird, gemeinsame Bezüge bestehen. Der Schüler erfährt durch die Übung in vielen wechselnden Situationen den Gebrauchsradius einer sprachlichen Erscheinung.[2]
Solche Situationen, die sehr zahlreich sein müssen und daher zwangsläufig einen geringen Ausdehnungsbereich haben, werden Minimalsituationen[3] genannt. Ein wichtiges Merkmal einer solchen Minimalsituation besteht darin, daß in ihr jeweils nur ein einziges sprachliches Element geübt wird.

---

2 Vgl. Zimmermann, Günther. *Grammatik im Fremdsprachenunterricht*. Frankfurt am Main, 1977. S. 95.
3 Zimmermann. „Integrierungsphase." S. 254; Zimmermann. *Grammatik*. S. 95.

Die Unterscheidung zwischen mehr formaler Übung am Anfang der Sprachverarbeitungsphase (bei überwiegend imitativen Arbeitsformen) und Übung in Minimalsituationen (mit Arbeitsformen, die den kreativen Sprachgebrauch durch den Schüler anbahnen) erfordert die Untergliederung der Sprachverarbeitungsphase in zwei Teilphasen: die Einübungsphase (Schwerpunkt auf formaler Übung) und die Transferphase (Schwerpunkt auf Übung in Minimalsituationen).[4] Das Phasenmodell hat danach die in Darstellung 1 wiedergegebene Form.

Darstellung 1: Phasenmodell

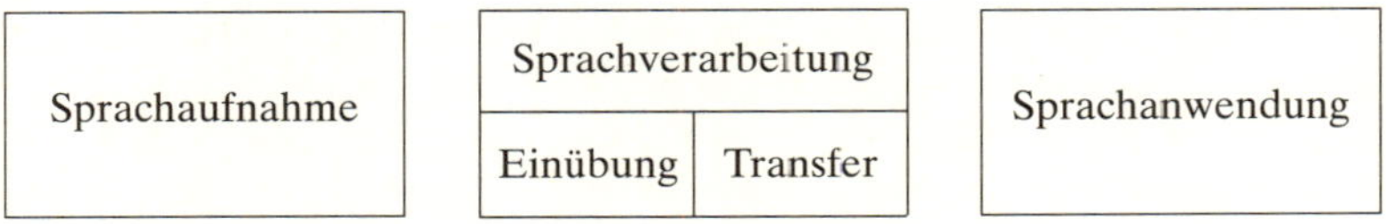

3.2.3 Sprachanwendung

An die Phase der Sprachverarbeitung schließt sich die Phase der Sprachanwendung an. In ihr wird nicht mehr mit Minimalsituationen gearbeitet, in denen lediglich eine sprachliche Erscheinung geübt wird, sondern mit Situationen, die breiter angelegt sind und mehrere sprachliche Erscheinungen gleichzeitig enthalten. Solche Situationen werden als Maximalsituationen[5] bezeichnet.

Auch die Sprachanwendung schreitet vom weniger Komplexen zum mehr Komplexen vor. Dies geschieht in der Weise, daß anfangs die Zahl der in Frage stehenden Sprachelemente gering ist und gegen Ende der Anwendungsphase ansteigt. Zudem kann die Abweichung von vorher verwendeten Situationen unterschiedlich gestaltet werden. Sie kann am Anfang geringer sein und gegen Ende der Sprachanwendungsphase immer stärker werden.

Es ist deutlich geworden, daß die Übergänge zwischen den einzelnen Phasen gleitend sind und daß die Phasen sehr oft ineinander übergehen. Dabei besteht eine besonders enge Verbindung zwischen Sprachverarbeitungs- und Sprachanwendungsphase, die aus diesem Grunde auch unter dem Oberbegriff Integrierungsphase zusammengefaßt werden.[6] Die Integrie-

4 Zimmermann. *Grammatik.* S. 94f.
5 Zimmermann. *Grammatik.* S. 95f.
6 Zimmermann. „Integrierungsphase." S. 245.

rungsphase ist dadurch gekennzeichnet, daß in ihrem Verlauf die Verwendung der Sprachmittel durch den Schüler von einer stark gesteuerten Verwendung am Beginn der Einübungsphase (z.B. durch Imitation) über einen mehr kreativen Sprachgebrauch in der Transferphase, der noch immer der Steuerung unterliegt, bis zu spontaner Verfügbarkeit am Ende der Anwendungsphase voranschreitet. In der Anwendungsphase sind die sprachlichen Äußerungen des Schülers oft nicht mehr voraussagbar. Es geht hier um kreativen Sprachgebrauch, wobei der Schüler die Möglichkeit hat, den Gesprächsverlauf in einem vorgegebenen situativen Rahmen selbst zu beeinflussen und zu lenken. Der Schwerpunkt der Aufmerksamkeit des Lernenden liegt in dieser Phase auf dem Inhalt seiner Aussage und nicht mehr auf der Form.[7]
Das erweiterte Phasenmodell ist in Darstellung 2 wiedergegeben.

Darstellung 2: Erweitertes Phasenmodell

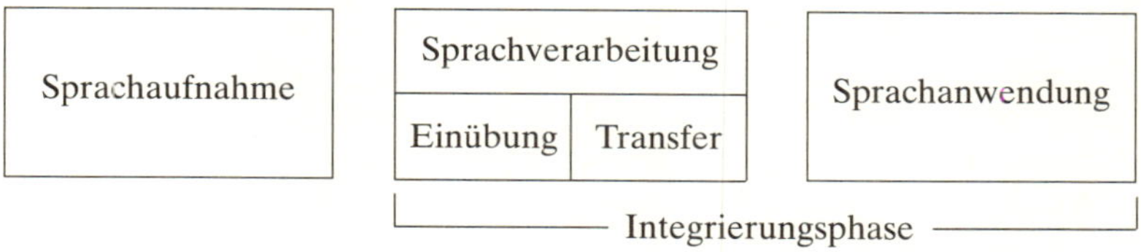

3.2.4 Zum Problem der Bewußtmachung als Unterrichtsphase

Sprache hat einen Aspekt der Willkürlichkeit (Arbitrarität) und einen Aspekt der Regelorientiertheit. So ist die Zuordnung von Lautbild (Bezeichnendes, frz. *signifiant*) und Begriff (Bezeichnetes, frz. signifié) willkürlich. Es gibt keine Regel, die erklären kann, wieso der Begriff ‚Himmel' im Englischen durch die Lautformen [skaɪ], ['hev^{ə}n] (*sky, heaven*) bezeichnet wird, im Deutschen aber durch die Lautform ['hɪm^{ə}l] (*Himmel*), im Französischen durch [sjɛl] (*ciel*) etc.
Zwischen den Sätzen *He said, "I am ill"* und *He said (that) he was ill* besteht dagegen eine Beziehung, die durch eine Regel beschrieben werden kann.

Die Einsicht in die zugrundeliegende Regel kann eine wichtige Rolle für den Erwerb einer fehlerfreien Beherrschung dieser sprachlichen Erscheinung bilden. Die Regel kann in der Sprachverarbeitungsphase vom Lernenden als Hilfe für die Produktion und Korrektur seiner Sprachäußerun-

7 Zimmermann. *Grammatik*. S. 96.

gen eingesetzt werden. Je weiter der Lernprozeß in die Phase der Sprachanwendung übergeht, desto geringeren Gebrauch wird der Lernende von seinem Regelwissen machen. Am Ende der Phase der Sprachanwendung versteht und produziert der Lernende die grammatische Struktur korrekt, ohne bewußten Gebrauch von der Regel machen zu müssen.
Die Bewußtmachung von sprachlichen Strukturen (Kognitivierung) spielt also nur für den durch Regeln beschreibbaren Bereich von Sprache eine Rolle. Der arbiträre Aspekt von Sprache ist durch Bewußtmachung nicht erfaßbar. Bewußtmachung ist daher kein allgemeiner Bestandteil fremdsprachlicher Lernprozesse in ihrer Gesamtheit und läßt sich aus diesem Grunde nicht als separate Phase in ein Phasenmodell für den Fremdsprachenunterricht allgemein einordnen.[8]
Die Feststellung, daß Bewußtmachung keine separate Phase des fremdsprachlichen Lernprozesses allgemein bildet, darf aber nicht so mißverstanden werden, daß Bewußtmachung keine Rolle im Fremdsprachenunterricht spielt. Überall, wo der regelorientierte Aspekt von Sprache eine Rolle spielt, müssen Überlegungen angestellt werden, ob die Einführung einer Regel als Hilfe für die Anbahnung einer später unbewußten Verfügbarkeit der zu erlernenden Sprachmittel hilfreich sein kann.
Entscheidet man sich für eine Bewußtmachung, so ist ihr Zeitpunkt zu bestimmen. Während man früher eine Bewußtmachung (wenn sie überhaupt für erforderlich angesehen wurde) an das Ende der Sprachverarbeitungsphase stellte, wird heute eher für eine frühe Bewußtmachung plädiert.

3.2.5 Dauer der Phasen

Die Dauer der einzelnen Phasen ist unterschiedlich und richtet sich nach dem Schwierigkeitsgrad der neu zu erlernenden Sprachmittel auf verschiedenen Ebenen.

Beispiel 1:
Die Vermittlung der Wörter *cucumber* und *hippopotamus* erfordert wegen der schwierigen Aussprache und Schreibung meist einen starken zeitlichen Aufwand in der Sprachverarbeitungsphase. Der zeitliche Aufwand in der Sprachanwendungsphase dürfte demgegenüber geringer sein, da der Verwendungsbereich beider Wörter im wesentlichen identisch mit dem der entsprechenden deutschen Wörter ist.

---

8 Wenn es dagegen um den regelorientierten Aspekt von Sprache geht (z. B. grammatische Unterweisung), ist Bewußtmachung als konstitutive Phase zu rechtfertigen.

Beispiel 2:
Die Vermittlung der formalen und funktionalen Besonderheiten von *simple form* (*I go*) und *progressive form* (*I am going*) erfordert einen hohen zeitlichen Aufwand in allen Unterrichtsphasen, da dieser Form- und Funktionsunterschied im Deutschen nicht in derselben Weise realisiert ist.

3.2.6 Abfolge und Verbindung von Phasen

Nach der Darstellung des Phasenmodells könnte Fremdsprachenerlernen als schematische Abfolge bestimmter Phasenabläufe angesehen werden. Darstellung 3 gibt ein solches Planungsverfahren in graphischer Form wieder.

Darstellung 3: Sukzessive Abfolge von Phasen

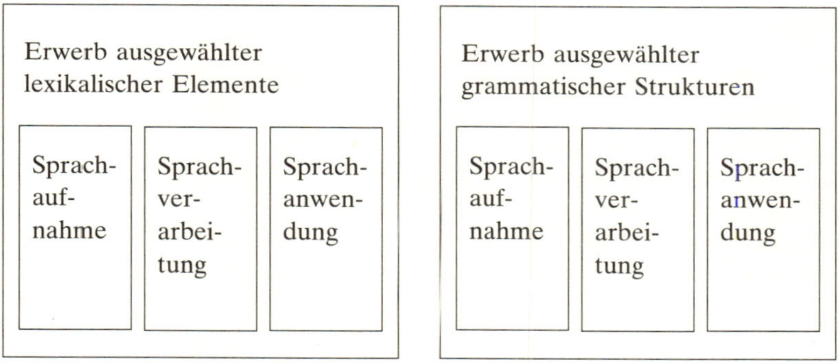

In Darstellung 3 werden zunächst bestimmte lexikalische Elemente behandelt, die die Phasen der Sprachaufnahme, der Sprachverarbeitung und der Sprachanwendung durchlaufen, anschließend ausgewählte grammatische Strukturen, die ebenfalls die drei genannten Phasen durchlaufen.
Wir wissen jedoch, daß die Elemente einzelner Strukturschichten in tatsächlichem Sprachgebrauch und auch beim Erlernen einer Sprache immer miteinander verbunden auftreten. Diesem wichtigen Gesichtspunkt kann ein Modell des Spracherwerbsprozesses mit sukzessiv aufeinanderfolgenden Phasenabläufen (wie in Darstellung 3 wiedergegeben) nur eingeschränkt Rechnung tragen. Die zwangsläufig begrenzte Aufnahmekapazität der Lernenden und die dadurch erforderliche Notwendigkeit der Isolierung von Schwierigkeiten lassen es andererseits als unangemessen erscheinen, Lernprozesse mit Strukturelementen vieler Sprachebenen gleichzeitig zu planen, wie es in Darstellung 4 wiedergegeben ist.

Darstellung 4: Parallele Abfolge von Phasen

Erwerb ausgewählter lexikalischer Elemente

Sprachaufnahme	Sprachverarbeitung	Sprachanwendung

Erwerb ausgewählter grammatischer Strukturen

Sprachaufnahme	Sprachverarbeitung	Sprachanwendung

In Darstellung 4 durchlaufen ausgewählte lexikalische Elemente und grammatische Strukturen gleichzeitig die Phasen der Sprachaufnahme, Sprachverarbeitung und Sprachanwendung.
Die Notwendigkeit einer Unterrichtsplanung mit abgestuften Schwierigkeiten im Sinne einer Progression bei gleichzeitiger Beachtung der vorgegebenen Verbindungen der Elemente aller sprachlichen Strukturebenen miteinander führt zu einem Planungsansatz, der von versetzten und sich überlappenden Phasen ausgeht.
Während in der ersten Zeit des Anfangsunterrichts nicht selten eine Planung vorherrscht, die weitgehend dem Bild in Darstellung 4 entspricht, sollte im Verlauf des weiteren Erwerbs neuer Sprachmittel eine zunehmende Versetzung der Phasen erfolgen mit dem Ziel, parallele Phasenanordnungen zu vermeiden. Dies kann in der Form von Darstellung 5 wiedergegeben werden.
Erläuterung zu Darstellung 5:
Die Sprachaufnahme neuer lexikalischer Elemente erfolgt zunächst isoliert von den neuen grammatischen Strukturen. Für die lexikalischen Elemente schließt sich die Phase der Sprachverarbeitung an. Dabei wird gleichzeitig eine neue grammatische Struktur präsentiert. An diesem Punkt sind zwei nebeneinanderlaufende Phasen feststellbar: eine Verarbeitungsphase lexikalischer Elemente und eine Aufnahmephase einer grammatischen Struktur.
Während anschließend die lexikalischen Elemente die Sprachanwendungsphase durchlaufen, stellt diese Phase gleichzeitig eine Sprachverarbeitung der neuen grammatischen Struktur dar.

Darstellung 5: Überlappung von Phasen

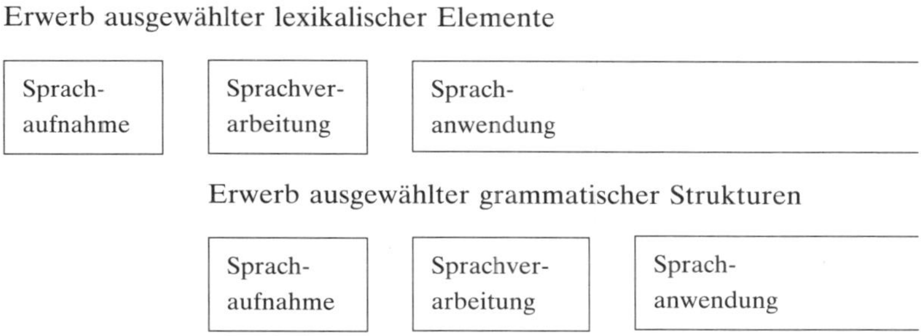

Die Überlappung gilt mit entsprechender Versetzung ebenso für die weiteren Unterrichtsphasen. Andere Beispiele könnten andere Überlappungsformen darstellen, wobei alle Formen zwischen dem Extrem völliger Parallelität (Darstellung 4) und dem anderen Extrem absoluter Aufeinanderfolge (Darstellung 3) möglich sind.
Auch die Reihenfolge „lexikalische Elemente – grammatische Strukturen" ist nicht zwingend. Eine umgekehrte Reihenfolge ist mit gleichem Recht möglich. Daneben gilt dasselbe Prinzip für die Vermittlung phonologischer Elemente und die Vermittlung von Sprachfunktionen, deren Darstellung hier lediglich aus Gründen der Übersichtlichkeit unberücksichtigt geblieben ist.
Das Beispiel zeigt Vorzüge und Gefahren eines Lehrverfahrens, das von Phasen mit starker Überlappung ausgeht. Die Vorzüge liegen darin, daß die Elemente der Strukturebenen der zu erlernenden Sprache im Lernprozeß organisch miteinander verbunden sind. Bei Überlappung mehrerer Phasen gilt ein gemeinsamer situativer Rahmen für diese Phasen. Auf diese Weise wird für den Lehrenden das Problem reduziert, immer neue Situationen zu finden, die auf die Interessenlage der Schüler bezogen sein müssen und Anwendungsmöglichkeiten für spätere Kommunikationen erkennen lassen müssen.
Eine starke Überlappung (Beispiel: gleichzeitige Anwendung phonologischer Elemente, Verarbeitung lexikalischer Elemente und Aufnahme grammatischer Strukturen) führt auf der anderen Seite zur Häufung von Schwierigkeiten für die Lernenden. Die Notwendigkeit der Isolierung der Schwierigkeiten spricht daher gegen eine zu starke Überlappung verschiedener Phasen.

Für die Überlappung bzw. die Trennung von Unterrichtsphasen gelten folgende Prinzipien:

Prinzip 1:
Bei lernschwachen Gruppen sollten Überlappungen von Phasen soweit wie möglich vermieden werden. Die Zuordnung der Unterrichtsphasen in lernschwachen Gruppen sollte sich daher weitgehend der in Darstellung 3 gegebenen Anordnung nähern. Die damit verbundene häufige Wiederholung der einzelnen Sprachmittel in immer neuen Situationen ist ein für lernschwache Gruppen angemessenes Arbeitsverfahren.

Prinzip 2:
Je einfacher die Sprachmittel sind, desto stärker kann die Überlappung von Phasen sein. Eine stärkere Überlappung erscheint besonders dort angebracht, wo die zu erwerbenden Sprachmittel einen geringen Schwierigkeitsgrad aufweisen. Wenn etwa nur zwei neu zu vermittelnde Wörter gegeben sind, ist es im allgemeinen problemlos, die Verarbeitungsphase dieser Wörter mit der Aufnahmephase einer wenig komplizierten grammatischen Struktur zusammenfallen zu lassen.

Prinzip 3:
Starke Überlappungen sollten vermieden werden, da jede Überlappung zu einer Häufung der Lernschwierigkeiten führt. Dies gilt besonders für die Überlappung der Phasen der Sprachaufnahme und Sprachverarbeitung. Eine Parallelität gleicher Phasen, wie sie in Darstellung 4 wiedergegeben ist, sollte – wo immer möglich – vermieden werden.

Für jede Unterrichtsplanung gilt, daß man nicht darauf vertrauen kann, daß Sprachmittel, die die Anwendungsphase mehrmals durchlaufen haben, noch nach längerer Zeit für den Schüler aktiv verfügbar sind. Wenn solche Sprachmittel benötigt werden (z.B. eine bestimmte grammatische Struktur zur Neueinführung ausgewählter lexikalischer Elemente), dann sollten diese Sprachmittel erneut verfügbar gemacht werden, bevor sie als Rahmenmaterial für eine Sprachaufnahmephase verwendet werden.
Die Untergliederung von Lehr- und Lernprozessen in Phasen geht von einem Planungsansatz aus, der nicht auf die einzelne Unterrichtsstunde bezogen ist, sondern mittelfristigen Charakter hat.
Eine Unterrichtsphase ist daher nicht identisch mit einer Unterrichtsstunde (d.h., eine Unterrichtsstunde besteht nicht ausschließlich aus einer Phase der Sprachaufnahme neuer Sprachmittel oder der Verarbeitung oder Anwendung).
Auf der anderen Seite lassen sich Sprachaufnahme, Sprachverarbeitung und der Beginn der Sprachanwendung derselben neu zu erlernenden

sprachlichen Erscheinung nur in seltenen Ausnahmefällen in einer einzigen Unterrichtsstunde realisieren. Dennoch ist ein häufiger Wechsel der Unterrichtsphasen innerhalb der einzelnen Unterrichtsstunde anzustreben. Dieser Wechsel ist u.a. möglich durch den Wechsel der Lerngegenstände. Systematischer Phasenwechsel ermöglicht eine starke methodische Variation. Der Wechsel von Phasen und Lerngegenständen ist auch deshalb anzustreben, weil er die Aufrechterhaltung der Konzentration begünstigt und das so erreichte verteilte Lernen wirksamer als gehäuftes Lernen ist.

Zu: Phasen

1. Nennen Sie Funktionen von Phasenmodellen für den Fremdsprachenunterricht.
2. Welche Leistung erbringt der Schüler in der Sprachaufnahmephase?
3. Erläutern Sie den Unterschied zwischen Minimalsituationen und Maximalsituationen.
4. In welcher Unterrichtsphase werden Minimalsituationen verwendet?
5. In welcher Unterrichtsphase werden Maximalsituationen verwendet?
6. Nennen Sie aufeinanderfolgende Stufen der Beherrschung sprachlicher Elemente durch den Schüler innerhalb der Integrierungsphase.
7. Aus welchem Grund wird Bewußtmachung nicht als separate Phase in einem allgemeinen Phasenmodell für den Fremdsprachenunterricht betrachtet?
8. Unter welchen Umständen sollte die Überlappung von Unterrichtsphasen vermieden werden?
9. In welchen Fällen kann eine Überlappung von Unterrichtsphasen akzeptiert werden?

3.3 Medien

Dieses Kapitel geht von einer Klassifizierung von Medien aus, die sich an den Bedürfnissen des Fremdsprachenunterrichts orientiert. Im Zentrum steht die Kommunikation im Fremdsprachenunterricht, von dort aus werden die Medien im Hinblick auf ihre Darbietungs- und Steuerungsfunktion betrachtet, und schließlich werden adaptierbare von nicht-adaptierbaren Medien unterschieden. Das Kapitel schließt mit Konsequenzen des Medieneinsatzes für Motivation und Methodenwechsel im Unterricht. Die Darstellung der speziellen Eigengesetzlichkeiten einzelner Medien erfolgt in *9. Anhang: Die wichtigsten Medien im Englischunterricht.*

Medien werden üblicherweise nach dem Wahrnehmungskanal klassifiziert. Nach diesem rein äußerlichen Kriterium ergibt sich die häufig anzutreffende Einteilung in auditive, visuelle und audio-visuelle Medien der folgenden Art:

Auditive Medien: Tonbandkassette/CD, Radiosendung, Sprachlabor.

Visuelle Medien: Realgegenstände, Wandtafel, Overheadfolie auf dem Tageslichtprojektor, Bild/Wandbild/Diapositiv, Haftelemente, *Flashcards* (Bild- oder/und Wortkarten), Lehrbuch/Arbeitsbogen etc., Computer.

Audio-visuelle Medien: Overheadfolie/Wandbild/Diapositiv + Ton, Video, Tonfilm, Computer mit akustischer Komponente.

Unerwähnt bleibt bei dieser nicht primär fremdsprachendidaktisch motivierten Einteilung, daß das wichtigste Medium im Fremdsprachenunterricht der Lehrer ist. Vor allem durch den Lehrer wird die fremde Sprache in ihren Lautformen und ihrer Verwendung in angemessenen Gebrauchssituationen vermittelt. Der Lehrer ist ein sehr wichtiges Sprachvorbild für den Schüler. Er sollte daher eine hohe Sprachkompetenz des Englischen besitzen.

Der Lehrer ist gleichzeitig Planer und Organisator der Unterrichtsprozesse. Die von ihm vorgenommene Auswahl der Medien und ihr Einsatz bestimmen den Erfolg des Unterrichts in hohem Maße. Die Wahl der Medien und die Art ihres Einsatzes hängt aber nicht in erster Linie vom Übertragungskanal ab, sondern von Notwendigkeiten des Fremdsprachenunterrichts.

Aus diesem Grunde müssen die Medien aus fremdsprachendidaktischer Sicht betrachtet werden. Dazu sind zu berücksichtigen:

- die Kommunikation im Fremdsprachenunterricht
- die Beziehungen zwischen Sprache, außersprachlicher Situation und Medien
- die Darbietungsfunktion und die Steuerungsfunktion von Medien
- die Differenzierung zwischen adaptierbaren und nicht-adaptierbaren Medien
- Motivation und Methodenwechsel.

3.3.1 Die Kommunikation im Fremdsprachenunterricht

Im Gegensatz zu realer Kommunikation, wo Menschen Sprache gebrauchen, um – ihren Bedürfnissen entsprechend – in sozialen Kontakt miteinander zu treten, hat die sprachliche Verständigung im Fremdsprachenunterricht im allgemeinen das Merkmal fiktiv.[1] Man spricht nicht miteinander, um kommunikative Bedürfnisse zu erfüllen, sondern um die Verwendung der fremden Sprache zu üben und so zu einer besseren und sichereren Beherrschung der Sprache zu gelangen. Es ist daher zwischen

1 Vgl. Hüllen, Werner. *Linguistik und Englischunterricht 2: Didaktische Analysen.* Heidelberg, 1976. S. 41f.

realem und fiktivem Charakter der Kommunikationssituation zu unterscheiden.

Ein weiteres Charakteristikum der sprachlichen Interaktion im Fremdsprachenunterricht liegt darin, daß der Gebrauch der fremden Sprache im Unterricht nicht natürlich ist. Natürlicher Gebrauch der fremden Sprache liegt dann vor, wenn zur Verständigung die Muttersprache ausscheidet, da der Gesprächspartner nur die Fremdsprache versteht und spricht. Im Fremdsprachenunterricht spricht der Schüler aber meist zu Mitschülern, die die deutsche Sprache beherrschen, und im Regelfall auch zu einem deutschen Lehrer. Seine tatsächlichen Äußerungsbedürfnisse ließen sich eher durch den Gebrauch der deutschen Sprache erfüllen, zumal seine Ausdrucksfähigkeit in der Fremdsprache weit unter der der Muttersprache liegt. Es ist daher zwischen natürlichem und nicht-natürlichem Sprachgebrauch zu unterscheiden.

Während bei realer Kommunikation die Bestandteile der Kommunikationssituationen im allgemeinen konkret sind (Gesprächspartner; Dinge, über die gesprochen wird), sind die Bestandteile der Kommunikationssituation im Fremdsprachenunterricht oft nur abstrakt gegeben. Dies ist dann der Fall, wenn eine Situation nicht mehr mit Realgegenständen darstellbar ist, sondern durch eine bildliche Darstellung veranschaulicht wird (Beispiel: das Bild des Hauses einer englischen Familie). Durch die Wahl der Medien kann der Abstraktionsgrad der Bestandteile einer Kommunikationssituation zwischen konkret und verschiedenen Graden von abstrakt schwanken.

In Darstellung 1 werden verschiedene Interaktionsarten nebeneinander gestellt, wobei zwischen realen und fiktiven Kommunikationssituationen und natürlichem bzw. nicht-natürlichem Gebrauch der fremden Sprache unterschieden wird. Parallel dazu wird angegeben, ob die Bestandteile der Kommunikationssituation konkret oder abstrakt sind.

Darstellung 1 zeigt, daß der überwiegende Teil der sprachlichen Interaktion im Fremdsprachenunterricht mit fiktiven Kommunikationssituationen und nicht-natürlichem Sprachgebrauch arbeitet. Durch die Wahl der Medien kann dabei ein unterschiedlicher Grad der Abstraktheit der Bestandteile der Kommunikationssituation entstehen. Während bei Verwendung von Realgegenständen noch konkrete Bestandteile der Kommunikationssituation vorliegen, ist jede bildliche Darstellung einer Situation schon durch das Merkmal abstrakt gekennzeichnet. Wenn auf eine bildliche Darstellung verzichtet wird und die Situation statt dessen nur verbal dargeboten wird, wird ein noch höherer Grad an Abstraktion geschaffen (Unterschied von abstrakt 2 zu abstrakt 1).

Darstellung 1: Interaktion, Kommunikation, Sprachgebrauch

Interaktionsart	Art der Kommunikationssituation	Gebrauch der fremden Sprache	Abstraktionsgrad der Bestandteile der Kommunikationssituation
Dialog mit einem *native speaker* des Englischen	real	natürlich	konkret
Unterrichtsgespräche über persönliche Anliegen und Wünsche der Gesprächsteilnehmer, Bewertungen, Beurteilungen, z. B. *I about myself, I think that ...*	real	nicht-natürlich	konkret
Unterrichtsgespräche mit dem Ziel der Kommunikation über Unterricht, z. B. Schüleräußerungen wie: *What's the meaning of ...? Sorry, I couldn't understand you.*	real	nicht-natürlich	konkret
Fremdsprachenunterricht unter Verwendung von Realgegenständen (z. B. Objekte im Klassenraum)	fiktiv	nicht-natürlich	konkret
Fremdsprachenunterricht mit Darstellung einer Situation durch visuelle Medien (z. B. Wandbild, Dia)	fiktiv	nicht-natürlich	abstrakt 1
Fremdsprachenunterricht mit Darstellung einer Situation durch – gesprochene Sprache Medium: Lehrer Medium: Tb, Radio etc. – geschriebene Sprache Medium: Buch, Tafelanschrieb etc.	fiktiv	nicht-natürlich	abstrakt 2

Für die Planung von Fremdsprachenunterricht mit Medien lassen sich auf der Grundlage von Darstellung 1 und unter Berücksichtigung lern- und entwicklungspsychologischer Gesichtspunkte die folgenden Schlußfolgerungen ableiten:

1. Zu Beginn des Fremdsprachenunterrichts sollte von konkreten bzw. weniger abstrakten Bestandteilen der Kommunikationssituation ausgegangen werden. Im anfänglichen Spracherwerb stehen daher Realgegenstände im Vordergrund, die von bildlichen Darstellungen abgelöst werden. Erst bei erweiterter Sprachfähigkeit kann allmählich zu einer stärkeren Verwendung verbaler Darstellungen zur Herstellung eines Situationsbezugs übergegangen werden.
2. Je jünger die Schüler sind, desto weniger abstrakt sollten die Bestandteile der Kommunikationssituation sein. Bei Schülern im Alter von 10 bis 11 Jahren sollte auf ausschließlich verbale Darstellungen zunächst verzichtet werden. Realgegenstände sollten in hohem Maße berücksichtigt werden. Wo dies nicht möglich ist, kann auf visuelle Medien zur Herstellung eines Situationsbezugs zurückgegriffen werden.
3. Je lernschwächer die Gruppen sind, desto weniger abstrakt sollten die Bestandteile der Kommunikationssituation sein. Während üblicherweise im fortgeschrittenen Fremdsprachenunterricht verbale Situationsdarstellungen einen immer größeren Raum einnehmen, kann es bei lernschwachen Gruppen auch im vierten oder fünften Lernjahr noch angemessen sein, überwiegend mit weniger abstrakten bildlichen Darstellungen zu arbeiten.
4. Zu jedem Zeitpunkt sollten die persönlichen Bedürfnisse und Meinungen der Schüler im Unterricht berücksichtigt werden.

3.3.2 Sprache, Situation und Medien

Der Medieneinsatz im Fremdsprachenunterricht kann so erfolgen, daß
- Sprache durch Medien dargeboten wird
- Situationen durch Medien dargestellt werden
- sowohl Sprache als auch die dazugehörigen Situationen durch Medien dargestellt werden.

Durch den differenzierten Einsatz von Medien wird die gezielte Schulung der Fertigkeiten im Fremdsprachenunterricht ermöglicht. Die dabei in Frage kommenden Medien sowie die möglichen Kombinationen von Medien sind in den Darstellungen 2, 3 und 4 aufgeführt.

Darstellung 2: Darbietung von Sprache durch Medien

	Medien	Fertigkeiten
gesprochene Sprache	Lehrer als Sprecher, Tonbandkassettte, CD, Radio	Hörverstehen
geschriebene Sprache	Lehrbuch, Lektüreheft, Arbeitsbogen etc.	Leseverstehen

Darstellung 3: Darbietung einer Situation durch Medien

	Medien	Fertigkeiten
Der Unterricht als Situation	Lehrer, Schüler, Klassenraum, Realgegenstände im Klassenraum	Situationsverständnis
Darbietung einer Situation durch ein Bild	Lehrbuchillustration, Wandbild, Tafelbild, Overheadfolie, Illustration auf Arbeitsblatt etc.	Situationsverständnis
Darbietung einer Situation durch gesprochene Sprache	Lehrer als Sprecher, Tonbandkassette, CD, Radio	Hörverstehen
Darbietung einer Situation durch geschriebene Sprache	Lehrbuch, Lektüreheft, Arbeitsbogen etc.	Leseverstehen

Darstellung 4: Gleichzeitige Darbietung von Sprache und Situation

	Medien	Fertigkeiten
Situation + gesprochene Sprache (+ geschriebene Sprache)	Audio-visuelle Medien (Videoband, Tonfilm, Diaserie mit Tonbegleitung etc.)	Hörverstehen Situationsverständnis (Leseverstehen)

3.3.3 Darbietungs- und Steuerungsfunktion von Medien

Die bisherigen Überlegungen beziehen sich auf den Einsatz von Medien zur Darbietung von Sprache und Situationen. Sie berücksichtigen lediglich die rezeptiven Fertigkeiten.
Fremdsprachenunterricht zielt aber auch auf die Ausbildung der produktiven Fertigkeiten des Sprechens und Schreibens. Um das Verhältnis auch dieser Fertigkeiten zu Medien im Fremdsprachenunterricht zu erkennen, ist es notwendig, Medien auf Unterrichtsphasen zu beziehen.
Der Bezug von Medien auf Phasen und Fertigkeiten im Fremdsprachenunterricht wird dadurch möglich, daß man zwischen Medien mit Darbietungsfunktion und Medien mit Steuerungsfunktion unterscheidet. Nach dieser Unterscheidung läßt sich eine grobe Zuordnung von Medien, Unterrichtsphasen und Fertigkeiten vornehmen. Sie ist in Darstellung 5 wiedergegeben.

Darstellung 5: Darbietungs- und Steuerungsfunktion von Medien

Medien	Medien mit Darbietungsfunktion	Medien mit Steuerungsfunktion	Medien mit Darbietungsfunktion + Steuerimpulse
Phasen	Sprachaufnahmephase	Sprachverarbeitungsphase	Sprachanwendungsphase
Schüleraktivitäten	Erkennen und Verstehen sprachlicher Elemente in einer gleichzeitig dargestellten Situation. Erkennen und Verstehen sprachlicher Elemente ohne gleichzeitig dargebotene Situation.	Produktion von mündlichen oder schriftlichen Sprachäußerungen durch vorgegebene Steuerimpulse sprachlicher oder nichtsprachlicher Art.	Produktion von mündlichen oder schriftlichen Sprachäußerungen durch einen vorgegebenen Handlungsrahmen, der sprachlich oder nichtsprachlich dargeboten wird.
Fertigkeiten	Hörverstehen Leseverstehen	(Hörverstehen) (Leseverstehen) gelenktes Sprechen gelenktes Schreiben	Hörverstehen Leseverstehen freies Sprechen freies Schreiben

Beispiele für Medien mit Darbietungsfunktion:

Beispiel 1:
Tonbanddialog mit gleichzeitiger bildlicher Darstellung (Wandbild, Overheadfolie) der Situation, in der sich die Dialogpartner befinden (Szene: *At the Supermarket,* Sally und Tom sprechen über Kaufentscheidungen. Die zu wählenden Einkaufsgegenstände sind auf einem Bild erkennbar, wel-

ches das Innere eines Supermarkts und die beiden sprechenden Personen darstellt).
Ziel: Die Schüler sollen den Dialog hörend verstehen. Die bildliche Darstellung soll das Verständnis erleichtern.

Beispiel 2:
Darbietung einer englischen Nachrichtensendung durch ein Tonband.
Ziel: Die Schüler sollen die Nachrichtensendung verstehen.

Beispiele für Medien mit Steuerungsfunktion:

Beispiel 3:
Eine bildliche Darstellung von Gegenständen, die man im Supermarkt kaufen kann.
Ziel: Die Schüler sollen die abgebildeten Gegenstände mit den englischen Bezeichnungen benennen können.

Beispiel 4: Darbietungs- und Steuerungsfunktion
Eine Sprachlaborübung zur Verneinung von Sätzen.

Tb.:	Peter likes Coca-Cola for breakfast. And you?
Schüler:	I don't like Coca-Cola for breakfast.
Tb.:	Peter likes chicken for breakfast. And you?
Schüler:	I don't like chicken for breakfast.

Ziel: Die Schüler sollen zu vorgegebenen Aussagesätzen verneinte Sätze bilden.

Die Beispiele machen deutlich, daß dieselben Medien in verschiedenen Unterrichtsphasen in unterschiedlicher Funktion verwendet werden können. So kann es sich in Beispiel 1 und 3 um dieselbe Abbildung handeln, die in einem Fall mit Darbietungsfunktion (Beispiel 1), im anderen mit Steuerungsfunktion (Beispiel 3) verwendet wird.

3.3.4 Adaptierbare und nicht-adaptierbare Medien

Medien haben bestimmte Eigengesetzlichkeiten, die ihre Einsatzmöglichkeiten im Fremdsprachenunterricht beeinflussen. Ein besonders wichtiges Merkmal bezüglich ihrer Verwendung im Unterricht liegt darin, ob Medien an die Bedürfnisse der Lernenden und die Erfordernisse der jeweiligen Lernsituation schnell und problemlos auch während der Unterrichtsstunde angepaßt werden können. Medien, die dies erlauben, werden hier als adaptierbare Medien bezeichnet.
Auf der anderen Seite gibt es Medien, die weitgehend unveränderbar sind und dadurch kaum oder nur unter Schwierigkeiten an die speziellen Erfor-

dernisse einer Unterrichtssituation angepaßt werden können (weniger adaptierbare Medien).
Bei den auditiven Medien gehört die Tonbandkassette zu den adaptierbaren Medien. Dies ist daran erkennbar, daß schon die Herstellung einer Tonbandkassette für jeweils spezifische Unterrichtszwecke leicht möglich ist. Auch kann beim Einsatz einer Tonbandkassette durch die Funktionen „Stop" und „Repetition" der lineare Ablauf beliebig unterbrochen und verändert werden, so daß auf diese Weise eine weitgehende Anpassung an die Erfordernisse der Lernsituation erfolgen kann.
Noch präzisere Möglichkeiten des Wiederauffindens von Textteilen und der gezielten einfachen und mehrmaligen Wiederholung von Textpassagen bietet die Technik von CD-Geräten.
Unter den visuellen Medien treten die Wandtafel und die Hafttafel durch die Möglichkeit der jederzeitigen Adaptierbarkeit hervor. Wandbilder und Dias sind dagegen unveränderbar und lassen sich nicht ohne weiteres an die spezielle Unterrichtssituation anpassen.
Eine Zwischenstellung zwischen adaptierbaren und nicht-adaptierbaren Medien nimmt der Einsatz des Arbeitsprojektors ein. Er bietet einerseits die Möglichkeit der Projektion fertiger Folien (*transparencies*), andererseits kann jede beliebige Folie durch Abdecken, *Overlay* oder zusätzliche Beschriftung in jeder Situation leicht verändert werden. Auch das Herstellen von Folien für die speziellen Zwecke einer bestimmten Unterrichtssituation ist problemlos möglich.
Das audio-visuelle Medium Tonfilm ist weitgehend nicht-adaptierbar. An seine Stelle ist heute die Videokassette getreten. Videokassetten können ähnlich flexibel wie Tonbandkassetten eingesetzt werden, so daß sie zu den adaptierbaren Medien gehören.
Adaptierbare Medien haben große Vorzüge. Sie ermöglichen eine problemlose Anpassung an den Leistungsstand und die Leistungsbereitschaft der Lernenden sowie die Erfordernisse der Lernsituation. In bezug auf die Funktionen im Unterricht sind weniger adaptierbare Medien eher für die Darbietungsfunktion einsetzbar. Adaptierbare Medien sind dagegen unverzichtbar für die Steuerungsfunktion, wenngleich sie auch für die Darbietung eine wichtige Rolle spielen können.

3.3.5 Authentizität und Motivation

Inhalte des Unterrichts können direkt oder indirekt an den Schüler herangetragen werden. So ist es möglich, den Inhalt einer Ansprache eines britischen oder amerikanischen Politikers zu einem aktuellen landeskundlichen Problem durch eine zusammenfassende Darstellung des Lehrers oder eines Schülers in mündlicher oder schriftlicher Form indirekt wiederzugeben.

Wesentlich unmittelbarer wirkt die direkte Wiedergabe der Ansprache in Form einer Tonband- oder Videoaufzeichnung. Die Lernenden haben hier direkten Kontakt mit dem gesprochenen Wort und der Situation. Sprechtempo, Betonung und Intonation ermöglichen fundiertere Schlußfolgerungen über Persönlichkeit, Charakter und Ziele des Sprechers, als eine indirekte Wiedergabe seiner Argumente durch einen Dritten. Dies gilt in noch stärkerem Maß, wenn auch Gestik und Mimik des Sprechers wahrgenommen werden können sowie die Situation, in der er sich zum Zeitpunkt seiner Ansprache befindet.

Medien können auf diese Weise ein wesentlich wirklichkeitsnäheres Abbild des Lebens in den Klassenraum bringen, als dies auf indirekte Weise möglich wäre. Sie ermöglichen eine Art der Teilhabe am Leben der englischsprachigen Welt, die durch indirekte Darstellungen nicht erreicht werden kann. Wann immer die Möglichkeit des Einsatzes solcher Medien besteht, sollte man prüfen, wieweit sie vom Schwierigkeitsgrad her geeignet sind, mehr an Authentizität zu vermitteln und Motivation zu wecken. In jedem Fall müssen Überforderungen vermieden werden.

Medien können auch dazu beitragen, die anzustrebende Methodenvielfalt im Unterricht zu verwirklichen. Wenn ein Wechsel von mündlichen zu schriftlichen Arbeitsformen von einem entsprechenden Medienwechsel begleitet ist, erhöht dies die Aufnahmebereitschaft der Lernenden und kann zusätzliche Motivationseffekte herbeiführen.

Der wechselnde Einsatz von Medien kommt auch den unterschiedlichen Bedürfnissen verschiedener Lernertypen zugute. Wenn Informationen nicht nur auf einem Wahrnehmungskanal dargeboten werden, können sowohl stärker visuell veranlagte Lernertypen als auch mehr auditiv veranlagte Schüler vom Informationsangebot auf die für sie günstigste Weise profitieren.

Zu: Medien

1. Welche Gründe gibt es für den Einsatz auditiver Medien, wenn der Lehrer ein *native speaker* des Englischen ist?
2. Welche Funktion hat der Einsatz visueller Medien im Fremdsprachenunterricht?
3. Unter welchen Umständen ist es sinnvoll, eine Situation im Fremdsprachenunterricht unter Verzicht auf visuelle Medien durch gesprochene oder geschriebene Sprache darzustellen?
4. Welche Eigenschaften von Medien ermöglichen es, den Medieneinsatz gezielt auf Unterrichtsphasen zu beziehen?
5. Welche Faktoren der Unterrichtsplanung werden durch die Adaptierbarkeit bzw. Nicht-Adaptierbarkeit von Medien beeinflußt?
6. Warum kann es sinnvoll sein, den Schülern gleiche oder ähnliche Informationen auf unterschiedlichen Wahrnehmungskanälen darzubieten?

Literatur zu: Medien

Corder, S. Pit. *The Visual Element in Language Teaching.* London, 1966.
Groene, Horst, Udo O. H. Jung und Hanno Schilder (Hrsg.). *Medienpraxis für den Englischunterricht.* Paderborn, 1983.
Macht, Konrad und Rudolf Schloßbauer. *Englischunterricht audio-visuell.* 2. Aufl. Donauwörth, 1978.
Schilder, Hanno. *Medien im neusprachlichen Unterricht seit 1880: Eine Grundlegung der Anschauungsmethode und der auditiven Methode unter entwicklungsgeschichtlichem Aspekt.* Kronberg/Ts., 1977.

3.4 Einsprachigkeit/Zweisprachigkeit

In der Diskussion um die Rolle der Muttersprache im Fremdsprachenunterricht lassen sich zwei Extrempositionen unterscheiden: eine starke Verwendung der Muttersprache im Fremdsprachenunterricht und die absolute Einsprachigkeit bei völligem Ausschluß der Muttersprache. Das folgende Kapitel behandelt zunächst die Grammatik-Übersetzungs-Methode und die Methode Berlitz als Extrempositionen. Anschließend werden zwei Kompromißpositionen dargestellt: zweisprachige Verfahren und das Prinzip der Einsprachigkeit. Um die eigene Entscheidung auf eine sichere Grundlage zu stellen, folgt ein Teilkapitel, das Entscheidungskriterien nennt und diskutiert. Abschließend werden zentrale Argumente beider Seiten gegenübergestellt. Die Fragen am Ende erlauben es, die eigenen Schlußfolgerungen an Hand entscheidender Gesichtspunkte erneut zu überprüfen und abzusichern.

3.4.1 Die Grammatik-Übersetzungs-Methode

Die Grammatik-Übersetzungs-Methode macht umfangreichen Gebrauch von der Muttersprache. Bei dieser Methode werden den Lernenden zunächst grammatische Regeln in der Muttersprache sowie zweisprachige Vokabelgleichungen vom Typ *big* = *groß* präsentiert. Anschließend wird ein fremdsprachlicher Text gelesen, der alle vorher genannten Wortschatzelemente enthält und in dem die vorher dargestellten grammatischen Regeln durch Beispiele belegt sind. Der Text wird in die Muttersprache übersetzt. Die Kenntnis der fremden Sprache wird dann als gegeben angesehen, wenn der Lernende die grammatischen Regeln (oft in der Form von Deklinations- und Konjugationstabellen = Paradigmen) und die Vokabelgleichungen wiedergeben kann und Texte in die Fremdsprache übersetzen kann.
Die Grammatik-Übersetzungs-Methode orientiert sich an den Verfahren, die im Unterricht der klassischen Sprachen Latein und Griechisch üblich waren. Die Grammatik-Übersetzungs-Methode wird auch bezeichnet als konstruktive, synthetische oder deduktive Methode. Sie war in deutschen Schulen bis zum Beginn des 20. Jahrhunderts die übliche Lehrmethode und

hat den amerikanischen Fremdsprachenunterricht noch 30 Jahre länger stark beeinflußt. An einzelnen Stellen wird sie gelegentlich noch praktiziert.

3.4.2 Die Methode Berlitz

Die von Berlitz[1] vorgeschlagene Methode schließt dagegen den Gebrauch der Muttersprache vollständig aus. Sowohl die Lehrmaterialien als auch der Unterricht sind frei von muttersprachlichen Elementen. Der Lehrer ist im Idealfall *native speaker* der zu vermittelnden Fremdsprache, und es wird als Vorteil angesehen, wenn er die Muttersprache seiner Schüler nicht beherrscht.

Die Auswahl und Anordnung der zu vermittelnden Sprachelemente ist bei dieser Methode jedoch nicht willkürlich. Der zu vermittelnde Wortschatz und die zu erlernenden grammatischen Strukturen werden in einer sorgfältigen Abstufung eingeführt. Die Wortschatzvermittlung am Beginn des Lehrgangs bezieht sich auf Gegenstände in der unmittelbaren Umgebung der Lernenden, die durch Zeigen benannt werden. Auf dieser Basis der zuerst erworbenen Konkreta ist es danach möglich, auch abstrakte Begriffe einsprachig zu vermitteln. Dabei werden neue Wörter durch bereits bekannte erläutert.

Die grammatischen Strukturen werden ebenfalls in sorgfältiger Abstufung eingeführt, wobei die Isolierung der Schwierigkeiten dadurch erreicht wird, daß jeweils nur eine grammatische Struktur neu behandelt wird. Einfache Fragekonstruktionen und Aussagesätze stehen am Anfang des Lehrgangs. Es schließt sich die Vermittlung von Adjektiven an, die durch Zeigen in der konkreten Umgebung des Lernenden vermittelt werden. Darauf folgt die Vermittlung elementarer Verbformen.

Trotz ihres großen Erfolges hat die Methode Berlitz im Unterricht an allgemeinbildenden Schulen nie eine Rolle gespielt. Im Unterricht für Erwachsene wird sie dagegen seit langer Zeit angewandt, insbesondere in Intensivkursen. Völlige Einsprachigkeit wird auch dann praktiziert, wenn die Mitglieder der Lerngruppe keine gemeinsame Muttersprache haben. Die Methode wird oft als direkte Methode bezeichnet, obwohl dieser Begriff mitunter auch für eine einsprachige Methode verwendet wird, die den gelegentlichen Gebrauch der Muttersprache nicht vollständig ausschließt.

Während die Grammatik-Übersetzungs-Methode Wert auf Sprachwissen

---

1 Berlitz, Maximilian Delphinus. *Methode für den deutschen unterricht in den Berlitz'schen sprachschulen. 1. theil. Von M. D. Berlitz und E. Dubois.* Boston, 1882 und Berlitz, Maximilian Delphinus. *The Berlitz method for teaching modern languages. English part. First book.* Boston, 1892.

legt, betont die direkte Methode (Berlitz) in erster Linie das Sprachkönnen. Die Grammatik-Übersetzungs-Methode zielt überwiegend auf Leseverstehen, während die direkte Methode in erster Linie die Fertigkeiten des Hörverstehens und des Sprechens ausbilden will. Die Grammatik-Übersetzungs-Methode sieht die Übersetzung als zentralen Punkt im Vermittlungsprozeß der fremden Sprache an, während die direkte Methode davon ausgeht, daß das Übersetzen eine gesonderte Fähigkeit neben den Fertigkeiten des Hörverstehens, Sprechens, Lesens und Schreibens sei.

3.4.3 Kompromißpositionen

Weder die Grammatik-Übersetzungs-Methode noch die absolute Einsprachigkeit spielen heute für den Fremdsprachenunterricht an allgemeinbildenden Schulen eine Rolle. Für den Unterricht an deutschen Schulen haben sich aus diesen Extrempositionen verschiedene Kompromißpositionen entwickelt, von denen zwei stärker diskutiert werden. Die erste dieser Positionen (sie nennt sich selbst „aufgeklärte Einsprachigkeit") steht näher bei der Grammatik-Übersetzungs-Methode, während die zweite dieser Positionen (bezeichnet als „Prinzip der Einsprachigkeit") der absoluten Einsprachigkeit nähersteht.
Die zweisprachige Methode wird u.a. von Butzkamm[2] vertreten. Butzkamm bezeichnet das weithin anerkannte Prinzip der Einsprachigkeit als Dogma und will es durch eine „natürliche Zweisprachigkeit" ersetzen, die eine starke Rolle der Muttersprache im Fremdsprachenunterricht vorsieht.
Fremdsprachenunterricht nach dem Prinzip der Einsprachigkeit wird heute von der überwiegenden Zahl der Fremdsprachendidaktiker gefordert und ist als Unterrichtsprinzip auch in den Lehrplänen verankert. Als maßgeblicher Befürworter dieser Richtung ist Gutschow[3] hervorgetreten.

Zweisprachige Verfahren

Unterricht mit der stärker an der Muttersprache orientierten aufgeklärten Einsprachigkeit war in der ersten Fassung (Butzkamm. *Aufgeklärte Einsprachigkeit*) in drei aufeinanderfolgende Phasen gegliedert, wobei in den

2 Butzkamm, Wolfgang. *Aufgeklärte Einsprachigkeit: Zur Entdogmatisierung der Methode im Fremdsprachenunterricht.* Heidelberg, 1973 und Butzkamm, Wolfgang. *Psycholinguistik des Fremdsprachenunterrichts: Natürliche Künstlichkeit – Von der Muttersprache zur Fremdsprache.* Tübingen, 1989.

3 Gutschow, Harald. *Eine Methodik des elementaren Englischunterrichts: Probleme und Arbeitsformen.* Berlin, 1978; vgl. auch Jungblut, Gertrud. „'How to call a spade a spade', Begründungen für monolinguale Wortbedeutungsvermittlung im Fremdsprachenunterricht." *Die Neueren Sprachen,* 89 (1990) 1, S. 55–68.

Phasen 1 und 2 die Muttersprache systematisch verwendet wird, während die dritte Phase ausschließlich in der fremden Sprache verläuft.

Phase 1:
Verwendung der Muttersprache zur Vermittlung der Wortbedeutungen und zur Vermittlung syntaktischer Analogien.[4] Dies kann beispielsweise so geschehen, daß für die englische Frageform *Do you see?* das deutsche „Äquivalent" *Tust du sehen?* gegeben wird.[5]

Phase 2:
Übungsphase mit ein- oder zweisprachigen *pattern drills.*[6]
Beispiel für einen zweisprachigen *pattern drill:*

Der Tee ist fertig.	Tea is ready.
Der Kaffee ist fertig.	Coffee is ready.
Das Essen ist fertig.	Dinner is ready.
Tom ist fertig.	Tom is ready.
Ist Pat auch fertig?	Is Pat ready, too?

Phase 3:
Sprachanwendungsphase. Diese Phase ist völlig einsprachig.

Im Jahre 1989 wird bei Butzkamm die Rolle der Muttersprache zu einer „natürlichen Zweisprachigkeit" ausgeweitet:

1. Die Semantisierung erfolgt überwiegend mit Hilfe der Muttersprache. Beispiel für die Semantisierung des Wortes *history* (Schulfach oder Fachdisziplin „Geschichte"):

   L: *History* hängt mit dem deutschen Wort *historisch* zusammen. Was bedeutet das, historisch?
   (keine Meldung)
   Also: Düsseldorf hat eine historische Altstadt.
   Was heißt das?
   S: Eine bedeutende Altstadt.
   L: So ungefähr. Genauer: eine geschichtlich bedeutende Altstadt. *History* heißt also *Geschichte*. Das kennt ihr ja auch als Schulfach.[7]

2. Die Grammatikübung erfolgt mit Hilfe zweisprachiger *pattern drills,* die später einsprachig werden sollen.

3. Einsatz der Muttersprache bei der Textarbeit:
   „Statt von einem fertigen Text auszugehen, der zunächst verstanden

4 Butzkamm. *Aufgeklärte Einsprachigkeit.* S. 178.
5 Zum Problem der Gleichsetzung dieser Fragekonstruktion vgl. Sigrist, Ottmar K. „Tust du malen?" *Praxis des neusprachlichen Unterrichts,* 23 (1976) 2, S. 207.
6 Butzkamm. *Aufgeklärte Einsprachigkeit.* S. 178.
7 Butzkamm. *Psycholinguistik.* S. 189.

werden will, erarbeitet sich die Klasse den Text oder die darzustellende Situation selbst, und zwar vornehmlich in der Muttersprache. Lehrer oder Klasse machen Spielvorschläge, sog. Szenarios, die dann fremdsprachlich ausgeführt werden.“[8]

4. Für die Übung von Texten wird die Arbeit mit „modernen Mischtexten“ vorgeschlagen. Mischtexte sollen vom Schüler wieder in den Originaltext überführt werden. Beispiel für einen Mischtext:

   Many of us kids on the reservation lived (Hunderte von Meilen von der nächsten Schule entfernt) – too far to get there and back in a day. So we had to go to Rosebud Boarding School. The school (wurde geführt von) the Bureau of Indian Affairs and the teachers were all white. (Ich erinnere mich wie) I felt my first day there.[9]

5. Übersetzen wird als selbständiges Lernziel betrachtet und soll bis hin zur literarischen Übersetzung eine feste Rolle im Fremdsprachenunterricht einnehmen. Übersetzen in die Muttersprache wird als „dringend notwendig“ bezeichnet, um „die Ausdrucksfähigkeit in der Muttersprache zu verfeinern“[10].

Das Prinzip der Einsprachigkeit

Unterricht nach dem Prinzip der Einsprachigkeit vollzieht sich so, daß die Fremdsprache in allen Phasen des Unterrichts Priorität hat. Auf diese Weise steht die knappe Unterrichtszeit in vollem Umfang für die Fremdsprache zur Verfügung.[11] Der Einfluß der Muttersprache beim Fremdsprachenlernen wird nicht geleugnet, es wird aber versucht, ihren Einfluß zurückzudrängen. Der Erwerb von neuen Sprachmitteln soll dabei in natürliche Zusammenhänge und Situationen eingebettet sein, um so den Aufbau eines separaten Sprachsystems neben dem muttersprachlichen System zu ermöglichen.

Dennoch wird die Einsprachigkeit nicht verabsolutiert. Bei der Wortschatzvermittlung soll in solchen Fällen von der Muttersprache Gebrauch gemacht werden, wo die einsprachige Erklärung einen zu hohen Zeitaufwand verursachen würde (z.B. einsprachige Bedeutungserklärungen von Wendungen wie *of course*).[12] Auch zur Verständniskontrolle kann eine muttersprachliche Übersetzung in besonderen Fällen, etwa bei sehr schwierigen Textstellen, eingesetzt werden.[13] Ebenso kann bei der Bewußtmachung

---

8 Butzkamm. *Psycholinguistik*. S. 201.
9 Butzkamm. *Psycholinguistik*. S. 207.
10 Butzkamm. *Psycholinguistik*. S. 287f.
11 Vgl. Gutschow. *Methodik*. S. 52.
12 Gutschow. *Methodik*. S. 73.
13 Gutschow. *Methodik*. S. 55.

grammatischer Strukturen auf die Regelformulierung in der Muttersprache zurückgegriffen werden.
Generell gilt beim Prinzip der Einsprachigkeit jedoch, daß die Muttersprache nur punktuell für die genannten Zwecke verwendet wird. Der Einsatz der Muttersprache soll das zusammenhängende Hören, Sprechen, Lesen und Schreiben in der Fremdsprache nicht ständig unterbrechen. Die Artikulationsbasis des Englischen darf nur in Ausnahmefällen verlassen werden. Der Einsatz der Muttersprache darf nicht zu der Vorstellung des Schülers führen, daß es eine Eins-zu-Eins-Relation zwischen Sprachmitteln der Muttersprache und der Fremdsprache gibt. Der Unterricht darf den Schüler nicht veranlassen, einen Gedanken immer erst in der Muttersprache zu formulieren, um ihn anschließend in die Fremdsprache zu übertragen.
Durch den Gebrauch der fremden Sprache sollen die Schüler früh erfahren, daß sie auch mit begrenzten Sprachmitteln eine große Zahl von Kommunikationsabsichten erfolgreich ausdrücken können. Diese ständig wiederholte Erfahrung stärkt ihr Selbstbewußtsein und ihre Bereitschaft, sich der Fremdsprache ohne den Einsatz der Muttersprache zu bedienen.

3.4.4 Entscheidungskriterien

Bei der Entscheidung für Zweisprachigkeit oder Einsprachigkeit im Fremdsprachenunterricht spielen drei Fragenkomplexe eine wichtige Rolle:

1. Gibt es zwischen Ausgangs- und Zielsprache Äquivalenzen, die die Benutzung der Muttersprache beim Erlernen der fremden Sprache rechtfertigen?
2. Wird der Prozeß des Erlernens der fremden Sprache durch die Benutzung der Muttersprache gehemmt oder gefördert?
3. Wird eine Fremdsprache schneller und besser gelernt, wenn man sie auch im Unterricht ganz überwiegend benutzt, oder ist das Erlernen der Fremdsprache erfolgreicher, wenn man statt fremdsprachlicher Äußerungen muttersprachliche verwendet?

Zu 1:
Wenn zwischen der Ausgangs- und der Zielsprache eine Beziehung der Art besteht, daß einem bestimmten Element der Ausgangssprache ein bestimmtes anderes Element der Zielsprache entspricht (Äquivalenzbeziehung), dann ist der Erwerb der Fremdsprache mit Hilfe der Muttersprache gerechtfertigt (Argument für Zweisprachigkeit).
Wenn eine solche Äquivalenzbeziehung sich für viele Elemente beider Sprachen nicht nachweisen läßt, dann kann die Benutzung der Muttersprache als Ausgangs- und Anknüpfungspunkt für den Erwerb der Fremdsprache nicht gerechtfertigt werden (Argument für Einsprachigkeit).

Der Nachweis für die Existenz bzw. Nicht-Existenz solcher Äquivalenzen müßte für die verschiedenen Strukturschichten der Sprache (Phonologie, Grammatik, Lexik, Pragmatik) getrennt geführt werden. Die Ergebnisse der kontrastiven Linguistik haben gezeigt, daß sich durchgehende Äquivalenzen zwischen Sprachelementen des Deutschen und des Englischen nicht nachweisen lassen. Betrachten wir dazu die folgenden Beispiele:

Lexik

1. Äquivalenz

TV-set	= Fernsehapparat
airport	= Flughafen
language laboratory	= Sprachlabor

2. Nicht-Äquivalenz

tin	= Zinn Konservenbüchse
flight	= Flug
flight (of birds)	= Schar
flight (of arrows)	= Hagel
flight	= Flucht[14]

Grammatik

1. Äquivalenz

The girl is beautiful.	= Das Mädchen ist schön.
Peter gave him a book.	= Peter gab ihm ein Buch.

2. Nicht-Äquivalenz

The girl sings beautifully.	≠ Das Mädchen singt schön.
He was given a book.	≠ Ihm wurde ein Buch gegeben.

Zu 2:

Es wird unterschieden zwischen zwei verschiedenen Arten des Erlernens fremder Sprachen, die sich dadurch unterscheiden, ob (a) beim Erlernen der Umweg über die Muttersprache gewählt wird oder ob (b) die fremde Sprache als eigenständiges separates System erlernt wird.

(a) Wenn beim Sprechen oder Hören der Umweg über die Muttersprache genommen wird, spricht man von einem kombinierten System (*compound system*).

(b) Wenn beim Sprechen oder Hören direkt auf Stimuli der Fremdsprache ohne Bezug auf die Muttersprache zurückgegangen wird, spricht man von einem koordinierten System (*coordinate system*).[15]

---

14 Die Zahl der Bedeutungen für *flight* ist nicht vollständig.

15 Ervin, Susan M. and Charles E. Osgood. „Second Language Learning and Bilingualism." In: Charles E. Osgood and Thomas A. Sebeok (Hrsg.). *Psycholinguistics: A Survey of Theory and Research Problems.* Bloomington, Indiana, London, 1965. S. 139–146.

Beispiel für (a) *compound system:*
Einem muttersprachlichen Sprecher des Deutschen, der Englisch lernt und der gerade von einer Reise zurückgekehrt ist, wird folgende Frage gestellt: *When did you arrive yesterday?* Um eine angemessene Antwort zu geben, nimmt er die folgende Kombination von fremdsprachlichem Stimulus, muttersprachlichem Bezugssystem und fremdsprachlicher Antwort vor:

1. Stimulus *When did you arrive yesterday?*		4. Response *At eight o'clock.*
↓		Übersetzung der Antwort in die Fremdsprache ↑
2. Dekodierung über die Muttersprache *‚Wann bist du gestern angekommen?'*	→	3. Konzipierung der Antwort in der Muttersprache *‚Um acht Uhr.'*

Beispiel für (b) *coordinate system:*
In derselben Situation wird beim Lernen eines koordinierten Systems eine direkte Verbindung von fremdsprachlichem Stimulus und fremdsprachlicher Antwort möglich, da der fremdsprachliche Stimulus und die fremdsprachliche Antwort direkt und ohne Umweg über Dekodierungs- und Enkodierungsvorgänge in der Muttersprache miteinander verbunden sind:

1. Stimulus *When did you arrive yesterday?*	→	2. Response *At eight o'clock.*

Zu 3:
Die Befürworter des Prinzips der Einsprachigkeit begründen ihre Position mit Beobachtungen wie: „Eine Fremdsprache lernt man nur dann als Kommunikationsmedium benutzen, wenn sie ausdrücklich und genügend oft in dieser Funktion ausgeübt wird."[16] Wenn demnach der Erfolg beim Erlernen einer Fremdsprache von der Dauer des produktiven und rezeptiven Gebrauchs abhängig ist, dann wird eine fremde Sprache schneller und besser gelernt, wenn die zur Verfügung stehende Unterrichtszeit so weitgehend wie möglich für das Hören, Sprechen, Lesen und Schreiben der Fremdsprache verwendet wird.

16 Butzkamm. *Psycholinguistik.* S. 79.

Für die Begründung zweisprachiger Verfahren wird im Gegensatz dazu festgestellt: „Die Muttersprache ist alles in allem das geeignetste Mittel, um situativ-funktionales wie strukturales Verständnis zugleich herzustellen [...]. Damit ist die Muttersprache der Eckstein des Sprachunterrichts, den die Bauleute (des 20. Jahrhunderts) verworfen haben."[17] Dieses Argument für die Zweisprachigkeit erfordert eine Begründung dafür, daß der Erfolg beim Erlernen einer fremden Sprache dann größer wird, wenn der Kontakt mit der fremden Sprache für die Schüler eingeschränkt wird.

3.4.5 Gegenüberstellung der Argumente

Die Hauptargumente der Befürworter der Einsprachigkeit bzw. der Zweisprachigkeit sind in der folgenden Übersicht dargestellt:

Einsprachigkeit	**Zweisprachigkeit**
Zwischen zwei Sprachen wie Deutsch und Englisch existieren zu wenige Äquivalenzen, um diese systematisch zum Erlernen der jeweils anderen Sprache zu nutzen.	Äquivalenzen existieren zwar kaum auf der Wortebene, wohl aber auf der Ebene gedanklicher Vorstellungsinhalte (vorsprachliche Begriffsebene) sowie auf der Satz- und Textebene.
Die Muttersprache ist Störfaktor. Sie muß ausgeschaltet werden, um Fehler, die auf interlingualer Interferenz beruhen, zu vermeiden.	Die Muttersprache ist ein wichtiger Anknüpfungspunkt für den Fremdsprachenunterricht.
Der Gebrauch der Muttersprache verhindert den Aufbau eines koordinierten Sprachsystems.	Das Erlernen einer fremden Sprache erfolgt zwangsläufig mit Rückgriff auf die Muttersprache, d.h. innerhalb eines kombinierten Systems.
Der kurzfristige Zeitgewinn beim Einsatz der Muttersprache verhindert den langfristigen Aufbau eines fremdsprachlichen Bezugssystems.	Die Zeitersparnis beim Unterricht, der einen systematischen Gebrauch der Muttersprache vorsieht, ist groß.
Da der Erfolg des Sprachenlernens von der Dauer des Kontakts mit der fremden Sprache maßgeblich beeinflußt wird, sollte die knappe Unterrichtszeit so weitgehend wie möglich für das Hören, Sprechen, Lesen und Schreiben in der Fremdsprache genutzt werden.	Obwohl die Fremdsprache das wichtigste Hilfsmittel zum Erlernen der Fremdsprache ist, gebührt der Muttersprache breiter Raum, denn sie ist dabei ihr wichtigster Bündnispartner.

Über den Umfang des Einsatzes der Muttersprache muß bei jeder Unterrichtsplanung vom Lehrer selbst entschieden werden. Die folgenden Fragen sollen Hilfen für die eigenen Entscheidungen bieten.

17 Butzkamm. *Psycholinguistik*. S. 261.

Zu: Einsprachigkeit/Zweisprachigkeit

1. Welche englische Äußerung produziert ein Schüler, der den zweisprachigen *pattern drill* S. 82 bearbeitet hat, für die Mitteilungsabsicht ‚Die Arbeit ist fertig'?
2. Vergleichen Sie die folgende einsprachige Semantisierung von *history* mit dem von Butzkamm oben (S. 82) dargestellten Verfahren. Beachten Sie die Frage der Eindeutigkeit, Ökonomie, Verständniskontrolle durch Reaktion der Schüler sowie den Umfang der Rezeption und Produktion der Fremdsprache durch die Schüler:

   L: *History* tells us
   – what people did in the past
   – how people lived in the past.

   In *history* we learn
   – when and how the Normans conquered England
   – what happened during the French Revolution
   – why the second world war broke out.

   L: What does Mrs X teach? *History* or English?
   S: *History.*
   L: What about Mr Y?
   S: He teaches *history,* too.
   L: Which lessons do you have on Monday?
   S: German, *history,* maths.
3. Statt des von Butzkamm empfohlenen „Mischtextes"[18] (S. 83) können Auswahlantworten vorgegeben werden, oder es könnte ein Lückentext erstellt werden. Beispiele:

   Underline the correct choice
   Many of us kids on the reservation lived hundreds of (feet/yards/kilometers/miles) away from the nearest office/shop/school/theater/) – too far to get there and back in a (week/day/year/month). So we had to go to Rosebud Boarding School. The school was run by the (State Government/Bureau of Indian Affairs/Methodist Church) and the teachers were all (friendly/white/black/protestant). I remember how I felt my first day there.

   Fill in the blanks
   Many of us kids on the reservation lived hundreds of ____ away from the nearest school – too far to get there and back in a ____. So we had to go to Rosebud Boarding School. The school was ____ by the Bureau of Indian Affairs and the teachers were all ____. I remember how I felt my first day there.

   Vergleichen Sie die Vorzüge und Nachteile des zweisprachigen mit dem einsprachigen Verfahren
4. Welchen Zusammenhang sehen Sie zwischen der Forderung nach starker Berücksichtigung der Muttersprache im Fremdsprachunterricht und der folgenden Feststellung Butzkamms zu den psycholinguistischen Grundlagen des Übens: „In der Tat: die Masse macht's. Der natürliche Spracherwerb liefert uns unumstößliche Beweise, daß Fortschritt, Stillstand und Rückgang der Sprachbeherrschung von der Hör- und Sprechzeit abhängig sind. Über kurz oder lang ist diejenige Sprache, die man am häufigsten gebraucht, auch die, die man am besten beherrscht."[19]

18 Butzkamm. *Psycholinguistik.* S. 207.
19 Butzkamm. *Psycholinguistik.* S. 67f.

Literatur zu: Einsprachigkeit/Zweisprachigkeit

Arendt, Manfred. „Die vier Arten der Einsprachigkeit." *Praxis des neusprachlichen Unterrichts,* 38 (1991) 1, S. 115–122.

Butzkamm, Wolfgang. *Psycholinguistik des Fremdsprachenunterrichts: Natürliche Künstlichkeit – Von der Muttersprache zur Fremdsprache.* Tübingen, 1989.

Gutschow, Harald. *Eine Methodik des elementaren Englischunterrichts: Probleme und Arbeitsformen.* Berlin, 1978.

Gutschow, Harald. „Die ‚aufgeklärte Einsprachigkeit'." *Praxis des neusprachlichen Unterrichts,* 22 (1975) 2, S. 117–126.

Jungblut, Gertrud. „‚How to call a spade a spade', Begründungen für monolinguale Wortbedeutungsvermittlung im Fremdsprachenunterricht." *Die Neueren Sprachen,* 89 (1990) 1, S. 55–68.

3.5 Bestimmung von Lernzielen

Das Kapitel verweist auf den engen Zusammenhang zwischen Lernzielen und Unterrichtsplanung. Es unterscheidet zwischen Richtzielen, Grobzielen und Feinzielen und beschreibt die Operationalisierung von Lernzielen. Danach erfolgt unter dem Oberbegriff Lernzieldimensionen eine Differenzierung nach pragmatischen, kognitiven und emotionalen/affektiven Lernzielen. Abschließend wird auf das Zusammenwirken dieser Lernzieldimensionen und die Differenzierung von Lernzielen eingegangen.

Ein wesentliches Element der Unterrichtsplanung ist die Bestimmung eindeutiger Lernziele (*objectives*). Nach wie vor gilt der Leitsatz: „Wenn man nicht genau weiß, wohin man will, landet man leicht da, wo man gar nicht hin wollte."[1]

Eigentlich müßten wir im Zusammenhang mit der Planung von Unterricht eher von Lehrzielen sprechen, da es hier vor allem um Ziele geht, die wir als Lehrende verfolgen und die uns teilweise schon durch Lehrpläne vorgegeben sind. Da solche Ziele in der Literatur und vor allem in den Lehrplänen jedoch überwiegend als Lernziele bezeichnet werden, verwenden auch wir diesen Begriff.[2] Wir können ein Lernziel definieren als die „sprachlich artikulierte Vorstellung über die durch Unterricht (oder andere Lehrveranstaltungen) zu bewirkende gewünschte Verhaltensänderung eines Lernenden"[3].

---

1 Mager, Robert F. *Lernziele und Unterricht.* Völlig überarb. Neuausgabe. Weinheim, Basel, 1977. S. v.

2 Streng genommen müßten als „Lernziele" eher solche Ziele bezeichnet werden, die sich die Schüler selbst für ihr eigenes Lernen setzen; vgl. hierzu u.a. Doyé, Peter. „Lehr- und Lernziele." In: Karl-Richard Bausch et al. (Hrsg.). *Handbuch Fremdsprachenunterricht.* 3., überarb. und erw. Aufl. Tübingen, 1995. S. 161.

3 Vgl. Meyer, Hilbert L. *Trainingsprogramm zur Lernzielanalyse.* 12. Aufl. Meisenheim, 1991. S. 21.

Die Bestimmung von Lernzielen ist ein komplexer Vorgang, der sich nicht punktuell in ein lineares Ablaufschema der Unterrichtsplanung einordnen läßt. Vielmehr sind auf allen Planungsebenen, also bei der lang-, mittel- und kurzfristigen Planung, Überlegungen zu den angestrebten Zielen nötig. Die Lernzielbestimmung erfolgt mit zunehmender Präzisierung im Zusammenhang mit der jeweiligen Sachanalyse und der didaktischen Analyse.
Ausgangspunkt sind die von den Lehrplänen vorgegebenen Zielsetzungen, die notwendigerweise sehr allgemein formuliert sind. Deshalb müssen diese Zielvorgaben vom Lehrer in ihre Bestandteile zerlegt und im Verlauf der verschiedenen Ebenen der Unterrichtsplanung zunehmend konkretisiert und in eine sinnvolle Reihenfolge gebracht werden, bis sie schließlich den einzelnen Unterrichtsstunden zugeordnet werden können.
Dementsprechend können Lernziele auf mehreren Abstraktionsniveaus formuliert werden. Ein weit verbreitetes Modell der Unterscheidung nach Abstraktionsniveaus von Lernzielen ist das von Christine Möller mit drei Stufen von Lernzielen, wobei schon durch die Wahl der Namen auch deren Funktionen angedeutet werden: Richtziele, Grobziele und Feinziele.[4]

3.5.1 Abstraktionsniveaus von Lernzielen

Richtziele

Richtziele haben das höchste Abstraktionsniveau und sind so allgemein formuliert, daß sie viele unterschiedliche Interpretationen zulassen. Richtziele spielen bei der Erstellung von Lehrplänen eine wichtige Rolle. Sie legen die weltanschaulichen Grundlagen fest und geben die grundsätzlichen, übergreifenden Zielsetzungen des Unterrichts vor. Für den Englischunterricht der Sekundarstufe I sind beispielsweise „Kommunikationsfähigkeit in Alltagssituationen" und „Verständnis und Toleranz gegenüber dem englischsprachigen Kulturbereich" typische und allgemein anerkannte Richtziele.[5]

Grobziele

Grobziele haben ein mittleres Abstraktionsniveau und schließen bereits eine größere Anzahl von unterschiedlichen Interpretationen aus. Im Gegensatz zu Richtzielen treffen sie teilweise schon Aussagen zu konkreten Lern-

---

4 Vgl. Möller, Christine. *Technik der Lernplanung*. 5. Aufl. Weinheim, Basel, 1976. S. 72ff.

5 Vgl. u.a. Senator für Schulwesen (Hrsg.). *Vorläufiger Rahmenplan für Unterricht und Erziehung in der Berliner Schule: Klassenstufen 7–10. Hauptschule, Realschule, Gymnasium, Gesamtschule. Fach Englisch*. Berlin, 1980. S. 1.

inhalten, beziehen sich auf bestimmte, mittelfristig erreichbare Kenntnisse oder sprachpraktische Fertigkeiten u.ä. Aus ihnen ist jedoch noch nicht direkt ableitbar, was die Schüler konkret tun sollen, um diese Ziele zu erreichen bzw. deren Erreichen nachzuweisen. Der größte Teil der in den Lehrplänen genannten Ziele bewegt sich auf diesem Niveau. Auch die Zielformulierungen in den jährlich oder halbjährlich vom Lehrer zu erstellenden Arbeitsplänen (Ebene der langfristigen Planung) und die den einzelnen Unterrichtseinheiten zugeordneten Ziele (Ebene der mittelfristigen Planung) haben in der Regel den Charakter von Grobzielen. Typische Zielformulierungen im Englischunterricht auf diesem Niveau sind beispielsweise: „Die Schüler beherrschen die Bildung und den Gebrauch des *past progressive*" oder „Die Schüler erhalten Einblicke in das Schulsystem Großbritanniens".

Feinziele

Feinziele haben das niedrigste Abstraktionsniveau. Sie zeichnen sich durch den höchsten Grad an Präzision aus und erlauben eine eindeutige Bestimmung des angestrebten Endverhaltens der Schüler. Feinziele sind unverzichtbare Bestandteile der kurzfristigen Planung und gehören zu jedem Stundenentwurf. Sie haben, wie auch Grobziele, vor allem zwei wichtige Funktionen: Zum einen dienen sie der Strukturierung und der Steuerung des Unterrichtsablaufs, zum anderen dienen sie der Erfolgskontrolle des Unterrichts auf seiten der Lehrenden und der Lernenden. Nur wenn zuvor eindeutige Ziele formuliert wurden, kann das Erreichen dieser Ziele anschließend auch in Form einer Lernzielkontrolle überprüft werden.

3.5.2 Operationalisierung von Feinzielen

Lernen bewirkt eine Veränderung im Lernenden. Diese innere Veränderung ist jedoch meist nicht direkt feststellbar. Die Frage lautet deshalb: Welches Verhalten muß der Lernende zeigen, um nachzuweisen, daß ein Lernziel erreicht wurde?

Feinziele sollten daher operationalisiert sein. Damit ist gemeint, daß das angestrebte Endverhalten der Lernenden möglichst genau beschrieben und als beobachtbare Tätigkeit ausgedrückt wird. In der Regel muß ein Grobziel zu diesem Zweck in mehrere Feinziele aufgegliedert werden.

Beispiele für angestrebtes, aber nicht direkt beobachtbares Verhalten im Englischunterricht sind u.a. Zielsetzungen, die sich auf das Hör- und das Leseverstehen beziehen. Das Verstehen ist nur dadurch überprüfbar, daß die Schüler konkrete Handlungen ausführen, die ihr Verständnis nachweisen. Dies kann u.a. geschehen durch das Ankreuzen von Auswahlantwor-

ten, durch mündliche oder schriftliche Beantwortung von Fragen zum gehörten oder gelesenen Text oder eine mündliche oder schriftliche Zusammenfassung des Textinhaltes.
Eine derartige Lernzieloperationalisierung erfordert einige Übung.[6] Als Hilfen können Überlegungen zur Auswahl der Verben dienen, die in den Lernzielformulierungen verwendet werden. „Einen Text xyz verstehen", „einen Sachverhalt xyz kennen", „die formale Bildung und Verwendung der Struktur xyz erfassen" sind zwar erstrebenswerte Lernziele, diese Verben beschreiben jedoch keine beobachtbaren Handlungen, so daß derartig formulierte Lernziele nicht überprüfbar sind.
Auch eine Lernzielangabe wie „Die Schüler beherrschen die neuen Vokabeln und können sie anwenden" ist noch nicht präzise genug. Zwar kann das Anwenden beobachtet werden, es wird jedoch nichts darüber ausgesagt, auf welche Sprachebenen und welche Fertigkeitsbereiche sich dieses Beherrschen und Anwenden bezieht. Ist damit gemeint, daß die Schüler nur das Schriftbild und die Bedeutung der neuen Vokabeln erfassen oder sollen sie diese auch aussprechen und/oder schreiben können? Ebensowenig wird etwas darüber ausgesagt, auf welche Weise die Beherrschung der Lernziele nachgewiesen werden soll, etwa durch die mündliche Beantwortung von Lehrerfragen, durch das Ausfüllen eines Arbeitsbogens, das Schreiben eines Briefes etc. Erst wenn diese Überlegungen mit in die Formulierung der Lernziele einfließen, wird deren Erreichen wirklich konkret überprüfbar.

Eine weitergehende Feinzieldefinition umfaßt zusätzlich folgende Punkte:

1. Es müssen die Bedingungen genannt werden, unter denen dieses Verhalten erreicht werden soll. Hierzu gehören die den Schülern zur Verfügung gestellte Zeit, die Frage, ob und welche Hilfsmittel (Nachschlagewerke etc.) sie verwenden dürfen und ob sie allein oder mit anderen zusammenarbeiten sollen.
2. Es muß ein Bewertungsmaßstab genannt werden, nach dem entschieden werden kann, wann und in welchem Ausmaß die einzelnen Schüler das Lernziel erreicht haben (z.B. wieviele Aufgaben richtig gelöst sein müssen).[7]

Diese Art der Lernzieloperationalisierung im engeren Sinne verknüpft Entscheidungen über die Lernziele und -inhalte bereits mit Entscheidun-

---

6 Vgl. hierzu u.a. das Kapitel „Lernziel-Operationalisierung." In: Meyer. *Trainingsprogramm.* S. 57ff.
7 Vgl. Mager. *Lernziele.* S. 21ff.

gen über methodisch-organisatorische Aspekte und Fragen der Leistungsbewertung.
Typische Beispiele aus dem Englischunterricht für in dieser engen Weise operationalisierte Lernziele könnten etwa lauten:

Sprachaufnahme Wortschatz:
Die Schüler sollen die Bedeutung der zehn neuen Vokabeln lesend verstehen. Sie weisen dies nach, indem sie an der Hafttafel die jeweils richtigen Wortkarten neben die entsprechenden Bilder heften.

Sprachverarbeitung grammatische Strukturen:
Die Schüler können in Einzelarbeit innerhalb von fünf Minuten die korrekten *past tense forms* der gelernten Verben in einen Lückentext eintragen, wobei zu jeder der zehn Lücken die entsprechende Infinitivform des Verbs vorgegeben ist.

Sprachanwendung Text:
Die Schüler schreiben in Einzelarbeit in ca. 10–15 Minuten einen fiktiven Brief an ein englisches Kind, in dem sie berichten, welche Fächer an ihrer deutschen Schule unterrichtet werden (mindestens acht), welches ihre Lieblingsfächer sind und welche sie nicht mögen. Als Hilfsmittel können sie das Lehrbuch und ihr Vokabelheft benutzen.

Grundsätzlich darf aber nicht übersehen werden, daß für eine ganze Reihe von Lernzielen die beim Schüler durch den Unterricht erhoffte Verhaltensänderung nicht unmittelbar bestimmbar ist und solche Lernziele folglich nicht vollständig operationalisiert werden können. Hierzu gehören insbesondere alle Lernziele, die ein autonomes, kreatives Verhalten der Schüler zum Gegenstand haben. Im Englischunterricht betrifft dies vor allem die Phase der Sprachanwendung. Hier ist oft nicht vorhersagbar, welche Äußerungen die Schüler in mündlicher (z.B. in Diskussionen) oder in schriftlicher Form (z.B. in einem Brief, einem Bericht, einem Essay etc.) hervorbringen und welcher sprachlichen Mittel sie sich hierbei bedienen werden.

Ebenfalls meist nicht operationalisierbar sind vor allem emotionale Lernziele, da hierbei oft Verhaltensweisen, Einstellungen und Werthaltungen angestrebt werden, deren Nachweis außerhalb des Unterrichts liegt.

3.5.3 Lernzieldimensionen

Lernziele können nicht nur hinsichtlich ihrer verschiedenen Abstraktionsniveaus und damit nach dem Grad an Konkretheit der Aussagen unterschieden werden, sondern auch bezüglich der Dimensionen des Lernens, auf die sie abzielen. Im allgemeinen werden drei Lernzieldimensionen unterschieden, die in der Literatur zwar unterschiedlich benannt werden, im wesentlichen jedoch das gleiche meinen. In Anlehnung an die Begriffe der von Heimann/Otto/Schulz entwickelten Berliner Didaktik können folgende Dimensionen unterschieden werden:

- pragmatische Lernziele
- kognitive Lernziele
- emotionale Lernziele.[8]

Pragmatische Lernziele

Pragmatische Lernziele beziehen sich auf die Ausbildung der sprachpraktischen Fertigkeiten (*skills*), also auf fundamentale Ziele des Fremdsprachenunterrichts. Da der Schüler vorrangig die Fähigkeit zur Kommunikation in der fremden Sprache erwerben soll, muß er in die Lage versetzt werden, die fremde Sprache zu verstehen und zu gebrauchen, sowohl im mündlichen, als auch im schriftlichen Bereich. Hier geht es also um den Erwerb der vier Fertigkeiten Hörverstehen, Leseverstehen, Sprechen und Schreiben. Diese Lernziele zum Erwerb der vier Fertigkeiten schließen Teilziele im Bereich der Lexik, Grammatik, Phonetik, Orthographie und Sprachfunktionen mit ein, die nötig sind, damit der Schüler überhaupt sprachlich handeln kann. Auch alle Lernziele im rein psychomotorischen Bereich, also beispielsweise die korrekte Artikulation des englischen [θ], des [ð] oder des [w]-Lauts gehören zu den pragmatischen Lernzielen.
Ebenfalls den pragmatischen Lernzielen zuzuordnen sind darüber hinaus alle Ziele, die auf die Ausbildung bestimmter Arbeitstechniken wie Nachschlagen im Wörterbuch, Benutzung einer Grammatik, Techniken des *note taking, highlighting* etc. ausgerichtet sind. Unterstützt und ergänzt werden können solche vorwiegend pragmatischen Lernziele, wie auch die auf den Erwerb sprachpraktischer Fertigkeiten ausgerichteten Ziele, durch Ziele im kognitiven Bereich. So ist in der Regel die Fähigkeit des Nachschlagens eng verbunden mit der Kenntnis über den Aufbau der jeweiligen Nachschlagewerke.

---

8 Vgl. Schulz, Wolfgang. „Unterricht – Analyse und Planung." In: Paul Heimann, Gunter Otto und Wolfgang Schulz. *Unterricht – Analyse und Planung*. 6. bearb. Aufl. Hannover, 1972. S. 25ff. Parallel zu diesen hier verwendeten Begriffen hat sich, in Anlehnung an die von B. S. Bloom u.a. in den USA entwickelte Lernzieltaxonomie, auch eine Unterscheidung zwischen psychomotorischen, kognitiven und affektiven Lernzielen eingebürgert. Die beiden letztgenannten Lernzielebenen decken sich in etwa mit denen der Berliner Didaktik („kognitive" bzw. „emotionale" Dimension). Demgegenüber erscheint uns der Begriff „psychomotorisch" zu sehr auf die rein motorischen Fertigkeiten eingeschränkt zu sein.

Kognitive Lernziele

Kognitive Lernziele beziehen sich auf Kenntnisse und Erkenntnisse, auf Denkoperationen und Problemlösen. Hier geht es u.a. um den Erwerb landeskundlicher Kenntnisse oder um Einsichten in die Regularitäten der zu erlernenden Sprache, z.B. um grammatisches Regelwissen, um Einsichten in die Struktur des Wortschatzes oder darum, welche sprachlichen Mittel welcher Stilebene zuzuordnen und wann zu gebrauchen sind. In der Sekundarstufe I sollten kognitive Lernziele im Bereich des grammatischen und anderen Regelwissens nicht zum Selbstzweck werden, ihnen kommt vor allem eine dienende Funktion zur Unterstützung der sprachpraktischen Fertigkeiten zu.

Emotionale oder affektive Lernziele

Emotionale oder affektive Lernziele beziehen sich auf Einstellungen, Werthaltungen, Interessen, Gefühle und die Bereitschaft, etwas zu tun oder zu denken. Zum einen können sich solche Lernziele auf die zu entwickelnden Einstellungen und Haltungen gegenüber dem Land der Zielsprache beziehen, z.B. anzustrebendes Interesse und Verständnis für deren kulturelle Eigenheiten, Abbau von Vorurteilen etc., zum anderen aber auch auf den konkreten Unterricht selbst. Der Unterricht sollte möglichst nicht nur Fertigkeiten und Kenntnisse vermitteln, sondern durch das Ansprechen der emotionalen Dimension auch Interesse und Freude am Lernen wecken, beispielsweise durch die Wahl interessanter Themen, durch auflockernde Elemente wie Lieder und Spiele etc. Nicht zuletzt können zu den emotionalen Lernzielen auch solche gerechnet werden, die das soziale Miteinander im Klassenraum und darüber hinaus betreffen, also beispielsweise die Bereitschaft zur Partner- oder Gruppenarbeit oder zur Einhaltung bestimmter Gesprächskonventionen und anderer vereinbarter Regeln.

Zusammenwirken der Dimensionen

Grundsätzlich schließen die Lernziele aus diesen drei genannten Dimensionen einander nicht aus, sondern bedingen und ergänzen sich gegenseitig, wie bereits einige der oben aufgeführten Beispiele gezeigt haben. Fast immer umfaßt ein Lernziel mehrere Dimensionen, so daß diese Unterscheidung hauptsächlich analytischen Charakter hat. Sie kann vor allem dazu dienen, daß sich der Lehrende bewußt wird, wo er in einzelnen Unterrichtsabschnitten ganz gezielt seine Schwerpunkte setzen will, etwa bei den Kenntnissen oder den Fertigkeiten. Die Unterscheidung von Lernzieldimensionen kann auch helfen, die selbst aufgestellten Lernziele ggf. noch-

mals daraufhin zu überprüfen, ob der geplante Unterricht nicht zu sehr oder ausschließlich auf die kognitive Dimension ausgerichtet ist, z.B. bei der Vermittlung grammatischer Strukturen, während die pragmatische und vor allem die emotionale Dimension zu sehr vernachlässigt wird.
Die faktischen Lernprozesse der Schüler werden sich ohnehin immer auf allen drei Ebenen gleichzeitig abspielen, denn selbst wenn es beispielsweise um die Bewußtmachung einer grammatischen Regel geht (kognitive Dimension), werden dabei gleichzeitig die sprachpraktischen Fertigkeiten der Schüler (pragmatische Dimension) weiterentwickelt und gewisse Haltungen und Einstellungen der Schüler zum Englischunterricht angesprochen bzw. erzeugt (emotionale Dimension). Ebenso setzt eine erfolgreiche Partner- oder Gruppenarbeit sowohl die Fähigkeit (pragmatische Dimension), als auch die Bereitschaft (emotionale Dimension) der Schüler voraus.

3.5.4 Differenzierung von Lernzielen

Um den unterschiedlichen Voraussetzungen und Fähigkeiten der Lernenden gerecht zu werden, ist es sinnvoll, bei der Formulierung der Lernziele Differenzierungen hinsichtlich der geforderten Leistungen vorzunehmen. An leistungsstärkere Schüler können höhere Anforderungen gestellt werden als an leistungsschwächere.
Auf der Ebene der Richt- und Grobziele wird diese Differenzierung in der Regel schon durch die Vorgaben der Lehrpläne für die verschiedenen Schultypen bzw. Kursniveaus vorgenommen. So werden beispielsweise an gymnasiale Lerngruppen wesentlich höhere Anforderungen hinsichtlich des Ausdrucksvermögens, der Korrektheit der Äußerungen, des Umfangs des zu beherrschenden Wortschatzes und der grammatischen Strukturen sowie der landeskundlichen Kenntnisse gestellt als an Realschüler oder Hauptschüler.
Auch die jeweiligen Lerngruppen eines Schultyps sind oft sehr heterogen zusammengesetzt, so daß es sinnvoll ist, bei der konkreten Unterrichtsplanung ebenfalls Differenzierungen bei den zu formulierenden Grob- und Feinzielen vorzunehmen. Diese Differenzierung kann sowohl hinsichtlich des Umfangs der zu erbringenden Leistung vorgenommen werden (quantitative Differenzierung), als auch in bezug auf den Grad an Korrektheit und Flüssigkeit der Äußerungen, bis zu dem bestimmte Lernziele als noch erreicht angesehen werden (qualitative Differenzierung). Zwei Beispiele sollen dies verdeutlichen:
Bei der Erarbeitung von Wortschatz und Redemitteln zum Ausdruck von Abneigungen muß von allen Schülern die Beherrschung der elementaren und von den jeweiligen Lehrplänen als verbindliches Minimum aufgeliste-

ten Redemittel (z.B. *I don't like, dislike* ... etc.) verlangt werden. Leistungsstärkeren Schülern können darüber hinaus jedoch noch weitere entsprechende Redemittel nicht nur angeboten, sondern ggf. auch abverlangt werden (z.B. *I hate, can't stand* ... etc.). In diesem Fall handelt es sich zunächst um eine quantitative Differenzierung, die sich aber natürlich auch auf die Qualität der Ausdrucksfähigkeit der Lernenden auswirkt.
Bei den meisten Aufgabenstellungen können solche quantitativen Differenzierungen problemlos vorgenommen werden. So kann beispielsweise bei schriftlichen Aufgaben stets ein verbindliches Minimum von Aufgaben vorgegeben werden, das von allen Schülern zu lösen ist, während die Bearbeitung weiterer, *additional tasks* nur von leistungsstärkeren Schülern verlangt wird.
Eine eher qualitative Differenzierung liegt beispielsweise vor, wenn von leistungsstärkeren Schülern in einem Unterrichtsgespräch nicht nur längere zusammenhängende, sondern auch weitgehend korrekte Äußerungen verlangt werden, während das Hauptkriterium für die schwächeren Schüler das der Sinnhaftigkeit und Verständlichkeit ihrer Redebeiträge sein könnte. Hier muß jeder Lehrende von Fall zu Fall neu entscheiden, wann eine erbrachte Schülerleistung den selbst aufgestellten Lernzielen und den Anforderungen der Lehrpläne in zumindest noch ausreichender Weise entspricht.

Zu: Bestimmung von Lernzielen

Entscheiden Sie, welchem Abstraktionsniveau und welcher Lernzieldimension die folgenden Lernziele jeweils am ehesten zuzurechnen sind. Beachten Sie, daß nicht immer eindeutig zwischen den verschiedenen Abstraktionsniveaus unterschieden werden und daß sich ein Lernziel auch auf mehrere Dimensionen des Lernens beziehen kann.

1. Die Schüler beherrschen die Bildung und die Verwendung des *will*-Futurs in Aussagen.
2. Die planmäßige Ausbildung einer sachgerechten Arbeitshaltung ist anzustreben.
3. Das Hörverständnis soll geschult werden.
4. Die Schüler sollen den Text still lesen und verstehen. Sie weisen ihr Textverständnis nach, indem sie mindestens 8 von 10 auf einem Arbeitsblatt vorgegeben *right-wrong*-Fragen richtig ankreuzen.
5. Die Schüler erhalten Einblicke in die Geschichte Großbritanniens und der U.S.A.
6. Die Schüler erkennen die der regelmäßigen englischen Pluralbildung zugrundeliegenden Gesetzmäßigkeiten und können sie in eigenen Worten erklären.
7. Die Schüler können die neuen Vokabeln zum Thema *Things in my room* korrekt aussprechen und im Zusammenhang mit den Strukturen *I've got a/some* ... bei einer mündlichen Beschreibung ihres Zimmers anwenden.

Literatur zu: Bestimmung von Lernzielen

Doyé, Peter. „Lehr- und Lernziele." In: Karl-Richard Bausch et al. (Hrsg.). *Handbuch Fremdsprachenunterricht.* 3., überarb. und erw. Aufl. Tübingen, 1995. S. 161–166.

Heimann, Paul, Gunter Otto und Wolfgang Schulz. *Unterricht – Analyse und Planung.* 6. bearb. Aufl. Hannover, 1972.

Mager, Robert F. *Lernziele und Unterricht.* Völlig überarb. Neuausgabe. Weinheim, Basel, 1977.

Meyer, Hilbert L. *Trainingsprogramm zur Lernzielanalyse.* 12. Aufl. Meisenheim, 1991.

Möller, Christine. *Technik der Lernplanung.* 5. Auflage. Weinheim, Basel, 1976.

3.6 Grundprinzipien der Planung

Dieses Kapitel nennt die Merkmale der langfristigen, der mittelfristigen und der kurzfristigen Planung. Es geht ein auf die Gliederung des Unterrichts in Phasen und Unterrichtsabschnitte und enthält Hinweise für eine abwechslungsreiche Unterrichtsgestaltung. Danach wird auf die Notwendigkeit der Isolierung der Schwierigkeiten eingegangen. Ein Teilkapitel widmet sich der situativen Unterrichtsgestaltung. Abschließend werden methodische Hinweise zur Veranschaulichung, zur Schüleraktivät und zur Schülerorientierung gegeben.

3.6.1 Die zeitliche Planung

Gründliches und rechtzeitiges Planen des Unterrichts zu unterschiedlichen Zeitpunkten für unterschiedliche Zeiträume ist eine wesentliche Voraussetzung für erfolgreiches Unterrichten.

Die Planung des Unterrichts umfaßt immer zwei Aspekte: zum einen die Analyse der Gegenstände, die im Unterricht behandelt werden sollen (Sachanalyse), und zum anderen die Entscheidung, wie diese Gegenstände im Unterricht behandelt werden sollen (didaktische Analyse). Die Analysen werden zu den jeweiligen Zeitpunkten unterschiedlich konkret durchgeführt und sind am konkretesten bei der Planung einer Unterrichtsstunde.

Langfristige Planung

Der Lehrende plant den Unterricht in einer Klasse für das gesamte Schuljahr, mindestens jedoch für ein halbes Jahr. Grundlagen der langfristigen Planung sind die Vorgaben der Lehrpläne, das Lehrwerk und weitere Lehrmaterialien sowie Beschlüsse der Fachkonferenz.

Bei der langfristigen Planung geht es vorrangig um eine grobe Verteilung der Unterrichtsgegenstände auf den gewählten Zeitraum. Die langfristige Planung enthält darüber hinaus Überlegungen zum rechtzeitigen Beschaf-

fen von Unterrichtsmaterialien, zum rechtzeitigen Verteilen von Schüleraufträgen und zur zeitlichen Planung von Klassenarbeiten.
Ergebnis der langfristigen Planung könnte eine tabellarische Übersicht sein, die den zeitlichen Rahmen für die Unterrichtsgegenstände, Unterrichtsmaterialien, Schüleraufträge, Klassenarbeiten u.ä. enthält. Bei der langfristigen Planung werden auf der Grundlage der von den Lehrplänen vorgegebenen Richtziele Grobziele formuliert.

Mittelfristige Planung

Auf dieser Ebene handelt es sich um die Planung einer Unterrichtseinheit, die sich über eine oder mehrere Wochen erstreckt.
Die Unterrichtseinheit umfaßt einen in sich abgeschlossenen Unterrichtsgegenstand. In der Sekundarstufe I betrifft das in vielen Fällen eine Lehrbuchlektion, bei umfangreichen Lektionen einen inhaltlich zusammenhängenden Teil einer Lektion. Es kann sich aber auch um die Planung der Arbeit mit einem Lektüreheft, die Planung der Arbeit zu einem bestimmten Thema (z. B. in Form eines Projekts) auf der Grundlage unterschiedlicher (lehrwerkunabhängiger) Materialien, die Vorbereitung eines Beitrags zu einer Aufführung oder anderes handeln.

Die mittelfristige Planung ist konkreter und präziser als die langfristige Planung. Sie betrifft die folgenden Bereiche zunächst mit dem Ziel der Auswahl:
- Welche inhaltlichen Schwerpunkte sind zu setzen?
- An welchen Fertigkeiten soll gearbeitet werden?
- Welche Texte sind zu behandeln?
- Welche phonologischen und lexikalischen Elemente, welche grammatischen Strukturen und welche Sprachfunktionen sind den Schülern zu vermitteln?
- Welche sprachlichen und inhaltlichen Wiederholungsschwerpunkte sind zu setzen?
- Welche Arbeits- oder Lerntechniken sind auszubilden?

Die ausgewählten Unterrichtsgegenstände müssen dann auf die laut langfristiger Planung zur Verfügung stehenden Unterrichtsstunden verteilt und in eine sinnvolle Abfolge gebracht werden. Hierbei handelt es sich um die Abstufung der Unterrichtsgegenstände.
Überlegungen zur Darbietung sind auf dieser Ebene noch sehr allgemein. Sie betreffen erste Entscheidungen zur Einteilung in Unterrichtsphasen (Sprachaufnahme, Sprachverarbeitung, Sprachanwendung) und zum Einsatz von Materialien und Medien.

Bei der mittelfristigen Planung könnte das Ergebnis eine kurze Übersicht sein, in der jeder der geplanten Unterrichtsstunden inhaltliche und sprachliche Schwerpunkte zugeordnet werden, gegebenenfalls auch die dafür zu nutzenden Lehrbuch- und Lehrwerksteile und andere Materialien. Auch auf dieser Planungsebene werden Grobziele formuliert.

Kurzfristige Planung

Der Lehrende plant die einzelne Unterrichtsstunde. Die Aufgabe besteht in der konkreten methodischen Gestaltung jedes einzelnen Unterrichtsabschnitts einer Unterrichtsstunde. Es handelt sich im einzelnen um:
- die konkreten englischsprachigen Lehrerimpulse und -äußerungen (z.B. Anknüpfungen, Aufgabenstellungen, Fragen, Überleitungen)
- die erwarteten englischsprachigen Schülerreaktionen
- genaue Formulierungen von einzelnen, teilweise komplexen Schülerleistungen
- den genauen Einsatz der Medien, einschließlich konkreter Tafelbilder, Arbeitsblätter, Folien
- das Lösen von Aufgaben etc.

Als Ergebnis der kurzfristigen Planung entsteht der vollständige Unterrichtsentwurf. Es werden Feinziele formuliert.

3.6.2 Die methodische Planung

Für die Planung von Englischunterricht lassen sich eine Reihe von grundlegenden Prinzipien formulieren, die man bei der Gestaltung der einzelnen Unterrichtsstunden beachten sollte.

Gliederung des Unterrichts in Phasen und Unterrichtsabschnitte

Der Unterricht gliedert sich in die Phasen der Sprachaufnahme, der Sprachverarbeitung und der Sprachanwendung. Die Phase der Sprachverarbeitung wird noch in die Teilphasen Einübung, gegebenenfalls Bewußtmachung und Transfer unterteilt.
Die Phasen ihrerseits gliedern sich meist in einzelne Unterrichtsabschnitte. So wird eine Phase der Einübung einer grammatischen Struktur unter Umständen eine größere Zahl unterschiedlicher Übungen umfassen, die derselben Phase, aber jeweils unterschiedlichen Unterrichtsabschnitten zuzuordnen sind.
Jeder neu zu erarbeitende Unterrichtsgegenstand durchläuft die oben genannten drei Phasen. Jeweils unterschiedlich viele Unterrichtsabschnitte pro Phase sind vom Lehrer zu planen.

Bei der Planung jeder Unterrichtsstunde ist zu beachten, daß die einzelnen Phasen einander abwechseln. Das kann bedeuten, daß Sprachaufnahme, Sprachverarbeitung und Sprachanwendung eines Unterrichtsgegenstands in einer oder in mehreren Unterrichtsstunden hintereinander ablaufen.

Eine andere Lösung besteht darin, daß sich Unterrichtsphasen, die unterschiedliche Unterrichtsgegenstände betreffen (z. B. Wortschatz und grammatische Struktur) abwechseln. Dabei kommt es oft zu Überlappungen von Unterrichtsphasen. So können auf eine Phase Sprachverarbeitung Wortschatz die Phasen Sprachaufnahme und Sprachverarbeitung einer grammatischen Struktur folgen. Daran schließt sich die Phase der Sprachaufnahme eines (neuen) Textes an. Diese Sprachaufnahme Text kann gleichzeitig eine Sprachanwendung der grammatischen Struktur und des Wortschatzes sein.

Unterschiedliche Phasen zu verschiedenen Unterrichtsgegenständen dürfen jedoch nicht willkürlich und isoliert aneinandergereiht werden. Statt dessen sollte so oft wie möglich darauf geachtet werden, daß zwischen den Unterrichtsphasen und -abschnitten für den Schüler nachvollziehbare Beziehungen bestehen. Zerstückelte Unterrichtsstunden, die nur aus einer Aneinanderreihung isolierter und beziehungsloser Phasen bestehen, können ebensowenig die Motivation der Schüler dauerhaft aufrechterhalten wie Stunden, die ausschließlich aus einer Phase bestehen. Es sollte daher weder reine Wortschatzeinführungs- oder Grammatikübungsstunden noch Stunden geben, in denen für die Schüler kein Zusammenhang besteht.
Die einzelnen Phasen und die Unterrichtsabschnitte sollten nicht zu lang sein. Je jünger oder leistungsschwächer die Schüler sind, desto mehr Phasenwechsel sollte in einer Stunde erfolgen und in desto mehr Unterrichtsabschnitte sollte sich eine Phase untergliedern.

Abwechslungsreiche Unterrichtsgestaltung

Abwechslungsreiche Unterrichtsgestaltung kann sich auf viele Aspekte der Planung des Unterrichts beziehen, von denen hier einige aufgezählt werden:
- Wechsel der Arbeit an den vier Fertigkeiten
- Wechsel von mündlichen und schriftlichen Arbeitsformen
- Wechsel von Themen und Situationen
- Wechsel von Medien (ohne/mit Buch, Tafel, Overheadprojektor, Arbeitsblätter, Kassettenrecorder, Video)
- Wechsel der Aktions- und Sozialformen (Individualarbeit, Frontalarbeit, Gruppenarbeit)
- Wechsel der Übungsformen (*substitution table*, Frage-Antwort-Übung, Einsetzübung)

– Wechsel der Arbeitsformen (Lehrervortrag, Schreiben eines Briefes, Dialoggestaltung).

Auch hier gilt, je jünger die Schüler sind, desto häufiger sollte ein Wechsel von Phasen, Unterrichtsabschnitten, Medien und Methoden erfolgen.

Isolierung von Schwierigkeiten

Erfolgreicher Unterricht erfordert die Isolierung von Schwierigkeiten. Sie muß sich auf alle zu planenden Bereiche beziehen: auf die Arbeit an Wortschatz und Grammatik, die Arbeit mit Texten oder die Arbeit an den einzelnen Fertigkeiten.

Beispiele:
Eine neue grammatische Struktur sollte grundsätzlich nur mit bekanntem Wortschatz eingeführt werden, auch wenn das Lehrbuch es nicht so anbietet. Es muß auch überlegt werden, ob nicht vor der Sprachaufnahme der neuen grammatischen Struktur wichtige Wortschatzelemente wiederholt werden. So werden die Sprachaufnahme und die erste Übung in der Sprachverarbeitung Grammatik nicht durch das Erschließen des notwendigen Vokabulars erschwert.
Entsprechend sollte die Erarbeitung neuer Wortschatzelemente mit bekannten grammatischen Strukturen erfolgen.
Die Isolierung von Schwierigkeiten bedeutet auch, daß man in einer Übungsfolge zu einer neuen grammatischen Struktur oft die einzelnen neu gelernten Merkmale getrennt mit den Schülern übt. Für das *simple present perfect* hieße das, daß die Unterscheidung von *have/has* Gegenstand einer ersten Übung ist. In einer zweiten Übung geht es um die Verbindung von *have/has* mit dem Perfektpartizip. Dabei werden zunächst nur die regelmäßig zu bildenden Partizipien auf *-ed* in die Übung einbezogen, in einer dritten Übung kommen die unregelmäßig zu bildenden Partizipien hinzu.
Auch Überlegungen zur Gestaltung der Sprachaufnahme Text können die Isolierung von Schwierigkeiten betreffen: Soll der Text durch das vorherige Einführen von Wortschatz vorentlastet werden? Wenn ja, welche Wörter betrifft das? Wird der Text den Schülern bei der Erstrezeption in seiner Gesamtheit oder in Teilen dargeboten?
Bei der Sprachproduktion kann die Isolierung von Schwierigkeiten bedeuten: Erhält der Schüler ein Beispiel für seine eigene Textproduktion? Werden Unterrichtsabschnitte der gemeinsamen Sammlung von Wortschatz, des Findens von möglichen Gliederungen oder der Arbeit an Textverknüpfungsmitteln geplant?

Situative Unterrichtsgestaltung

Im Unterricht müssen die Schüler darauf vorbereitet werden, angemessen in der Fremdsprache in den unterschiedlichsten Situationen kommunizieren zu können. Aus diesem Grunde muß schon der Unterricht situativ angelegt sein und auf Kommunikation abzielen.
Situative Unterrichtsgestaltung bedeutet, daß alle Unterrichtsgegenstände in Situationen eingebettet werden und damit jeweils ein (sinnvoller, wirklichkeitsnaher) Kontext geschaffen wird, der vom Schüler auf spätere neue Kommunikationssituationen leicht übertragen werden kann.
Da wir es im Klassenraum selten mit echten Kommunikationsituationen zu tun haben, ist es notwendig, auf fiktive Situationen zurückzugreifen. Echte Situationen sind solche, in denen der Schüler als er selbst und unmittelbar aus dem Klassengeschehen heraus handelt. Fiktive Situationen sind solche, in denen der Schüler sich in vorgestellte Situationen hineinversetzt und in diesen als er selbst oder als eine andere Person agiert.
Situative Unterrichtsgestaltung sollte in allen Phasen und Unterrichtsabschnitten eine entscheidende Rolle spielen, gleich, ob am Wortschatz gearbeitet wird, an grammatischen Strukturen, mit Texten, ob es sich um neue Unterrichtsgegenstände handelt oder um die Wiederholung von bereits Bekanntem.
Die situative Einbettung jeder auch noch so einfachen Übung in einen sinnvollen Kontext und Sprechanlaß verhindert starren Formendrill und gibt dem Schüler Einblick in die Verwendungsmöglichkeiten sprachlicher Elemente und Strukturen.
Situative Unterrichtsgestaltung ist besonders wichtig, wenn an der Entwicklung des monologischen bzw. des dialogischen Sprechens oder des Schreibens gearbeitet werden soll. Hier sollte der Schüler so oft wie möglich seine eigenen Interessen zum Ausdruck bringen und über sich selbst berichten oder sich in die Rolle eines anderen versetzen.

Veranschaulichung

Veranschaulichung ist ein weiteres wichtiges Prinzip für die Gestaltung des Englischunterrichts auf allen Klassenstufen.
Mittel der Veranschaulichung sind konkrete Gegenstände, Bilder, Fotos, Zeichnungen, Wandkarten, Mimik, Gestik, Geräusche, graphische Darstellungen, Tabellen, Übersichten, verbale Situationsbeschreibungen u.ä. Die Aufzählung macht deutlich, daß es sich nicht nur um visuelle Veranschaulichung handelt, sondern um ein Ansprechen möglichst aller Sinne.

Unterschiedliche Formen der Veranschaulichung eröffnen unterschiedlichen Lernertypen verschiedene Möglichkeiten des Erkennens und Einprägens. Darüber hinaus ist die Veranschaulichung ein gutes Mittel, den Unterricht effektiv und für die Schüler motivierend und abwechslungsreich zu gestalten.

Schüleraktivität

Der Lehrende muß grundsätzlich für alle Phasen und Unterrichtsabschnitte sicherstellen, daß eine hohe Schüleraktivität erreicht werden kann. Unter Schüleraktivität ist im Englischunterricht vor allem die fremdsprachliche Aktivität der Schüler zu verstehen. Da man die Sprache nur durch aktiven Gebrauch derselben erlernt, ist der Unterricht so zu organisieren, daß der Lernende die fremde Sprache so oft wie möglich aufnimmt und selbst verwendet.
So reicht es im allgemeinen nicht aus, daß der Lehrer den Schülern ein neu zu erlernendes Wort in einem geeigneten Kontext wiederholt vorgibt. Der Schüler muß Gelegenheit erhalten, dieses neue Wort wiederholt zu sprechen, als einzelner, wenn nötig auch im Chor, es zu lesen, zu schreiben und in Sätzen und größeren Kontexten mündlich und schriftlich zu verwenden.

Um die Schüler zu vielfältigen Äußerungen zu bewegen, sollte eine Vielfalt von Impulsen gegeben werden. Besonders ist dabei eine geeignete Fragetechnik zu entwickeln. Dazu gehört vor allem das Verwenden von *wh-questions* (*who, where, what, when, why*) und das Vermeiden von Alternativfragen oder von Fragen, die nur mit *yes* oder *no* beantwortet werden können. Der Lehrende sollte sich bemühen, immer möglichst viele Schüler zu beteiligen. Wenn sich unterschiedliche Antwortmöglichkeiten ergeben, sollten diese auch von mehreren Schülern erbracht werden. Dabei sollte der Lehrer die Schüler ermuntern, wo immer möglich, mit mehr als einer kurzen Replik zu antworten, so daß alle Aspekte des Inhalts der Frage in der Antwort berücksichtigt werden.
Bei der Planung und Gestaltung des Unterrichts sollte immer bedacht werden, ob und wie die Schüler die Rolle des Lehrenden übernehmen können. Oft können die Schüler weitere Fragen an ihre Mitschüler stellen, nachdem der Lehrende ein Muster vorgegeben hat. Die Schüler können ganze Unterrichtssequenzen leiten, aktiv in die Anfertigung von Unterrichtsmaterialien (kleine Übungsaufgaben, Rätsel) einbezogen werden oder statt des Lehrers individuell vorbereitete Vorträge halten.
Der Idealfall (vor allem in der Sprachverarbeitungs- und in der Sprachanwendungsphase) ist dann gegeben, wenn das Unterrichtsgespräch durch die Schüler selbst geführt wird und der Lehrer lediglich als Moderator agiert.

Das Stellen von Lernaufgaben, an denen die Schüler eine gewisse Zeit selbständig arbeiten, die sie entweder individuell, wenn sinnvoll in Partner- oder Gruppenarbeit lösen, unter Umständen unter selbständiger Nutzung von Hilfsmitteln wie Nachschlagewerken, ist eine weitere Möglichkeit, die Schüleraktivität zu fördern und zu erhöhen.

Schülerorientierung

Jede Planung und Durchführung von Unterricht sollte von den in der Bedingungsfeldanalyse ermittelten Voraussetzungen ausgehen. Das bedeutet u.a., daß bei der Formulierung der Lernziele und der Lerninhalte die Erfahrungen und Interessen der Schüler angemessen berücksichtigt und die Schüler auch an deren Auswahl in geeigneter Weise beteiligt werden. Je mehr Raum ihnen der Englischunterricht zur Äußerung ihrer eigenen Gedanken, Meinungen, Gefühle und Wünsche zur Verfügung stellt, desto größer wird in der Regel die Lernbereitschaft der Schüler und damit auch die Effektivität des Unterrichts sein. Die meisten der neueren Lehrwerke für den Englischunterricht in der Sekundarstufe I tragen dieser Tatsache auch Rechnung, indem sie in jeder Lektion entsprechende Rede- und Schreibanlässe, z.B. *I about myself, And you?* o.ä. anbieten.
Da nicht alle Schüler über die gleichen Kenntnisse und Fähigkeiten verfügen, sind immer auch Überlegungen zur Differenzierung anzustellen. Dies kann soweit gehen, daß für verschiedene Schüler oder Schülergruppen unterschiedlich umfangreiche oder unterschiedlich schwierige Lernaufgaben vorgegeben bzw. als Angebot zur Verfügung gestellt werden.
Schülerorientierung bedeutet auch, daß nicht ohne Rücksicht auf die tatsächlichen Lernerfolge von Lektion zu Lektion fortgeschritten wird, sondern erst dann, wenn die ausgewählten Unterrichtsgegenstände ausreichend gefestigt sind.

Zu: Grundprinzipien der Planung

1. Welche der genannten methodischen Grundprinzipien der Planung und Gestaltung von Englischunterricht finden sich in den Lehrplänen eines von Ihnen ausgewählten Bundeslandes wieder? Welche (auch anderen) Prinzipien der Gestaltung von Unterricht werden genannt bzw. erläutert?
2. Geben Sie Beispiele für echte und fiktive Situationen, die im Englischunterricht auftreten bzw. geschaffen werden können.

4. Komponenten der Unterrichtsplanung

In diesem Kapitel werden die verschiedenen Schritte, die bei jeder Unterrichtsplanung zu vollziehen sind, zusammenfassend dargestellt. Die Reihenfolge der Teilkapitel entspricht im wesentlichen der Anordnung, die bei der Erstellung schriftlicher Planungen eingehalten werden sollte.
Es handelt sich um die folgenden Schritte: Bedingungsfeldanalyse, Sachanalyse, didaktische Analyse, Lernzielbestimmung und Verlaufsplanung. Innnerhalb der didaktischen Analyse wird differenziert nach Auswahl, Abstufung und Darbietung. Unter Darbietung werden separat die Erfordernisse der Sprachaufnahmephase, der Sprachverarbeitungsphase und der Sprachanwendungsphase dargestellt. Das Kapitel schließt mit einem Gliederungsvorschlag für eine schriftlich auszuarbeitende Unterrichtsplanung.

4.1 Bedingungsfeldanalyse

Jede Unterrichtsplanung[1] beruht auf einer Bedingungsfeldanalyse, in der die jeweiligen spezifischen Bedingungen der Lehr- bzw. Lernsituation zu erfassen sind. Zu ermitteln sind an dieser Stelle möglichst alle Faktoren, die für den geplanten Englischunterricht relevant sein können. Hierzu gehören insbesondere Aussagen zu den anthropogenen und sozio-kulturellen Voraussetzungen auf der Seite der Lernenden und Lehrenden.[2]
Zu diesen Bedingungen, die im Einzelfall sehr unterschiedlich sind, gehören:
Die Schulsituation
- Name der Schule
- Lage und Einzugsgebiet
- Schulträgerschaft
- Schulleitung/Kollegium
- Klassenräume/Fachräume
- Klassenfrequenzen

1 Schriftliche Unterrichtsplanungen werden nicht nur von Lehrerstudenten, z. B. während des Unterrichtspraktikums, und von Lehramtsanwärtern während ihres Referendariats verlangt, sondern auch von erfahrenen Lehrern anläßlich von Beurteilungen im Zusammenhang mit Beförderungen usw. Aber auch, wenn kein ausführlicher schriftlicher Entwurf vorzulegen ist, sind die hier genannten Schritte bei der Planung zu durchlaufen.
2 Vgl. Kapitel *2.4 Lernende und Lehrende.*

- Organisation des Englischunterrichts (z. B. äußere Differenzierung, Teilungsstunden, Wahlmöglichkeiten etc.)
- Ausstattung der Schule mit Lehrwerken/Medien/Geräten für den Englischunterricht.

Die Klassensituation
- Klassenstufe
- Äußere Differenzierung/Kursniveau, ggf. innere Differenzierung
- Frequenz und Zusammensetzung der Klasse/Lerngruppe
- Leistungsniveau (hoch/durchschnittlich/niedrig, homogen/heterogen)
- Einstellungen gegenüber dem Englischunterricht/Motivation
- ggf. besondere Auffälligkeiten
- Vertrautheit mit bestimmten Methoden und Medien
- Vorkenntnisse über den Unterrichtsgegenstand.

Voraussetzungen auf seiten des Lehrenden
- allgemeine und fachspezifische Unterrichtserfahrung
- Vertrautheit mit Schultyp/Schulstufe/Lerngruppe
- Erfahrung im Umgang mit Unterrichtsmaterialien und technischen Medien.

4.2 Begründung des Unterrichtsvorhabens

Die Begründung sollte sich auf die von den Lehrplänen des jeweiligen Bundeslandes für den betreffenden Schultyp/die Klassenstufe genannten Ziele und Inhalte beziehen und auch die Wünsche, Bedürfnisse und Defizite der Lernenden berücksichtigen.

4.3 Sachanalyse

In der Sachanalyse[3] wird der Gegenstand (z. B. Wortschatz, eine grammatische Struktur, ein Text) primär unter fachwissenschaftlicher Fragestellung betrachtet. Hier ist eine möglichst vollständige, fachwissenschaftlich fundierte Übersicht anzustreben. Der notwendige Rückgriff auf Fachliteratur ist durch entsprechende Literaturverweise zu dokumentieren.
Je nachdem, um welchen Schwerpunkt es sich handelt, sind dabei unterschiedliche Analyseschritte zu durchlaufen. Grundsätzlich müssen immer

3 Im Kapitel *6. Schwerpunkte des Englischunterrichts* werden in den Teilkapiteln *6.1* bis *6.5* die jeweils notwendigen Analyseschritte ausführlich dargestellt.

Aspekte der Form, der Bedeutung/Funktion bzw. des Inhalts sowie der Kontrastivität zwischen Ausgangssprache (Deutsch) und Zielsprache (Englisch) bzw. kulturelle Unterschiede betrachtet werden.

Beispiel: Die Pluralbildung englischer Substantive
Notwendig sind:
(a) Darstellung aller Formen der regelmäßigen und der unregelmäßigen Pluralbildung (Laut- und Schriftformen) im Englischen anhand mindestens einer neuen umfassenden Grammatik des heutigen Englisch
(b) Darstellung der wichtigsten Varianten der Pluralbildung im Deutschen, dabei Herausarbeitung der Ähnlichkeiten und Unterschiede zum Englischen.

4.4 Didaktische Analyse

Die didaktische Analyse[4] ist auf der Basis der Sachanalyse durchzuführen. Hier erfolgt eine Betrachtung des Gegenstands unter dem Aspekt der Vermittlung im Englischunterricht. Dabei sind auf allen Stufen der didaktischen Analyse die Gesichtspunkte der Bedingungsfeldanalyse und die von den Lehrplänen für den jeweiligen Schultyp/die Klassenstufe vorgegebenen Ziele und Inhalte zu berücksichtigen. Auch eine Auseinandersetzung mit den in Frage kommenden Unterrichtsmaterialien (Lehrwerk, lehrwerkunabhängiger Text, Film etc.) ist an dieser Stelle erforderlich.
Grundsätzlich setzt sich jede didaktische Analyse aus den Teilschritten Auswahl (*selection*), Abstufung (*gradation*) und Darbietung (*presentation*) zusammen.

4.4.1 Auswahl (*selection*)

Die Sachanalyse zeigt in der Regel, daß es nicht möglich ist, eine bestimmte sprachliche Erscheinung der Fremdsprache in ihrem gesamten Umfang zu vermitteln. Der Gegenstand muß zum Unterrichtsgegenstand (*teaching item/learning item*) werden. Als solcher wird er nach den jeweiligen Faktoren des Bedingungsfelds und den Vorgaben des entsprechenden Lehrplans in seinem Umfang begrenzt. Wichtige Kriterien der Auswahl sind die Häu-

4 Der Begriff „didaktische Analyse“ wird hier in einer anderen als der von Klafki, Wolfgang. „Fünfte Studie: Didaktische Analyse als Kern der Unterrichtsvorbereitung (1958).“ In: Wolfgang Klafki. *Studien zur Bildungstheorie und Didaktik*. Weinheim, 1963. S. 126–153 entwickelten Bedeutung benutzt. Während die didaktische Analyse hier nur direkt unterrichtsbezogene Fragestellungen umfaßt, schließt der von Klafki verwendete Begriff auch Aspekte der Sachanalyse ein.

figkeit einer sprachlichen Erscheinung, ihre kommunikativen Funktionen, d.h., welche unterschiedlichen Mitteilungsabsichten durch dieses Sprachmittel realisiert werden können, sowie die Relevanz für die betreffende Lerngruppe.

Beispiel:
Von den Möglichkeiten der Pluralbildung englischer Substantive bleiben für den Englischunterricht der Sekundarstufe I Pluralbildungen wie *alumnus – alumni, antenna – antennae, erratum – errata, analysis – analyses* unberücksichtigt.

4.4.2 Abstufung (*gradation*)

Die Abstufung der Unterrichtsgegenstände erfolgt in zwei Schritten:
1. Zunächst werden einzelne *learning items* zu Gruppen zusammengefaßt (*grouping*).
2. Danach wird die Reihenfolge dieser Gruppen untereinander festgelegt: es erfolgt eine Sequentierung (*sequencing*), eine Aufteilung in Teileinheiten des Unterrichtsvorhabens.

Beispiel:
Bei der Pluralbildung englischer Substantive lassen sich neben vielen anderen zwei deutlich getrennte Gruppen bilden.[5]
(a) Pluralbildung mit den Allomorphen [-z], [-s], [-ɪz]: *dogs, cats, horses*
(b) Umlautplurale: *mouse – mice, foot – feet, man – men.*

Bei lehrwerkorientierter Arbeit sind viele Planungsschritte, die die Bereiche Auswahl und Abstufung betreffen, durch das Lehrwerk vorgegeben. Dennoch kann auch bei lehrwerkorientierter Arbeit nicht auf Überlegungen zu Auswahl und Abstufung verzichtet werden.
Lehrwerke sind oft in Fundamentum (Lehrwerkteile, die als Kernbereich von allen Schülern erarbeitet werden müssen) und Additum (zusätzliche, fakultative Lehrwerkteile) gegliedert. In welchem Umfang welche Teile des Lehrwerks, insbesondere auch welche Teile des Additums bearbeitet werden, ist eine Frage, die stets unter dem Gesichtspunkt Auswahl zu entscheiden ist.
In vielen Fällen kann es günstig sein, von der im Lehrwerk vorgegebenen Reihenfolge der Sequentierungsschritte abzugehen. Jede Umstellung und

5 Diese Gruppenbildung ist sehr elementar und läßt graphemische Varianten sowie andere Pluralbildungen regelmäßiger und unregelmäßiger Art unberücksichtigt, zum Beispiel *woman, ox, child, fish etc.*

jeder Einschub von zusätzlichen (zum Beispiel nicht-lehrwerkorientierten) Materialien macht Überlegungen zur Abstufung erforderlich.

4.4.3 Darbietung (*presentation*)

Nachdem eine Stoffauswahl und eine Abstufung durch Gruppierung und Sequentierung des Stoffes erfolgt ist, müssen Möglichkeiten der Darbietung gefunden werden. Hierbei handelt es sich überwiegend um unterrichtsmethodische Fragestellungen. Diese sind für die drei Phasen der Sprachaufnahme, der Sprachverarbeitung und der Sprachanwendung jeweils gesondert anzustellen.
Für jede dieser drei Phasen sind Entscheidungen zu fällen, in welchen inhaltlichen und sprachlichen Zusammenhängen und mit welchen Methoden und Medien die Schüler unter Berücksichtigung grundlegender fremdsprachendidaktischer Prinzipien in Berührung mit dem Unterrichtsgegenstand gebracht werden sollen.
Darbietung von Sprache erfolgt dann optimal, wenn sie den tatsächlichen Verwendungszweck von sprachlichen Äußerungen deutlich veranschaulicht. Dies ist immer dann gegeben, wenn sprachliche Formen nicht isoliert dargeboten, geübt und angewendet werden, sondern wenn Einführung, Übung und Anwendung in einem dem tatsächlichen Sprachgebrauch möglichst nahestehenden und dem Schüler einsichtigen Situationsbezug erfolgen. Dies wird erleichtert durch Anknüpfung an die Erfahrungs- und Erlebniswelt des Schülers. Sprachliche Elemente werden daher in der Regel nicht isoliert, sondern immer mit entsprechenden darauf bezogenen außersprachlichen Elementen verbunden dargeboten. Eine wichtige Funktion für die Herstellung des Situationsbezugs haben Medien, insbesondere visuelle Medien.
Zu jeder Unterrichtsphase ist darüber hinaus die Reihenfolge der Fertigkeiten zu beachten. In der Sprachaufnahmephase werden rezeptive Fertigkeiten schwerpunktmäßig ausgebildet, in der Sprachverarbeitungsphase und der Sprachanwendungsphase überwiegen produktive Fertigkeiten.

Sprachverarbeitung und Sprachanwendung unterscheiden sich dadurch, daß die Produktion sprachlicher Elemente durch den Schüler in der Sprachverarbeitungsphase noch weitgehend gesteuert erfolgt, während die Sprachanwendungsphase durch die weniger gesteuerte oder freie Verwendung des Sprachmaterials durch den Schüler gekennzeichnet ist.
Es ist unvermeidlich, daß in der Phase der Sprachaufnahme der Lehrer oder andere Medien dominieren. Die weiteren Phasen sollten dagegen durch ein stetiges Zurücktreten der Lehreraktivität gekennzeichnet sein.

Den einzelnen Unterrichtsphasen lassen sich somit bestimmte Aktionsformen und Sozialformen schwerpunktmäßig zuordnen. Während bei der Sprachaufnahme insbesondere in den ersten Unterrichtsjahren der Frontalunterricht überwiegt, sollte in der Sprachverarbeitungsphase und der Sprachanwendungsphase von Gruppen-, Partner- und/oder Individualarbeit stärkerer Gebrauch gemacht werden. Im weiteren Verlauf der Sekundarstufe I kann auch in der Phase der Sprachaufnahme die Eigenaktivität der Schüler stärker werden. Mit wachsender Sprachfertigkeit der Lernenden können daher frontale und lehrerzentrierte Arbeitsformen zunehmend durch Gruppen-, Partner- und Individualarbeit ergänzt bzw. ersetzt werden.
Die Medienverwendung erfolgt gleichfalls phasenbezogen. Während in der Sprachaufnahmephase visuelle Medien, ggf. auch im Zusammenhang mit auditiven Medien, neben ihrer Semantisierungsfunktion insbesondere für die Herstellung des Situationsbezugs sorgen, werden sie in der Sprachverarbeitungsphase darüber hinaus auch als Steuerungsinstrumente für den Abruf gelenkter Schülerantworten herangezogen. In der Sprachanwendungsphase werden Medien zur Vorgabe der Situationen verwendet, in denen die entsprechenden sprachlichen Äußerungen des Schülers ohne gezielte Steuerung oder mit einem Minimum an Steuerung erfolgen können.

Der Begriff „Unterrichtsphase“ darf nicht mit dem Begriff „Unterrichtsabschnitt“ verwechselt werden. Der Begriff „Unterrichtsabschnitt“ bezeichnet den Teil einer Unterrichtsstunde, der einen besonderen situativen Rahmen hat, durch eine spezielle Form des Medieneinsatzes gekennzeichnet ist, bestimmte Sozialformen wählt etc. Jeder Unterrichtsabschnitt kann einer bestimmten Unterrichtsphase zugeordnet werden.

Beispiel:
Unterrichtsphase: Sprachverarbeitung einer grammatischen Struktur
Unterrichtsabschnitt 1: *questions and answers*
Unterrichtsabschnitt 2: *worksheet*
Unterrichtsabschnitt 3: *text reconstruction*

Eine Unterrichtsphase umfaßt meist mehrere Unterrichtsstunden oder Teile von ihnen. Eine Unterrichtsstunde gliedert sich immer in mehrere Unterrichtsabschnitte.
Die Unterrichtsabschnitte einer Stunde müssen nicht notwendig derselben Unterrichtphase angehören. So kann beispielsweise auf einen Unterrichtsabschnitt, der eine grammatische Struktur in der Phase der Sprachverarbeitung behandelt, ein Unterrichtsabschnitt folgen, der sich mit Wortschatz in der Phase der Sprachaufnahme befaßt.

Sprachaufnahme

In der Sprachaufnahmephase erfolgt die Darbietung neuer sprachlicher Mittel in einem situativen Bezugsrahmen und unter Berücksichtigung der Reihenfolge der Fertigkeiten.

Beispiel:
Vokabeleinführung zum Thema *Things in our school bags* in Klasse 5:
Lehrer holt Gegenstände nacheinander aus der Schultasche.

L: *Look what I've got. A pen. A blue pen. What's that in English?*
S 1: *A pen.*
S 2: *A pen.*
etc.

L schreibt das neue Wort an die Tafel.
(etc. mit weiteren Vokabeln)

Anschließend können z. B. Bildkarten von den Schülern den entsprechenden Schriftbildern an der Tafel zugeordnet werden, wobei die einzelnen Wörter nochmals vorgelesen werden. Schließlich übertragen die Schüler das Tafelbild in ihr Vokabelheft.

In diesem Beispiel ist für jedes neue sprachliche Element folgende Reihenfolge der Fertigkeiten eingehalten:

1. Schüler hören die neue Form [pen] und erkennen gleichzeitig deren Bedeutung (Hörverstehen).
2. Schüler sprechen die neue Form nach (Sprechen).
3. Nach mehrfachem korrekten Sprechen durch die Schüler erfolgt die Einführung des Schriftbilds (Leseverstehen).
4. Wenn die aktive mündliche Produktion und das Lese-Verständnis gesichert sind, schreiben die Schüler die neue Form ab.

Vor allem im Anfangsunterricht sollte diese Reihenfolge der Fertigkeiten beachtet werden. Es ist jedoch nicht erforderlich, daß alle vier Fertigkeiten in einer Unterrichtsstunde berücksichtigt werden.

Sprachverarbeitung

Nach der Sprachaufnahme muß der Schüler Gelegenheit erhalten, die neue sprachliche Erscheinung so häufig und intensiv zu üben, daß sie für ihn am Ende der Sprachverarbeitungsphase jederzeit aktiv verfügbar ist.
Dazu reicht es nicht aus, ausschließlich denselben Situationsrahmen zu wählen, der in der Sprachaufnahmephase benutzt wurde. Erst durch einen mehrmaligen Wechsel des situativen Rahmens werden die Schüler schritt-

weise zu einer freien Anwendung des neu erworbenen Sprachmaterials in realen Kommunikationssituationen befähigt. Besonders wichtig ist in dieser Phase die Eigenaktivität des Schülers.
Bezogen auf das oben dargestellte Beispiel *Things in our school bags* könnte ein Wechsel des situativen Rahmens u.a. schon dadurch erfolgen, daß im Anschluß an die Sprachaufnahmephase zunächst über die eigenen Schulsachen und anschließend über die Schulsachen anderer Personen gesprochen wird, z. B. verbunden mit Mengenangaben oder Benennung der jeweiligen Farben. Besonders gut eignen sich hierfür auch Bilder und Tabellen, die entsprechend versprachlicht werden können. Im Verlauf der Sprachverarbeitungsphase treten solche Hilfen in dem Maße zurück, in dem die Sicherheit der Verwendung dieser Strukturen durch die Schüler wächst.
Gegebenenfalls muß der Lehrende Überlegungen anstellen, inwieweit es notwendig ist, dem Schüler eine sprachliche Erscheinung bewußt zu machen. Bewußtmachung kann nicht nur durch die verbale Darbietung abstrakter Regeln erfolgen, sondern in vielen Fällen günstiger durch eine Verbindung mit Signalwörtern oder durch den Einsatz von graphischen Darstellungen und Symbolen.
Durch verteiltes Üben wird der Behaltenseffekt gesteigert. Daher sollte es in der Phase der Sprachverarbeitung viele kurze Übungen geben, die möglichst auf mehrere Unterrichtsstunden verteilt sind.

Sprachanwendung

In der Sprachanwendungsphase benutzt der Schüler zunehmend selbständig die erworbenen sprachlichen Mittel in neuen Situationen. Ziel der Sprachanwendungsphase ist es, die sprachlichen Mittel so verfügbar zu machen, daß sie nicht nur in den bisher im Unterricht geübten Situationen vom Schüler verwendet werden können, sondern ihm jederzeit in angemessenen Anwendungsbereichen zur Verfügung stehen.
Dazu ist es vor allem notwendig, neue sinnvolle Sprechanlässe zu schaffen. Dabei wird vom Unterrichtenden lediglich der Situationsrahmen vorgegeben, der von den Schülern möglichst selbständig zu füllen ist. In dieser Unterrichtsphase tritt der Lehrer am stärksten zurück. Oft ist es möglich, die Lehrerrolle durch Schüler übernehmen zu lassen.

Beispiele:
- freies, dialogisches Sprechen der Schüler (Simulieren eines Telefongesprächs, eines Notrufs etc.)
- szenische Darstellung (Vorstellung eines Freundes, Einkaufssituation etc.)

- Erstellung eines Tonbandinterviews durch Schüler
- Abfassen von Berichten, Briefen oder anderen schriftlichen Texten (u.a. *About my ..., What I think about ...* etc.).

4.5 Lernziele

Zu den elementaren Bestandteilen jeder Unterrichtsplanung gehört die Bestimmung von Lernzielen.[6] Überlegungen zur Lernzielbestimmung sind auf allen Planungsebenen nötig, also bei der langfristigen (Erstellung von Jahres- bzw. Halbjahresplänen), bei der mittelfristigen (jeweils einer Unterrichtseinheit) und bei der kurzfristigen Planung (einer einzelnen Stunde als Teil einer Unterrichtseinheit).[7]
Während es bei der lang- und mittelfristigen Planung vor allem um das Aufstellen von Groblernzielen geht, müssen zu jeder einzelnen Unterrichtsstunde zusätzlich präzise, möglichst operationalisierte Feinziele formuliert werden. In diesen Feinzielen muß das jeweils angestrebte Endverhalten der Lernenden so genau wie möglich beschrieben und als beobachtbare Tätigkeit ausgedrückt werden. Zusätzlich sollten die konkreten Bedingungen genannt werden, unter denen dieses Verhalten erreicht werden soll (z.B. die zur Verfügung gestellte Zeit, die mögliche Verwendung von Hilfsmitteln, in Einzel- oder Partnerarbeit etc.) sowie ein Bewertungsmaßstab, der angibt, wann ein Lernziel als erreicht angesehen wird.[8]

Beispiel für ein operationalisiertes Lernziel zur situationsgerechten Verwendung von Redemitteln zum Ausdruck von Zustimmung und Ablehnung:
„Die Schüler sollen auf einem Arbeitsblatt, auf dem verschiedene Kommunikationssituationen bildlich und verbal dargestellt sind, die der jeweiligen Situation angemessenen Redemittel zum Ausdruck von Zustimmung bzw. Ablehnung in Partnerarbeit in die vorhandenen Lücken/Sprechblasen eintragen. Als Hilfsmittel können sie die zuvor gemeinsam erstellte Liste möglicher Redemittel verwenden."
Nur wenn Lernziele in dieser Weise operationalisiert sind, kann der Lehrende erkennen, ob das angestrebte Ziel von den Lernenden überhaupt erreicht wurde und dieses Ziel zu einem späteren Zeitpunkt auch im Rahmen von Lernzielkontrollen überprüfen.

---

6 Vgl. Kapitel *3.5 Bestimmung von Lernzielen.*
7 Vgl. Kapitel *3.6 Grundprinzipien der Planung.*
8 Vgl. den Abschnitt „Operationalisierung von Feinzielen" im Kapitel *3.5.*

Nicht übersehen werden darf allerdings, daß es im Englischunterricht auch eine ganze Reihe von Zielen gibt, die nicht in der oben beschriebenen Weise operationalisiert werden können. Dies betrifft insbesondere die Phase der Sprachanwendung, in der von den Lernenden ein kreativer Umgang mit der Sprache erwartet wird. Hier ist oft nicht mehr genau vorhersagbar, welcher Sprachmittel sich die Schüler zur Äußerung ihrer Mitteilungsabsichten bedienen und welche inhaltlichen Akzente sie setzen werden. Auch Lernziele im emotional-affektiven Bereich, also solche, die sich auf Haltungen und Einstellungen der Schüler beziehen, sind meist nicht operationalisierbar.

Trotz der unverzichtbaren Lernzielorientierung sollte sich der Englischunterricht gleichzeitig immer auch durch das Maß an Flexibilität auszeichnen, das notwendig ist, um auf spontane Schüleräußerungen oder andere ungeplante Ereignisse jederzeit angemessen reagieren zu können (*teaching by objectives and opportunities*).

4.6 Verlaufsplanung

Auf der Basis der in der didaktischen Analyse und bei der Lernzielbestimmung gefällten Entscheidungen wird schließlich eine Verlaufsplanung erstellt. Hier werden die einzelnen für eine Schulstunde geplanten Unterrichtsabschnitte im Überblick dargestellt. Es ist günstig, diese Verlaufsplanung als mehrspaltige Tabelle anzuordnen, die mindestens die Spalten „geplantes Lehrerverhalten", „erwartetes Schülerverhalten", „didaktischer Kommentar" sowie jeweils eine Zeitangabe für die einzelnen Unterrichtsabschnitte enthält.

In den Spalten „geplantes Lehrerverhalten" und „erwartetes Schülerverhalten" sollen alle geplanten Impulse, Erläuterungen, Fragen, Anweisungen etc. des Lehrenden bzw. die erwarteten Äußerungen der Lernenden in der Fremdsprache ausformuliert werden. Selbstverständlich bedeutet diese Forderung nicht, daß sich der Lehrende bei der Durchführung des Unterrichts sklavisch an seine eigenen vorgeplanten Formulierungen zu halten hat oder daß er diese wortwörtlich auswendig lernen müßte.

Dennoch stellen derartige Aufzeichnungen, insbesondere für Lehrende mit noch geringer Praxiserfahrung, eine große Hilfe dar. Denn bei der häuslichen Vorbereitung kann der Lehrende ohne Zeitdruck Formulierungen entwerfen, die den Vorkenntnissen der Schüler, den Erfordernissen einer gelungenen Verbindung von Sprachmitteln und den Steuerungsnotwendigkeiten des Unterrichtsablaufs optimal entsprechen. Dabei kann der Lehrende auf Informations- und Nachschlagemöglichkeiten zurückgreifen, die später im Klassenraum nicht mehr zur Verfügung stehen.

In der konkreten Unterrichtssituation ist dagegen eine Fülle von Aspekten gleichzeitig zu beachten, die die Konzentration des Lehrenden in großem Umfang in Anspruch nehmen. Nur eine solide Grundlage durch exakte häusliche Vorbereitung gibt ihm die Sicherheit, wenn nötig spontan vom ursprünglichen Konzept abweichen zu können, da die Rückkehr zu präzise vorgeplanten Unterrichtsabschnitten dadurch erheblich erleichtert wird.

Das vorherige Notieren auch der erwarteten Schüleräußerungen macht darüber hinaus deutlich, welche sprachlichen Leistungen tatsächlich von den Lernenden verlangt werden und ob diese dem Leistungsstand der Klasse und den angestrebten Lernzielen angemessen sind. Selbstverständlich können im Unterricht auch völlig unvorhergesehene Äußerungen auftreten, die vom Lehrenden in sinnvoller Weise akzeptiert und aufgegriffen werden müssen.
Die Spalte „didaktischer Kommentar" enthält Bemerkungen und Begründungen zu den einzelnen Unterrichtsabschnitten. Dabei kann es sich um kurze, stichpunktartige Zusammenfassungen der in der didaktischen Analyse unter dem Punkt Darbietung ausführlich dargestellten methodischen Überlegungen handeln, um Verweise auf bestimmte eingesetzte Medien oder auch um ergänzende Aspekte, die in der didaktischen Analyse nicht genannt wurden.
Als Anlage sind der Verlaufsplanung bzw. dem gesamten schriftlichen Entwurf geplante Tafelbilder, Folien, Arbeitsblätter, verwendete Texte etc. beizufügen.

4.7 Zusammenfassung

Ein grobes Verlaufsmodell der wichtigsten Komponenten der Unterrichtsplanung für den Englischunterricht kann zusammenfassend in der folgenden Form dargestellt werden:

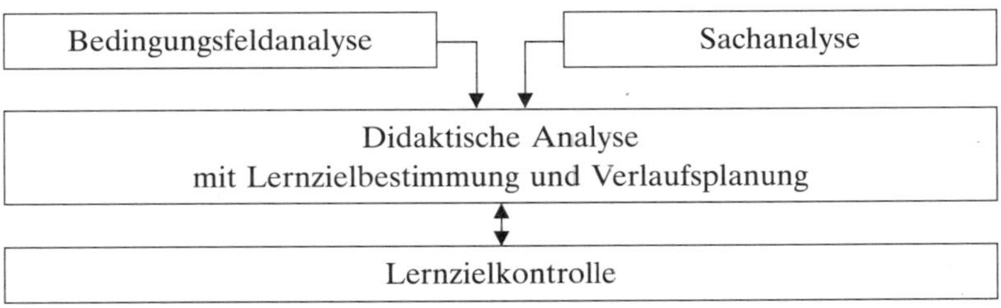

Innerhalb der didaktischen Analyse sind die folgenden Schritte zu durchlaufen:

Didaktische Analyse		
Auswahl →	Abstufung →	Darbietung

Für die Darbietung sind die Unterrichtsphasen zu berücksichtigen:

Darbietung		
Sprachaufnahme →	Sprachverarbeitung →	Sprachanwendung

Jede Unterrichtsphase gliedert sich in Unterrichtsabschnitte. Für jeden Unterrichtsabschnitt sind Möglichkeiten der situativen Einbettung zu reflektieren. Dabei ist die Reihenfolge der Fertigkeiten zu beachten. Die Aktions- und Sozialformen, Aufgaben- und Übungsformen, die sonstigen methodischen Maßnahmen (z.B. Unterrichtssprache, induktives oder deduktives Vorgehen etc.) und die Medien müssen in einer dem Unterrichtsgegenstand und den Lernenden angemessenen Weise ausgewählt und den einzelnen Phasen bzw. Unterrichtsabschnitten zugeordnet werden.
Grundsätzlich sind bei der Planung von Englischunterricht die Gesichtspunkte der Bedingungsfeldanalyse, der Sachanalyse, der didaktischen Analyse und der Lernzielbestimmung zunächst auf die Gesamtplanung im Rahmen einer Unterrichtsreihe anzuwenden. Sie finden aber auch Anwendung für die Planung der Einzelstunden, die Teile der Unterrichtsreihe sind und in Verlaufsplanungen einmünden.
Überlegungen zum Bedingungsfeld, zur Sachanalyse, zur didaktischen Analyse (Auswahl, Abstufung und Darbietung) sowie zu den Lernzielen sind aufeinander bezogen und bedingen sich zum Teil gegenseitig. Eigenständige, vom Lehrbuch unabhängige Überlegungen tragen in starkem Maße dazu bei, das Lehrbuch nicht als alleinigen Ausgangspunkt für die Unterrichtsplanung zu verwenden.
Am Ende jeder Unterrichtseinheit oder nach Abschluß von Teileinheiten sollte eine Lernzielkontrolle stehen[9], die in erster Linie die Funktion hat, den Erfolg des vorangegangenen Unterrichts zu überprüfen. Eine solche Lernzielkontrolle muß sich auf zuvor genau definierte Lernzielangaben stützen.
Bei allen Unterrichtsplanungen sind insbesondere die jeweiligen Vorgaben der Lehrpläne zu beachten.

9 Vgl. Kapitel *8. Leistungsmessung und Leistungsbeurteilung.*

4.8 Beispiel für die Form eines Unterrichtsentwurfs

Name:
Anschrift:
Telefon:

Datum:
Schule:
Anschrift:
Schulleiter:
Mentor:
Klasse/Kurs:

Entwurf einer Unterrichtsstunde im Fach Englisch zum Thema ...

1. **Bedingungsfeldanalyse** (alle für den EU relevanten Fakten)
2. **Begründung des Unterrichtsgegenstandes**
   (unter Bezugnahme auf den Lehrplan)
3. **Unterrichtszusammenhang**
   (Themen/Hauptlernziele der vorausgegangenen und nachfolgenden Stunden)
4. **Sachanalyse**
   (fachwissenschaftliche Analyse des Unterrichtsgegenstands)
5. **Didaktische Analyse**
   (auf der Basis der Sachanalyse, geht vom unterrichtlichen Aspekt aus), umfaßt:
   Auswahl (welche Teilbereiche aus dem Gesamtkomplex werden ausgewählt?)
   Abstufung (in welchen Gruppen und in welcher Reihenfolge werden sie angeordnet?)
   Darbietung (methodische Entscheidungen für einzelne Unterrichtsabschnitte unter Berücksichtigung von Aktionsformen, Medien etc., jeweils bezogen auf die Phasen)
   Sprachaufnahme – Sprachverarbeitung – Sprachanwendung
6. **Lernziele**
   (ggf. aufgeteilt in Grobziele und Feinziele, letztere möglichst operationalisiert)
7. **Literaturangaben**
8. **Verlaufsplanung** (möglichst in Tabellenform, muß mindestens enthalten:)

Zeit	Geplantes Lehrerverhalten	Erwartetes Schülerverhalten	Didaktischer Kommentar

(alle Lehrer- und Schüleräußerungen in der Zielsprache ausformuliert)

9. **Anhang** (Tafelbilder, Folien, Texte, Arbeitsblätter etc.)

Obwohl es kein einheitliches Schema der Gestaltung schriftlicher Unterrichtsplanungen gibt, finden sich die hier dargestellten Planungsschritte in ähnlicher Weise und Anordnung, bei z.T. abweichender Terminologie, in den meisten Vorschlägen zur Unterrichtsplanung und zu konkreten Stundenentwürfen[10] wieder.

Literatur zu: Komponenten der Unterrichtsplanung

Hecht, Karlheinz und Ludwig Waas. *Englischunterricht konkret. Linguistische und didaktische Grundlagen, Stundentypen, Übungsformen.* Donauwörth, 1980.
Mackey, William Francis. *Language Teaching Analysis.* 5. Aufl. London, 1974.
Peterßen, Wilhelm H. *Handbuch Unterrichtsplanung: Grundfragen, Modelle, Stufen, Dimensionen.* 5., überarb. und aktualisierte Aufl. München, 1992.
Piepho, Hans-Eberhard. *Englischunterricht in Stundenskizzen.* Heidelberg, 1979.

---

10 Vgl. z.B. Kuntze, Wulf-Michael und Ulrike Zirn. „Einführung des Past Perfect: Stundenentwurf und Kommentar." *Englisch,* 24 (1989) 3, S. 88–95 und Plitsch, Axel. „The extra pain sufferer: Ein Stundenentwurf zur Analyse einer Werbeanzeige (10. Schuljahr)." *Englisch,* 27 (1992) 1, S. 10–15.

5. Beispiel einer Unterrichtsplanung

Bei dem folgenden Beispiel einer Unterrichtsplanung handelt es sich um einen Stundenentwurf, der von einer Studentin im Rahmen ihres Unterrichtspraktikums erstellt wurde. Er folgt in seinem Aufbau dem in Kapitel *4. Komponenten der Unterrichtsplanung* dargestellten Konzept. Die Stunde wurde so gehalten, wie sie in der Verlaufsplanung beschrieben ist.
Teile des ursprünglichen Entwurfs, die wegen der zeitlichen Beschränkungen im Praktikum nur stichwortartig genannt waren, wurden für die Veröffentlichung ausformuliert. Zusätzlich wurden implizite Annahmen durch vollständige Wiedergabe ergänzt. Die Form wurde so überarbeitet, daß der vorliegende Entwurf als Muster herangezogen werden kann. Aufgrund der Überarbeitung hat der Entwurf einen Umfang, der das im Praktikum übliche Maß deutlich überschreitet. Dies gilt insbesondere für den Umfang der Verlaufsplanung und die Darstellung der Entwicklung des Tafelbildes.
Die abschließenden Fragen können dazu dienen, methodische Entscheidungen des vorliegenden Entwurfs zu überdenken und Alternativen zu entwerfen.

Gabriele Thiede
NNstraße 00
10000 Berlin
Tel. 000 00 00

4. 3. 1992
N-N-Oberschule (Realschule)
NNstraße 00, 10000 Berlin
Schulleiter: Herr NN
Mentorin: Frau Länger
Klasse: 7a

Entwurf einer Unterrichtsstunde im Fach Englisch zum Thema: *A Room for Chris*

5.1 Bedingungsfeldanalyse

5.1.1 Schulsituation

Die N-N-Oberschule ist eine Realschule in Schöneberg. Die Schüler kommen jedoch nicht nur aus Schöneberg, sondern auch aus den angrenzenden Bezirken Kreuzberg und Tiergarten sowie teilweise aus noch weiter entfernten Bezirken. Die sozialen Verhältnisse, in denen die Schüler aufwachsen, sind demzufolge sehr unterschiedlich. Ca. 30% der Schüler werden von nur einem Elternteil erzogen, und bei ca. der Hälfte der Schüler sind beide Elternteile berufstätig. Etwa 30–35% der Schüler haben eine auslän-

dische Nationalität, jedoch sind die meisten in Berlin geboren und aufgewachsen.
Die Schule hat ca. 310 Schüler. Eine Klasse besteht durchschnittlich aus 28 Schülern.
Jede Klasse hat einen eigenen Klassenraum. An Fachräumen für den Englischunterricht stehen ein Sprachlabor mit 32 Plätzen und ein Filmraum zur Verfügung.
In den 7. Klassen wird in den Fächern Deutsch, Englisch und Mathematik zusätzlicher Förderunterricht angeboten. Der Umfang des Förderunterrichts im Fach Englisch beträgt eine Wochenstunde.

5.1.2 Klassensituation

Die Klasse 7a besteht aus 29 Schülern (16 Jungen und 13 Mädchen), die aus 15 verschiedenen Grund- und Oberschulen der Bezirke Schöneberg, Tiergarten, Kreuzberg, Steglitz und Zehlendorf kommen. 12 Schüler sind ausländischer Nationalität, acht von ihnen sind aber in Deutschland geboren und aufgewachsen. Ein Schüler der Klasse ist ein *native speaker* (aus Großbritannien) und erhält aus diesem Grund teilweise besondere Aufgaben. Sieben Schüler befinden sich im 8. Schulbesuchsjahr, davon ist ein Schüler Repetent der eigenen Schule.
Das Probehalbjahr[1] wurde von 5 Schülern nicht bestanden, dafür kamen 5 neue Schüler aus verschiedenen Gymnasien nach dem Probehalbjahr neu in die Klasse. Das Leistungsniveau der Schüler ist heterogen. Die Schüler, die nach dem Probehalbjahr vom Gymnasium in die Klasse kamen, haben einen vergleichsweise höheren Leistungsstand.
Um die sehr unterschiedlichen Vorkenntnisse der Schüler anzugleichen, wurde bis zu den Herbstferien ein Vorkurs durchgeführt. Hier wurden schwerpunktmäßig ausgewählte Themenbereiche aus Wortschatz und Grammatik wiederholt. Seit November 1991 ist das Lehrwerk *Learning English Modern Course RS 3* Grundlage der Unterrichtsarbeit.
Eine der vier wöchentlichen Englischstunden ist eine Teilungsstunde, in der Sprachlaborarbeit vorgesehen ist. Zusätzlich nehmen zehn leistungsschwache Schüler am Englischförderunterricht teil.
Generell sind die meisten Schüler für das Fach Englisch motiviert. Sie sind an die Einsprachigkeit des Unterrichts gewöhnt und mit allen hier verwendeten Arbeitsformen vertraut.

---

1 Die Berliner Grundschule endet nach der Klassenstufe 6. Die Schüler erhalten von der Grundschule eine Empfehlung für den Besuch eines Oberschulzweiges (Hauptschule, Realschule oder Gymnasium), die jedoch nicht bindend ist. Die aufnehmenden Oberschulen entscheiden am Ende des 1. Halbjahres der 7. Klasse (Probehalbjahr), ob ein Schüler an der gewählten Schule verbleiben kann.

5.1.3 Voraussetzungen auf seiten der Lehrenden

Dieses Unterrichtspraktikum ermöglichte mir die ersten Unterrichtserfahrungen als Lehrende. Die geplante Stunde ist mein vierter eigener Unterrichtsversuch.
Aufgrund des Entgegenkommens der Mentorin war es möglich, die Klasse bereits vor Praktikumsbeginn im Englischunterricht kennenzulernen.

5.2 Begründung des Unterrichtsgegenstandes

Den Rahmen für diese Unterrichtsstunde bildet das übergeordnete Thema *At Work*. In dem derzeit gültigen *Vorläufigen Rahmenplan für Unterricht und Erziehung in der Berliner Schule* für die Klassenstufen 7–10 ist unter dem Stichwort *At Work* auch die Behandlung des Teilthemas *Building a House* vorgesehen.[2]
Einen besonderen Schwerpunkt soll die Schulung der sprachpraktischen Fertigkeiten bilden, um die Kommunikationsfähigkeit der Schüler zu fördern.[3] Alle vier Grundfertigkeiten (Hörverstehen, Sprechen, Lesen, Schreiben) werden in der Unterrichtseinheit und in dieser Unterrichtsstunde berücksichtigt.

5.3 Unterrichtszusammenhang

Das Thema dieser Einheit und der darin eingebetteten Stunde ergibt sich auch aus der Kontinuität der *Units* des Lehrwerkes *Learning English Modern Course RS 3. Unit 4* behandelt Themen des Alltags und der Arbeitswelt.[4]
In den vorausgegangenen Unterrichtsstunden wurde *Step 13* der *Unit 4* (*Work at a Hotel*) erarbeitet. In *Step 14* (*A Room for Chris*) geht es inhaltlich um die Teilaspekte Ausbau eines Hauses und Renovierung. Grammatisch steht das Passiv im *simple past* im Mittelpunkt.

Die geplanten Unterrichtsstunden im Überblick:

1. Stunde: Texteinführung *Work at a Hotel* (Teil I)
2. Stunde: Texteinführung und Fortführung *Work at a Hotel* (Teil II)
3. Stunde: Übungen zum Text *Work at a Hotel* und zu den grammatischen Strukturen

---

2 Vgl. Senator für Schulwesen. *Vorläufiger Rahmenplan*. S. 7.
3 Vgl. Senator für Schulwesen. *Vorläufiger Rahmenplan*. S. 2–4.
4 Vgl. Helmut Reisener. *Elemente zur Unterrichtsplanung*. S. 83.

4. Stunde: Texteinführung *A Room for Chris* (Teil I) (ausführlich dargestellt)
5. Stunde: Einführung des *passive voice* im *simple past*
6. Stunde: Textfortführung *A Room for Chris* (Teil II)

5.4 Sachanalyse

5.4.1 Struktur und Inhalt des Textes

Der Text *A Room for Chris* (s. Anhang A 1) handelt von dem Dachgeschoßausbau des Hauses der Familie Clark. Das neu entstandene Zimmer soll Chris, dem ältesten Sohn der Familie, zur Verfügung gestellt werden.

Äußerlich gliedert sich der Text in sechs Absätze. Absatz 5 ist farbig umrandet. Inhaltlich gliedert sich der Text in vier Teile:

1. Absätze 1 und 2: Beschreibung der beengten Wohnsituation der Familie Clark; Notwendigkeit eines eigenen Zimmers für den 15jährigen Chris, der zwei jüngere Brüder und eine Schwester hat; Beschluß, ein zusätzliches Zimmer im Dachgeschoß zu bauen.
2. Absatz 3: Beschreibung der Arbeitsschritte für den Dachausbau: Das Erstellen der Pläne und die Arbeiten der Baufirma.
3. Absätze 4 und 5: Der Ablauf der Arbeiten im Zeitraum von 10 Tagen.
4. Absatz 6: Die abschließenden Tapezierarbeiten durch Chris.

Unterstützt wird der Text durch drei daneben angeordnete Bilder:
Bild 1: Der Dachboden im Originalzustand und der Beginn der Arbeiten durch die Handwerker.
Bild 2: Der ausgebaute Dachboden nach Fertigstellung der Handwerkerarbeiten.
Bild 3: Chris beim mühevollen Tapezieren.

Sachliches Vorwissen ist für das Textverständnis nicht notwendig.

5.4.2 Grammatik

Der Text hat neben der inhaltlichen auch eine grammatisch motivierte Gliederung. Der durch Umrandung gekennzeichnete Absatz 5 enthält in jedem Satz das grammatische Lernproblem dieses *Step:* das *passive voice* im *simple past.* In allen übrigen Abschnitten (außer in wenigen Sätzen mit direkter Rede) wird das *simple past* im *active voice* verwendet.

Alle sieben Sätze des umrandeten Absatzes haben eine identische dreigliedrige formale Struktur:

(a) Präposition + *the*
(b) Zahl des Arbeitstages + Subjekt
(c) Verbphrase mit einer *simple past passive form.*

Die Verbphrase (c) mit der *simple past passive form* ist zusätzlich farblich markiert.

Die Trennung in Spalte (a) und (b) ist nicht sinnvoll, da die einleitende Präpositionalphrase in einer nicht einsichtigen Weise gespalten wird.

Anmerkung: Eine Sachanalyse des Passivs erfolgt an dieser Stelle nicht, da die Behandlung des *passive voice* im *simple past* (Sprachaufnahme, Einübung und Bewußtmachung) erst in der nächsten Unterrichtsstunde erfolgt.

5.4.3 Wortschatz

Zum Verhältnis Wortschatz – Grammatik im Text

Der neue Wortschatz konzentriert sich auf die Absätze 1–3. Die Absätze 4 und 5, die das grammatische Lernproblem enthalten, sind frei von neuen Wortschatzelementen. Absatz 6 enthält nur zwei neue Wörter: *wallpaper* und *decorator* sowie eine neue Wendung: *I want to do it myself.*

Der neue Wortschatz

Folgende Wortschatzelemente des Texts werden laut Vokabelverzeichnis (s. Anhang A 2) als nicht bekannt vorausgesetzt:[5]

Verben:

to share a bedroom with s.o.	[ʃeə]	*to sleep in the same room with s.o. else* (teilen)
to persuade s.o. to do s.th.	[pə'sweɪd]	*to talk to s.o. until he does what you want* (jmd. überreden)
to turn the attic into a bedroom	['tɜ:n 'ɪntə]	*to make a bedroom out of the attic* (hier: umwandeln, umbauen zu)
to draw (drew, drawn) a picture	[dru:]	*to make a picture with a pencil or a pen* (hier: zeichnen)
to knock out part of the roof	['nɒk 'aʊt]	*to make a hole in the roof* (hier: herausschlagen)

5 Die Definitionen bzw. Beispiele sind so formuliert, daß sie auch zur Semantisierung in der Klasse verwendet werden können. Die Wörter *central heating* und *electric wire* erscheinen nicht im Vokabelanhang des Lehrbuchs, sind jedoch für die Klasse ebenfalls neu. Die Grundformen der Verben *to draw* und *to build* sind bekannt, neu sind die im Text auftretenden *past forms drew* und *built.*

to set (set, set) in a window	['set 'ɪn]	*to put in a window* (hier: einsetzen)
to build (built, built) a wall	[bɪlt]	*to make a wall* (bauen)
to plaster the walls	['plɑ:stə]	*e.g. When you have built a wall, you must plaster it.* (verputzen)
to install s.th.	[ɪn'stɔ:l]	*to put in s.th.* (hier: einbauen)

Substantive:

the attic of a house	['ætɪk]	*room on the top floor of a house* (Dachboden)
the architect	['ɑ:kɪtekt]	*an architect draws plans of houses and other buildings* (Architekt)
the builders	['bɪldəz]	*building firm* (Baufirma)
the roof of a house	[ru:f]	*top of the house* (Dach)
the central heating	[ˌsentrəl 'hi:tɪŋ]	*a special kind of heating system in a building* (Zentralheizung)
an electric wire	[ɪˌlektrɪk 'waɪ‿ə]	*a long thin piece of metal covered with plastic that carries electricity* (elektr. Leitung, Kabel)
at the decorator's	['dekəreɪtəz]	*shop where paint is sold* (Farbengeschäft)
the wallpaper	['wɔ:lˌpeɪpə]	*the paper you put on a wall* (Tapete)

Wendungen

a room of my own	[əv maɪ 'əʊn]	*a room just for me* (für mich allein)
part of the roof	['pɑ:t əv]	*not the whole roof* (ein Teil des Daches)
I want to *do it myself*	['dʊ ɪt maɪ'self]	*I want to do it without help from other people.* (es selbst machen)

Bis auf die Wendungen *a room of my own* und *I want to do it myself,* die getrennt eingeführt werden müssen, können alle anderen neuen Wörter in einem Darbietungsgeflecht[6] zusammen eingeführt werden, da sie in den Themenkreis *house building* gehören.

---

6 Vgl. Gutschow, Harald. *Eine Methodik des elementaren Englischunterrichts: Probleme und Arbeitsformen.* Berlin, 1978. S. 74.

Probleme des Wortschatzes

(a) Verständnisschwierigkeiten
Verständnisschwierigkeiten sind für den überwiegenden Teil der neu einzuführenden Vokabeln nicht zu erwarten. Einige weisen Ähnlichkeiten mit dem Deutschen auf (z.B. *central heating, to install*) und bieten somit positive Transfermöglichkeiten zwischen der Ausgangssprache und der Zielsprache.

Zu Fehldeutungen bzw. interlingualen Interferenzen kann es vor allem bei *to plaster* (Ähnlichkeit mit dem deutschen Wort *pflastern*) und *the decorator's* (wegen der Ähnlichkeit mit dem deutschen Wort *Dekorateur* und des Genitiv *-s*, das in diesem Fall für das Geschäft steht) kommen.
Eventuelle Schwierigkeiten können auch bei *to persuade* und *to plaster* auftreten, da in beiden Fällen eine einsprachige Semantisierung nicht leicht ist.

(b) Ausspracheschwierigkeiten
To knock out hat im Schriftbild den Konsonanten *k* am Anfang, der nicht gesprochen wird. Dieses Phänomen ist den Schülern bereits von den Wörtern *knee, to know* oder *knife* bekannt.
To persuade gehört zu den bekannten Wörtern mit Ausspracheschwierigkeiten. Die Lautkombination [sw] gibt es in der deutschen Sprache nicht, und sie muß somit immer wieder geübt werden, um ein falsches Lautbild (z.B. [sv], bekannt aus dem Namen *Sven*) zu vermeiden.
Bei *architect* ist auf die korrekte Aussprache des *ch* als [k] zu achten.

(c) Rechtschreibschwierigkeiten
Rechtschreibschwierigkeiten sind bei dem überwiegenden Teil der neuen Vokabeln nicht zu erwarten. Eine Ausnahme kann *to persuade* bilden, das nur schwer vom Lautbild ins Schriftbild zu übertragen ist (Diskrepanz zum Deutschen). Bei *the decorator's* ist vor allem auf die Schreibweise des Genitivs zu achten.

5.5 Didaktische Analyse

5.5.1 Auswahl

Da ich in der Stoffauswahl durch die Vorgabe des Lehrwerkes relativ eingeschränkt war, habe ich mich auf die Textvorlage des Lehrwerkes gestützt. Neben dem Text *Work at a Hotel* bildet *A Room for Chris* den Schwerpunkt der Einheit und wurde darum unverändert übernommen. Die inhaltlichen Fragen zum Text[7] erschienen mir als nicht ausreichend und wurden darum durch Zusatzfragen ergänzt.

7 Vgl. Beile,Werner u.a. (Hrsg.). *Learning English Modern Course RS 3.* S. 45.

5.5.2 Abstufung

Die Sachanalyse hat die Schwerpunktbildung im Bereich des Wortschatzes in den Absätzen 1–3 des Textes gezeigt. Absätze 4 und 5 dienen der Erarbeitung des grammatischen Problems *passive voice* im *simple past.* Daraus ergibt sich vom Lernstoff eine Zweiteilung des Textes in die Absätze 1–3 und 4–6, die auch inhaltlich begründet ist. Die Absätze 1–3 stellen die Ausgangslage und den Plan der Arbeiten dar, die Absätze 4–6 die Durchführung und das Ergebnis.
Aus diesen Gründen wird die Behandlung des Textes auf mehrere Unterrichtsstunden aufgeteilt. In der heutigen wird der erste Teil (Absätze 1–3) und sein Vokabular behandelt, in den nachfolgenden der zweite Teil (Absätze 4–6) mit der Behandlung der grammatischen Struktur (vgl. *5.3 Unterrichtszusammenhang*).
Die Sachanalyse hatte ferner gezeigt, daß der neue Wortschatz in den sehr kurzen Absätzen 1–3 stark konzentriert auftritt. Um das Verständnis des neuen Textes insgesamt zu erleichtern, soll dieser erst behandelt werden, wenn zuvor die neuen Wörter in einem anderen Sinnzusammenhang eingeführt worden sind.
Danach ergibt sich für die heutige Stunde folgende Abstufung:
1. Einführung des neuen Vokabulars zu den Absätzen 1–3
2. Einführung des 1. Teils des Textes (Absätze 1–3).

5.5.3 Darbietung

Ziel der Unterrichtsstunde ist die Sprachaufnahme des neuen Wortschatzes, seine Einübung und Transferierung sowie die Sprachaufnahme und Einübung des ersten Textteils (Absätze 1–3). Dies führt zur Gliederung in sechs Unterrichtsabschnitte, die folgenden Phasen zugeordnet werden können und folgende Fertigkeiten schulen:

1. Sprachaufnahme Wortschatz und erste Einübung Wortschatz: Hörverstehen, Sprechen, Lesen von Wortschatzelementen
2. Einübung Wortschatz: Leseverstehen von Wortschatzelementen, Sprechen
3. Sprachaufnahme Text (Absätze 1–3), gleichzeitig Einübung und Transfer Wortschatz: Hörverstehen, Sprechen, Leseverstehen eines Textes
4. Einübung Text, gleichzeitig Einübung und Transfer Wortschatz: Lesen
5. Einübung Text (Verständniskontrolle: mündlich), gleichzeitig Einübung und Transfer Wortschatz: Hörverstehen
6. Transfer Wortschatz, gleichzeitig Einübung Text: Leseverstehen, Schreiben.

Für die einzelnen Unterrichtsabschnitte werden die folgenden Medien und Arbeitsformen gewählt:

1. Selbsterstellter Text, Tafelbild, selbsterstellte Wortkarten: Lehrervortrag; Schüler sprechen Wörter nach und lesen Wortkarten
2. Tafelbild, Wortkarten: Schüler ordnen Wortkarten zu und sprechen
3. Lehrbuchtext:
   (a) Vorlesen durch Lehrer; Globalfragen Lehrer – Antworten Schüler
   (b) Vorlesen durch einen *native speaker*
4. Lehrbuchtext: Vorlesen durch Schüler (satzweise, passagenweise)
5. Selbsterarbeitete *statements* und Signalkarten: Schüler ordnen hörend zu und korrigieren mündlich
6. Arbeitsbogen: Schüler schreiben.

Zu Unterrichtsabschnitt 1:
Um den Text lexikalisch vorzuentlasten, werden im ersten Unterrichtsabschnitt die neuen Vokabeln mit Hilfe einer frei vorgetragenen Geschichte (s. Anhang B) anhand eines Darbietungsgeflechtes (vgl. Sachanalyse) eingeführt. Die Geschichte ist in Anlehnung an den Textinhalt selbst erfunden.
Während der Phase der Sprachaufnahme klappt der Lehrer ein vorbereitetes Tafelbild auf der linken Innentafel auf (Schemazeichnung des Hauses: äußerer Umriß, Etagen). Im Verlauf der Geschichte wird diese Zeichnung vom Lehrer ergänzt durch: Loch im Dach, Dachfenster, Heizkörper, Kabel zur Lampe (vgl. Anhang C 1: Zeichnung).
Das Tafelbild dient hier als visuelle Hilfe zur Verdeutlichung der Situation und zur Unterstützung der Semantisierung eines Teils der neuen Vokabeln. Alle neuen Vokabeln werden einsprachig durch Umschreibungen oder Beispielsätze semantisiert, einige zusätzlich durch Realobjekte bzw. das Tafelbild.
Jede neue Vokabel soll zur Sicherung der richtigen Aussprache jeweils von einigen Schülern nachgesprochen werden. Bei deutlichen Ausspracheproblemen kann dies auch durch Chorsprechen ergänzt werden. Besonders einzuüben ist *to persuade.*
Danach werden Karten mit den Schriftbildern der neuen Vokabeln dem Tafelbild zugeordnet (s. Anhang C 1). Die Wortkarten dienen zur Darbietung des Schriftbildes und zur Herstellung der Relation zwischen Laut- und Schriftbild.

Zu Unterrichtsabschnitt 2:
Zur Einübung des neuen Wortschatzes sollen die Schüler die Wortkarten an der Tafel entsprechenden Definitionen oder Beispielsätzen zuordnen.

Zu diesem Zweck wurden auf die rechte Hälfte der mittleren Innentafel (s. Anhang C 2) vor der Stunde die Definitionen und Beispielsätze geschrieben. Die Schüler kommen zur Tafel, lesen jeweils eine Wortkarte und die passende Definition bzw. den richtigen Beispielsatz vor und heften die Wortkarte links daneben (s. Anhang C 3). Anschließend wird die rechte Tafelhälfte wieder zugeklappt, so daß nur noch die Wortkarten auf der linken Hälfte der mittleren Innentafel sichtbar sind. Die Definitionen und Beispiele müssen von den Schülern erinnert und genannt werden. Durch diese Variante der Tafel-Klapptechnik bei der Einübung kann der Lehrer gleichzeitig überprüfen, ob die Schüler die Bedeutung der neuen Wörter verstanden und sich gemerkt haben.

Zu Unterrichtsabschnitt 3:
Die mündliche Textpräsentation (s. Anhang A 1, 1.-3. Abschnitt) durch den Lehrer dient der Schulung des Hörverstehens. Die Bücher der Schüler bleiben geschlossen. Nach dem ersten Vorlesen sichert der Lehrer das Grobverständnis, indem er zwei Globalfragen stellt. Beim zweiten Vorlesen (durch den *native speaker* der Klasse) sind die Bücher der Schüler geöffnet, um die Verbindung von Laut und Schrift herzustellen.

Zu Unterrichtsabschnitt 4:
Die Schüler lesen den Text vor, erst satzweise und dann in größeren Abschnitten. Diese Form der Leseübung soll die Zahl der Aussprachefehler möglichst gering halten. Aussprachefehler werden vom Lehrer korrigiert, da die angestrebte Schülerkorrektur erst langfristig ausgebildet werden muß.

Zu Unterrichtsabschnitt 5:
Hier wird das Detailverständnis überprüft, indem der Lehrer *statements* zum Text abgibt (s. Anhang D) und die Schüler diese mit Hilfe von Signalkarten (grün/rot) als richtig oder falsch bewerten. Die Signalkarten bieten dem Lehrer eine gute Möglichkeit der Überprüfung des Verständnisses aller Schüler. Um keine falschen Aussagen stehen zu lassen, wird jedes falsche *statement* von den Schülern mündlich korrigiert.

Zu Unterrichtsabschnitt 6:
Die Schüler füllen einen Arbeitsbogen aus (s. Anhang E). Textlücken sollen inhaltlich ergänzt werden. Um Rechtschreibfehler zu vermeiden, sind die einzusetzenden Wörter vorgegeben. Die Korrektur des Arbeitsbogens erfolgt mittels Folie, die nacheinander aufgedeckt wird. Bei ausreichend vorhandener Zeit übertragen die Schüler die korrekten Ergebnisse auf die Folie. Bei Zeitknappheit füllt die Unterrichtende die entsprechenden Lükken aus.

Sollte wider Erwarten für den letzten Unterrichtsabschnitt nicht mehr genügend Zeit vorhanden sein, wird die Bearbeitung des Arbeitsbogens als Hausaufgabe gestellt.

5.6 Lernziele

- Die Schüler sprechen die neuen Vokabeln korrekt aus.
- Die Schüler zeigen, daß sie die Bedeutung der neuen Vokabeln verstanden haben, indem sie das Wort der korrekten Definition zuordnen.
- Die Schüler lesen den Text phonetisch und intonatorisch korrekt vor.
- Die Schüler zeigen, daß sie den Inhalt des Textes verstanden haben, indem sie *statements* des Lehres durch das Hochhalten von grünen oder roten Signalkarten als richtig oder falsch bewerten.
- Die Schüler weisen das Verständnis der neuen Vokabeln nach, indem sie einen vorgegebenen Lückentext korrekt ergänzen.

5.7 Literaturangaben

Beile, Werner u.a. (Hrsg.). *Learning English Modern Course RS 3.* Stuttgart, 1976.
Gutschow, Harald. *Eine Methodik des elementaren Englischunterrichts: Probleme und Arbeitsformen.* Berlin, 1978.
Mindt, Dieter. *Unterrichtsplanung Englisch für die Sekundarstufe I.* 2. Aufl. Stuttgart, 1983.
Reisener, Helmut (Hrsg.). *Elemente zur Unterrichtsplanung: Learning English Modern Course RS 3.* Stuttgart, 1978.
Senator für Schulwesen (Hrsg.). *Vorläufiger Rahmenplan für Unterricht und Erziehung in der Berliner Schule: Klassenstufen 7–10. Hauptschule, Realschule, Gymnasium, Gesamtschule. Fach Englisch.* Berlin, 1980.

5.8 Verlaufsplanung

1. Unterrichtsabschnitt – Wortschatzeinführung – (ca. 10 min.)

Geplantes Lehrerverhalten	Erwartetes Schülerverhalten	Didaktischer Kommentar
L. erzählt Geschichte (s. Anhang B) und führt dabei neuen Wortschatz ein		situative mündliche Vokabeleinführung (Aussprache u. Bedeutung) in einem Darbietungsgeflecht

I will tell you a story about John Pauling, who bought a house...	Sch. hören zu und beobachten den L. bzw. sehen an die Tafel	
1) *the attic:* L. zeigt auf *attic:* *The attic is a room on the top floor of a house.*		Semantisierung durch Umschreibung u. Bild
Please, repeat: the attic. John, Mary, ... etc. (ggf.: *All of you, please.*)	Sch. sprechen einzeln nach: *the attic,* ggf.auch im Chor	Bei Aussprache ist auf [i] bei *the* zu achten
2) *the roof:* L. zeigt auf *roof:* *And this is the roof. The roof is the top of the house.*		Semantisierung durch Umschreibung u. Bild
What is it? Sandy? Jim? (All of you.)	Sch. sprechen einzeln und ggf. im Chor nach: *roof*	
3) *to install the central heating:* L. zeigt auf *central heating* im Klassenraum: *Look, this is our central heating.*		Semantisierung durch Zeigen auf Realobjekt
Please repeat: central heating.	Sch. sprechen einzeln und ggf. im Chor nach: *central heating*	
4) *to install:* *He has to install the central heating means: He has to put in the central heating.*		Semantisierung durch L.-Umschreibung
What's that other word for 'put in'? Ted, Lucy. (All of you, please.) L. ergänzt Tafelbild	Sch. wiederholen Wort einzeln, alle Sch. sprechen ggf. nach: *install*	
5) *an electric wire:* L. zeigt auf mitgebrachtes Kabel: *Look, this is an electric wire. Please repeat: electric wire.* L. ergänzt Tafelbild	Sch. sprechen einzeln und ggf. im Chor nach: *electric wire*	Semantisierung durch Zeigen auf Realobjekt
6) *to plaster:* *He plasters the walls, so that the holes and the electric wires cannot be seen anymore.*		Semantisierung durch Umschreibung u. L.-Pantomime

L. simuliert Verputzen der Wand (L. läßt Aussprache wiederholen, s.o.)	Sch. sprechen einzeln und ggf. im Chor nach: *plaster*	
7) *to turn the attic into a bedroom:* *He wants to turn the attic into a bedroom means: He wants to make a bedroom out of the attic.*	Sch. hören nur zu	Semantisierung durch Umschreibung; kein Nachsprechen, da alle Elemente bekannt
8) *to knock out part of the roof:* *He makes a whole in the roof.*		Semantisierung durch Umschreibung, L.-Demonstration und Bild
L. demonstriert und ergänzt Tafelbild *Please repeat: knock out.*	Sch. sprechen einzeln und ggf. im Chor nach: *knock out*	
9) *part of the roof:* *He doesn't knock out the whole roof - only part of it.*		Semantisierung durch Umschreibung
What does he knock out?	Sch: *(He knocks out) part of the roof.*	Bei Aussprache ist auf [əv] in *of* zu achten
10) *to set in a window:* *He puts in a window.* L. ergänzt Tafelbild *Please repeat: set in.*	Sch. sprechen einzeln und ggf. im Chor nach: *set in*	Semantisierung durch Umschreibung und Bild
11) *to share s.th. with s.o.:* *To share means: to have s.th. together, not alone. Please repeat: share.*	Sch. sprechen einzeln und ggf. im Chor nach: *share*	Semantisierung durch Umschreibung
12) *to persuade s.o.:* *To persuade s.o. means: to talk and talk until the other one agrees and says 'yes', 'ok'. Please repeat: persuade.*	mehrere (zuerst gute) Sch. sprechen einzeln nach, dann sprechen alle im Chor nach: *persuade*	Semantisierung durch Umschreibung schwierige Aussprache, deshalb zuerst Einzelsprechen durch gute Sch. (als weitere Vorbilder), dann auf jeden Fall zusätzlich Chorsprechen

L. fügt nacheinander die Wortkarten der Tafelzeichnung hinzu (s. Anhang C 1) und spricht Wörter dabei nochmals in einem Minimalkontext vor:		Einführung der Schriftbilder
Look. This is.../Here we have ... – *the attic* – *the roof* – *an electric wire* – *the central heating.*	Sch. hören zu und sehen an die Tafel	Nochmaliges Vorsprechen beim Anheften der Wortkarten dient der rezeptiven Verbindung von Laut und Schriftbild
Mr. Pauling wants to turn the attic into a bedroom. *He has to:* – *knock out part of the roof* – *set in a window* – *install the central heating* – *plaster the walls* *and finally he* – *persuades his family because he wants to* – *share the house with them.* L: *Who wants to read these words?*	Sch. lesen die neuen Vokabeln vor: *the attic ...*	Vorlesen der Wortkarten dient der produktiven Verbindung von Laut- und Schriftbild

2. Unterrichtsabschnitt – Wortschatzeinübung – (ca. 5 min.)

Geplantes Lehrerverhalten	Erwartetes Schülerverhalten	Didaktischer Kommentar
L. klappt rechte Tafelseite auf und präsentiert Definitionen (s. Anhang C 2) L: *Come to the board and put the correct wordcard next to the definition or example. Then read.*	Jeweils 1 Sch. kommt nach vorn, heftet 1 Wortkarte neben die richtige Definition/das richtige Beispiel (s. Anhang C 3) und liest beides vor:	Einübung der Bedeutung der neuen Vokabeln durch Zuordnen
	Sch: *A room on the top floor of a house is – the attic.*	Einübung der Aussprache durch Vorlesen

Ask another pupil to go on. etc.	*Fred, go on.* etc.	Abgabe der Aktivität an die Sch.; L. greift ggf. zur Korrektur ein
L. verdeckt die Tafelseite mit den Definitionen L: *Please read the new word and say the definition.*	Sch: *The attic – is a room on the top floor of a house.* etc.	Weitere Einübung der Bedeutung der neuen Vokabeln durch Erinnern der richtigen Definitionen bzw. Beispiele; gleichzeitig Überprüfung der Vokabelkenntnisse

3. Unterrichtsabschnitt – Textpräsentation – (ca. 5 min.)

Geplantes Lehrerverhalten	Erwartetes Schülerverhalten	Didaktischer Kommentar
L: *Please listen carefully.* L. liest den Text *A Room for Chris,* 1.–3. Absatz vor (s. Anhang A 1) L. stellt zwei Globalfragen: *Who needs a room of his own?* *Where does he want to have his room?*	 Sch. hören bei geschlossenen Büchern zu Sch: *Chris (Clark) (needs a room of his own).* Sch: *(He wants to have his room) in the attic.*	 Schulung des Hörverstehens Sicherung des Grobverständnisses
L: *Please open your books at page 45 and listen to James.* L: *James, would you read the text for us, please?*	 Sch. liest den Text vor Alle anderen Sch. hören zu und lesen mit	Zweitbegegnung mit dem Text bei geöffneten Büchern dient der Verknüpfung von Laut- und Schriftbild; *native speaker* (James) als Sprachvorbild

4. Unterrichtsabschnitt – Leseübung – (ca. 10 min.)

Geplantes Lehrerverhalten	Erwartetes Schülerverhalten	Didaktischer Kommentar
Please read the first (second, next) sentence. *Please read the first (second, next) passage.*	Sch. lesen satzweise vor Sch. lesen passagenweise vor	Leseübung zur Schulung der Aussprache; L. korrigiert fehlerhafte Aussprache

5. Unterrichtsabschnitt – Fragen zum Text – (ca. 7 min.)

Geplantes Lehrerverhalten	Erwartetes Schülerverhalten	Didaktischer Kommentar
L. läßt Signalkarten verteilen		mündliche Überprüfung des Detailverständnisses
L: *When you hear me knock, hold up one of your cards, please. If the statement is right, hold up your green card. If it's wrong, take your red card. Then one of you can correct the statement.*		durch Einsatz von Signalkarten gleichzeitige Überprüfung aller Schüler möglich durch Korrektur falscher *statements* auch Einbeziehung mündlicher Sch.-Aktivität
L. liest *statements* zum Text einzeln vor (s. Anhang D) und klopft nach jeder Aussage	Sch. halten jeweils grüne oder rote Karte hoch; jeweils ein Schüler korrigiert falsche Aussage	
1. *Chris had to share a bedroom with his two brothers.* (L. klopft)	Sch. halten grüne Karte hoch	
2. *His brothers were older than Chris.* (L. klopft) etc.	Sch. halten rote Karte hoch 1 Sch. korrigiert: *No, (that's wrong). They were younger. One was eight and the other one was ten years old.* etc.	

6. Unterrichtsabschnitt – Bearbeitung des Arbeitsbogens – (ca. 8 min).

Geplantes Lehrerverhalten	Erwartetes Schülerverhalten	Didaktischer Kommentar
L. läßt Arbeitsbögen (s. Anhang E) verteilen L: *Please fill in the missing words. There is one blank for each word. You have 5 minutes to complete the worksheet. The words above the text will help you.*	Sch. bearbeiten den Arbeitsbogen schriftlich	schriftliche Überprüfung des neuen Wortschatzes durch Lückentext noch keine Überprüfung der Rechtschreibung, deshalb Vokabeln ungeordnet vorgegeben
L. schaltet OH-Projektor an L: *Please read your first sentence.* Wenn korrekt: *Please come to the projector and fill in the word.*	Sch. lesen Sätze vor Jeweils ein Sch. komplettiert die Korrekturfolie	Die visuelle Demonstration der Korrektur auf der Folie soll das Auffinden und Verbessern von Fehlern erleichtern Die Form der Korrektur ist abhängig von der noch vorhandenen Zeit (s. 5.5.3)

Eine Hausaufgabe entfällt.

5.9 Anhänge

A: Auszüge aus dem Lehrwerk *Learning English Modern Course RS 3*

A 1: Text. *A room for Chris*

14 A Room for Chris

Unit 4

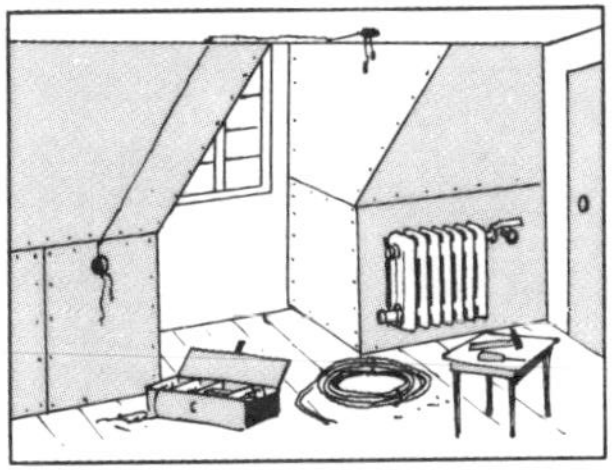

Chris Clark was too old to share a bedroom with his two younger brothers. He was fifteen and they were only ten and eight. They made so much noise that he could not do his homework. He needed a room of his own. But his parents and his sister had the other two bedrooms.

However at last he managed to persuade his parents to turn the attic of their house into a bedroom for him.

First the architect came and drew the plans. Then he sent them to the builders. It was the builders' job to knock out part of the roof and set a window in it, build new walls, put in the electric wires, plaster the walls and install the central heating.

One Monday morning a few weeks later the builders arrived and started work.

On the	1st day part of the roof	was knocked out.
On the	2nd day a window	was set in the roof.
On the	3rd day the new walls	were built.
From the	4th to 7th day nothing	was done.
On the	8th day the electric wires	were put in.
On the	9th day the central heating	was installed.
On the	10th day the walls of the room	were plastered.

A week later Chris went to the decorator's to choose his wallpaper. "I like that blue and green paper," said Chris. "Yes, I'll have that."
"Very good. We can come and put it up for you tomorrow," said the man in the shop.
"Oh no, I want to put it up myself," said Chris.
He did, and this is what it looked like.

14 A Room for Chris

to share a bedroom with s.o. [ʃɛə]	to sleep in the same room with someone else	*das Schlafzimmer mit jdm teilen*
a room of my own [əun]	a room just for me	*ein eigenes Zimmer*
to persuade s.o. to do s.th. [pə'sweid]	to talk to someone until he does what you want	*jdn überreden, etw zu tun*
attic ['ætik]	small room on the top floor of a house	*Boden(raum)*
to turn the attic into a bedroom	to make a bedroom out of the attic	*den Boden(raum) zu einem Schlafzimmer ausbauen*
to draw [drɔ:] **drew** [dru:] **drawn** [drɔ:n]	1. to make a picture with a pencil or a pen 2. to pull	*1. zeichnen* *2. ziehen*
architect ['ɑ:kitekt]	An *architect* draws plans of houses and other buildings.	
to build a house [bild] **built, built** [bilt]	to make a house	*bauen*
builder(s) ['bildəz]	building firm	*Baufirma*
roof [ru:f]	top of a house	*Dach*
part of the roof	→the whole roof	*ein Teil des Daches*
to knock out part of the roof ['nɔk‿'aut]	to make a hole in the roof	*herausschlagen*
to set in ['set‿'in]	to put in	*einsetzen*
to plaster ['plɑ:stə]	When you have built a wall, you must *plaster* it.	*verputzen*
to install [in'stɔ:l]	to put in	*einbauen*
wallpaper ['wɔ:lˌpeipə]	the paper you put on the wall when it is plastered	*Tapete*
decorator ['dekəreitə]	A *decorator* sells and puts up wallpaper, paints doors etc.	*Maler*
I want to do it myself. [mai'self]	I want to do it without help from other people.	*Ich möchte es selbst machen.*

B: Vorgetragene Geschichte (1. Unterrichtsabschnitt):

There is a builder and his name is John Pauling. He has bought a house. Here you can see the house: This is the ground floor, the first floor and the attic (1)[8]*. The attic is a room on the top floor of a house. And this is the roof (2). The roof is the top of the house.*
This house is very old and before he can live in his house he has to change a lot of things. First of all he has to install (3) the central heating (4). He has to put in the central heating. Then he builds new walls and puts in the electric wires (5). Then he plasters the walls (6), so that the holes and the electric wires cannot be seen anymore.
John Pauling likes to look at the stars when he lies in bed. That is why he wants to turn the attic into a bedroom (7). He wants to make a bedroom out of the attic. To see the stars you need a window in the roof. So he knocks out (8) part of the roof (9); he makes a hole in the roof. After that he sets in (10) a window, he puts in a window.
Of course he doesn't want to live alone in such a big house. He wants to share it (11) with his family. To share means: to have s.th. together, not alone. At first his family didn't want a new house, but in the end he persuaded them (12). To persuade s.o. means to talk and talk until the other one agrees and says 'yes', 'ok'.
But before he can live in his house, he has still got a lot of work to do.

8 Die Zahlen verweisen auf die neu einzuführenden Vokabeln (vgl. Verlaufsplanung).

C: Geplante Tafelbilder

C 1: Schemazeichnung mit Wortkarten (Ende 1. U.-Abschnitt)

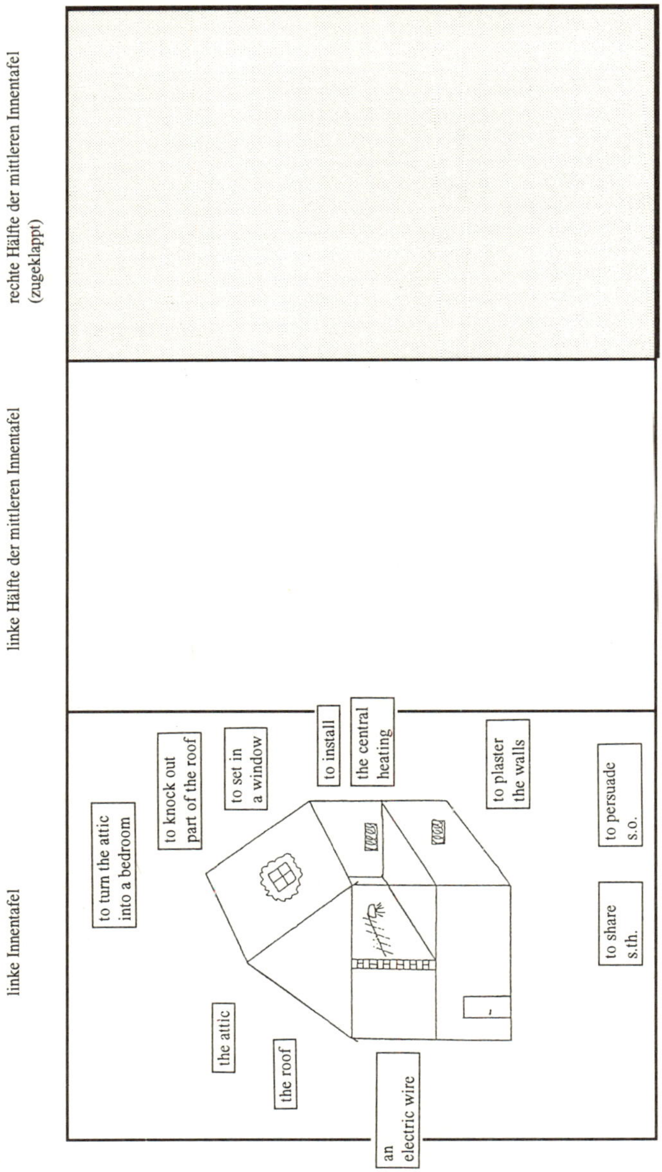

C 2: Vorbereitete Definitionen/Beispielsätze (2. U-Abschnitt)

linke Innentafel

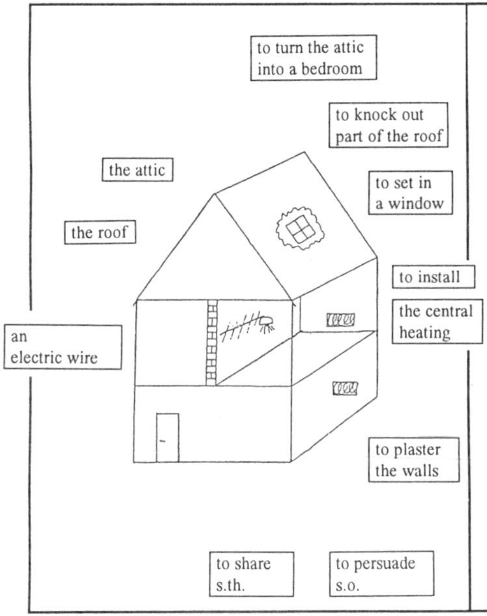

linke Hälfte der mittleren Innentafel

rechte Hälfte der mittleren Innentafel

a room on the top floor of a house

top of the house

to make a hole in the roof

to make a bedroom out of the attic

to put in a window

to put in s.th.

a system of heating a building

a long thin piece of metal covered with plastic that carries electricity

e.g. When you have built a wall you must *plaster* it.

e.g. You have an English book together. You *share* the book.

to talk to someone until he does what you want

C 3: Zuordnung von Wortkarten zu Definitionen/Beispielsätzen (2. U-Abschnitt)

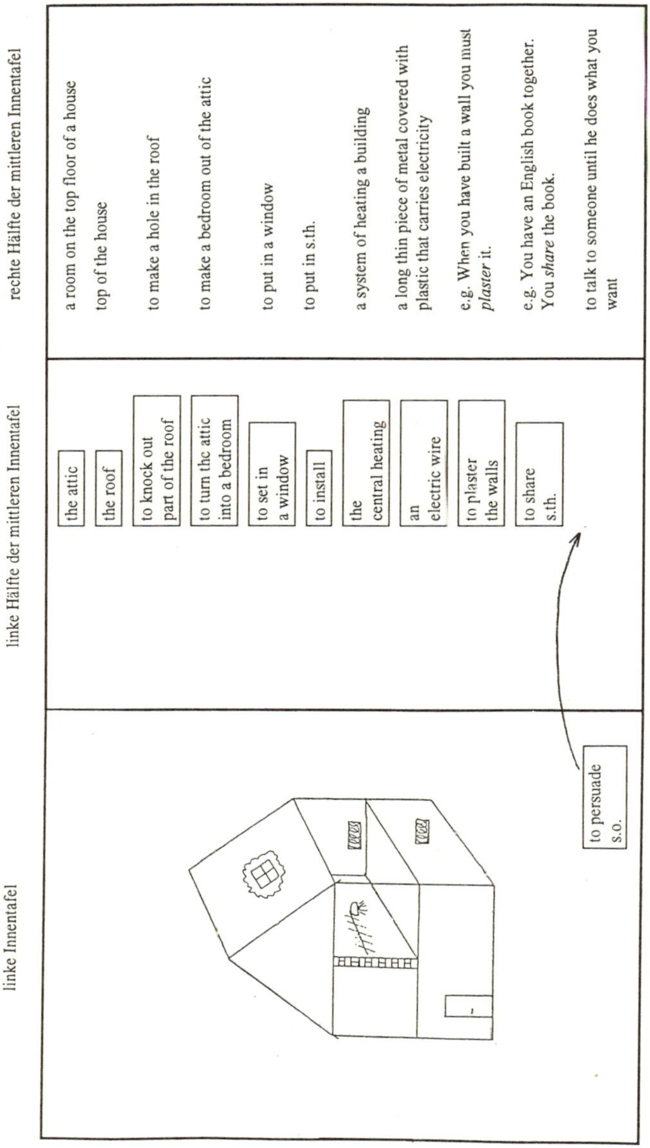

D: *Statements* zum 5. Unterrichtsabschnitt:

1. *Chris had to share a bedroom with his two brothers.*
   Yes. (grüne Karte)
2. *His brothers were older than Chris.*
   No. (rote Karte, Korrektur:) *They were younger. One was eight and the other one was ten years old.*
3. *His parents and his grandparents had the other two bedrooms.*
   No. (rote Karte, Korrektur:) *His parents and his sister had the other two bedrooms.*
4. *Chris persuaded his parents to turn the attic into a bedroom for him.*
   Yes. (grüne Karte)
5. *The builders came and drew the plans.*
   No. (rote Karte, Korrektur:) *The architect drew the plans.*
6. *It is the builders' job to plaster the central heating.*
   No. (rote Karte, Korrektur:) *It is their job to plaster the walls and to install the central heating.*
7. *A few weeks later the builders started work. Yes.* (grüne Karte)

E: Arbeitsbogen (6. Unterrichtsabschnitt):

Fill in the words:
attic / central heating / electric wires / installs / plasters / roof / sets

The builder John Pauling bought an old house. There is no heating in the house and so he ________________ the ________________________ .
After that he builds a wall and then ________________ the walls.
He also wants to turn the ________________ into a bedroom.
He knocks out part of the ________________ and ________________ in a window.
But before he can turn on the light he has to put in the ______________________ .

Zu: Beispiel einer Unterrichtsplanung

1. Welche Unterschiede zwischen der Art der Darstellung des neuen Wortschatzes in der Sachanalyse und im Vokabelanhang des Lehrwerks fallen Ihnen auf? Wie sind diese zu begründen?
2. Welche neuen Vokabeln des ersten Abschnittes des Lehrwerkstextes werden im 1. Unterrichtsabschnitt nicht semantisiert? An welcher Stelle und in welcher Weise kann eine Semantisierung dieser Vokabeln erfolgen?
3. An welcher Stelle und auf welche Weise könnte eventuell vorhandenes Vorwissen der Schüler zum Thema aufgegriffen werden?
4. Wie würden Sie die zweite Textpräsentation gestalten, wenn Ihnen in der Klasse kein *native speaker* zur Verfügung steht?
5. Mit welcher zusätzlichen Aufgabenstellung für die Schüler könnte das zweite Verlesen des Textes im 3. Unterrichtsabschnitt verknüpft werden? Benutzen Sie zur Beantwortung dieser Frage u.a.: Weisser-Schreitmüller, Angelika. „Die Arbeit mit Lehrbuchtexten als Hinführung zur Freien Arbeit." *Englisch,* 26 (1991) 2, S. 41–48, hier: S. 43.
6. Wie beurteilen Sie das satz- und abschnittsweise Vorlesenlassen des Textes durch die Schüler im 4. Unterrichtsabschnitt? Benutzen Sie zur Beantwortung dieser Frage: Arendt, Manfred. „Plädoyer gegen das laute Lesen: ‚Flogging a dead horse?'" *Englisch,* 17 (1982) 2, S. 41-44 und Solmecke, Gert. „Ein leidiges Thema: Das Vorlesen im Fremdsprachenunterricht." *Englisch,* 27 (1992) 1, S. 1–4.

6. Schwerpunkte des Englischunterrichts

In diesem Kapitel werden detaillierte Grundlagen und Planungsschritte für die Wortschatz- und Grammatikarbeit sowie die Arbeit mit Texten, mit phonologischen Elementen und mit Sprachfunktionen dargestellt. Die folgenden Teilkapitel 6.1 bis 6.5 sind alle in gleicher Weise gegliedert.
Zunächst werden die fremdsprachendidaktisch bedeutsamen Komponenten und Eigenschaften der jeweiligen sprachlichen Elemente beschrieben. Anschließend werden die Erfordernisse der Sachanalyse genannt. Auf dieser Grundlage erfolgt ein Durchgang durch alle Schritte der didaktischen Analyse. Am Beginn stehen Entscheidungen für die Auswahl und Abstufung sprachlicher Elemente. Vor diesem Hintergrund werden unter dem Gesichtspunkt „Darbietung" konkrete Vorschläge zur methodischen Gestaltung des Unterrichts unterbreitet, wobei in allen Fällen separat auf die Phasen der Sprachaufnahme, der Sprachverarbeitung und der Sprachanwendung eingegangen wird.

6.1 Wortschatzarbeit

6.1.1 Komponenten und Eigenschaften von Wörtern

Für eine fundierte Wortschatzarbeit im Englischunterricht ist ein elementares Wissen darüber erforderlich, welche Komponenten und welche Eigenschaften ein Wort hat.
Betrachten wir dazu als Beispiel das englische Wort *tree*. Wenn wir von der gesprochenen Sprache ausgehen, hat das Wort zunächst eine Lautform: [tri:]. Diese Lautform hat in der englischen Sprache eine bestimmte Bedeutung. Sie bezeichnet eine Pflanzenart von bestimmter Größe und Beschaffenheit. Zwischen der Lautform [tri:] und dem dadurch bezeichneten Begriff ‚Baum' besteht eine willkürliche (arbiträre) Beziehung. Das heißt, daß es keine Regel gibt, die erklären kann, aus welchem Grund von allen möglichen Phonemsequenzen gerade die Phonemsequenz [tri:] den genannten Begriff bezeichnet.
Beim Erlernen einer fremden Sprache muß der Lernende die neue Lautform mit dem zugehörigen Begriffsinhalt (der Bedeutung) verbinden. Dies bedeutet, daß er nicht nur die neue Lautform erlernen, sondern in sehr vielen Fällen auch eine andere Begriffsabgrenzung als in der Muttersprache vornehmen muß. So ist es beispielsweise nicht möglich, den Begriffsinhalt des deutschen Wortes *Strom* (‚großes, fließendes Gewässer') auf das verwandte englische Wort *stream* zu übertragen. Im Gegensatz zum Deutschen bezeichnet *stream* eher ein kleines Rinnsal (*brook, rivulet*).

Die Komponenten eines Wortes sind zusammmengefaßt in Darstellung 1.

Darstellung 1: Komponenten eines Wortes

Wort	
Lautform/Schriftform	Begriff
Ausdruck	Inhalt
Bezeichnendes	Bezeichnetes
frz. *signifiant*	frz. *signifié*
Beispiel: [tri:]	
tree	‚Baum‘

Viele Wörter haben aber nicht nur eine einzige Bedeutung, wie das Beispiel des Substantivs *hand* zeigt:

(1) *He took her hand and passionately squeezed it.*

(2) *Do you need a hand with that?*

(3) *a farm hand*

(4) *the hands of the clock.*

Solche Bedeutungsvielfalt (Polysemie) für ein Wort ist im Englischen häufig. Erst in einem konkreten Kontext hat das Wort eine konkrete/aktuelle Bedeutung.

Auf der anderen Seite kann ein Wort auch in unterschiedlichen Formen auftreten. Es kann verschiedene Lautungen ([kləʊðz] oder [kləʊz] für *clothes*) oder verschiedene Schreibungen (*jail* oder *gaol* für [dʒeɪ^{ə}l]) haben.

Zum Wortschatz gehören neben Wörtern wie *friend* auch Wörter, die komplexer sind, wie z.B. *friendly, unfriendly, friendship.* Außerdem gehören zum Wortschatz auch Verbindungen wie *look for, black eye* etc. Sie bestehen formal aus zwei oder mehreren Wörtern, ihre Bedeutung ergibt sich aber nicht aus der Summe der Bedeutungen der einzelnen Wörter, sondern sie haben gemeinsam eine eigene Bedeutung (‚suchen‘, ‚blaues Auge‘). Man nennt sie Phraseologismen.[1]

Für Unterrichtszwecke werden alle diese Wörter, Wortformen oder Wortverbindungen – Einzelwort, komplexe Wörter, Phraseologismen – mit jeweils einer potentiellen Bedeutung als lexikalische Einheit/Lerneinheit bezeichnet.

Wörter treten im allgemeinen nicht isoliert auf, sondern bilden mit anderen lexikalischen Einheiten größere sprachliche Verbindungen wie Wortgruppen, Gliedsätze (*clauses*), Sätze (*sentences*), Äußerungen (*utterances*).

1 Vgl. Gläser, Rosemarie. *Phraseologie der englischen Sprache.* Leipzig, 1986. S. 13.

Charakteristische Verbindungen von Wörtern werden als Kollokationen bezeichnet. So tritt beispielsweise das Substantiv *bed* häufig mit Formen des Verbs *lie* (*lies, lay, lying*) auf. Auf der Grundlage von Kollokationen lassen sich Wortschatzelemente zu Gruppen zusammenstellen. In solchen größeren Einheiten zeigen die Wörter ihr semantisches und ihr grammatisches Verhalten.
Das semantische Verhalten, die Verträglichkeit mit anderen Wörtern, ergibt sich aus dem Begriffsumfang des Wortes. So drückt z.B. das englische Wort *paint* etwas anderes aus als das englische Wort *colour,* obwohl beide durch deutsch *Farbe* wiedergegeben werden können:

(5) *wet paint; a tin of paint; modern non-drop paints*
(6) *the colour of her eyes; Diana's face was drained of colour.*

Das grammatische Verhalten soll am Beispiel des Wortes *news* betrachtet werden. Es umfaßt die Bedeutungen ‚Nachricht(en)', ‚Information(en)' und wird immer mit einem Verb im Singular kombiniert, vgl.

(7) *No news is good news.*
(8) *This news is interesting.*

Ein anderes Beispiel ist das Wort *smoke.* In den Sätzen (9) und (10) wird das Verb *smoke* mit der gleichen Bedeutung aber grammatisch unterschiedlich gebraucht:

(9) *He is just smoking.*
(10) *He is smoking a cigar.*

In (9) wird *smoke* intransitiv gebraucht, in (10) ist es ein transitives Verb, dem ein direktes Objekt folgt.
In vielen Fällen ist mit dem grammatischen Unterschied gleichzeitig ein semantischer verbunden:

(11) *They walked hand in hand.*
(12) *Just hand me down your cheque book.*

In (11) ist *hand* ein Substantiv und bedeutet ‚menschliche Hand', in (12) ist *hand* ein Verb und hat zusammen mit der Partikel *down* die Bedeutung ‚herüberreichen'.
Wörter können sich auch hinsichtlich ihrer Stilebene (*register*) unterscheiden (z.B. ist *to vacate a room* formal, während *to leave a room* stilistisch neutral ist).
Ebenso können Wörter mit gleicher oder ähnlicher Bedeutung unterschiedlichen regionalen Varianten der Sprache angehören (*British English: lorry; American English: truck*).

Die sichere Beherrschung aller Komponenten und Eigenschaften des ausgewählten Wortschatzes beim Hören, Sprechen, Lesen und Schreiben ist das Lernziel der Wortschatzarbeit.

6.1.2 Sachanalyse

Bei der Analyse von lexikalischen Einheiten sind zu erarbeiten:

(a) Beschreibung der Lautform(en) und der Schriftform(en): Ausdrucksseite

(b) Beschreibung der Bedeutung(en): Inhaltsseite

(c) Beschreibung des grammatischen Verhaltens

(d) Beschreibung der Stilebene/der regionalen und sozialen Sprachvarianten

(e) interlinguale Interferenz / interlingualer Transfer (f) intralinguale Interferenz/ intralingualer Transfer	auf phonologischer auf graphemischer auf grammatischer auf semantischer auf stilistischer/kultureller Ebene

(g) Zusammenstellung von Wortschatzelementen nach Bedeutungsfeldern oder Kollokationsfeldern.

Bei der Sachanalyse sollte man Mißtrauen gegenüber seinen eigenen Vorstellungen über Form, Bedeutung und Eigenschaften von Wortschatzelementen walten lassen.

> *Zu: Wortschatzarbeit. Sachanalyse*
>
> 1. Geben Sie die Aussprache der folgenden Wörter an: *recipe, indictment, victuals.*
> 2. Geben Sie drei verschiedene Bedeutungen für das Substantiv *pipe* an.
> 3. Geben Sie je einen Beispielsatz für *grow* als intransitives und als transitives Verb, und erläutern Sie die jeweilige Bedeutung.
> 4. Bilden Sie einen englischen Satz im *simple present,* dessen Subjekt das Wort *police* ist.

6.1.3 Didaktische Analyse

Auswahl

Die Frage, wie viele Wortschatzelemente in einer Unterrichtsstunde vermittelt werden, ist abhängig von der Aufnahmekapazität der Lernenden, von den Eigenschaften der Wortschatzelemente und von Dauer und Ziel des Lehrgangs. Wichtig ist, daß die in einer Unterrichtsstunde neu eingeführten Wörter und Wendungen in der gleichen Stunde mindestens auch eine erste Phase der Sprachverarbeitung durchlaufen.

Für den Fremdsprachenunterricht mit lernschwachen Schülern geht man davon aus, daß etwa sieben neue Wörter innerhalb einer Unterrichtsstunde vermittelt werden können. Die Zahl kann bei größerer Aufnahmekapazität der Lernenden und leicht vermittelbaren Wortschatzelementen bis auf ca. zehn neue Wörter steigen. Dies bedeutet aber nicht, daß in jeder Unterrichtsstunde sieben bis zehn neue Wörter eingeführt werden. Der neue Wortschatz sollte vor der Einführung weiterer neuer Elemente Phasen der Sprachverarbeitung und möglichst auch der Sprachanwendung durchlaufen haben.

Bei der Arbeit mit einem Lehrwerk ist die Auswahl weitgehend durch die Lehrwerkautoren vorgegeben. Wo aber mit lehrwerkunabhängigen Materialien gearbeitet wird – und dies sollte so häufig wie möglich geschehen – ist die Auswahl vom unterrichtenden Lehrer vorzunehmen.

Dabei sind für die Auswahl im Englischunterricht der Sekundarstufe I zunächst – soweit vorhanden – die Wortlisten der Lehrpläne zu überprüfen. Ferner kann man auf Sammlungen zurückgreifen, die Wortschätze unter Berücksichtigung unterschiedlicher Kriterien zusammengestellt haben. Diese Kriterien sind nicht unumstritten.

Eine solche Liste ist für das Englische von Michael West[2] erarbeitet worden. Sie trägt die Bezeichnung *Minimum Adequate Vocabulary* und umfaßt 1200 Wörter, die einen Grundwortschatz darstellen sollen, der nach folgenden Kriterien zusammengestellt wurde:

1. Häufigkeit des Vorkommens
2. Verfügbarkeit (hohe Verfügbarkeit bedeutet unmittelbare Assoziation eines Wortes bei Nennung eines bestimmten Sinnbereichs)
3. Reichweite der Verwendung (hohe Reichweite der Verwendung ist dann gegeben, wenn ein Wort sehr viele andere ersetzen kann)
4. Stilistische Brauchbarkeit (sie ist dann gegeben, wenn ein Wort stilistisch neutral ist und keine bestimmte Stilebene bezeichnet: *friend* ist neutral gegenüber *chum* oder *buddy*)
5. Lernbarkeit (hohe Lernbarkeit ist gegeben, wenn ein Wort einem bekannten Wort ähnlich ist, z.B. *apple, arm, son; happiness,* wenn das Adjektiv *happy* bekannt ist).

---

2 West, Michael. *Teaching English in Difficult Circumstances.* London, 1960. S. 98ff. Auch abgedruckt bei Doyé, Peter. *Systematische Wortschatzvermittlung im Englischunterricht.* 5. Aufl. Hannover, Dortmund, 1980. S. 111ff.

Eine Wortliste, die nach Angabe des Verfassers die 2000 häufigsten Wörter des Englischen verzeichnet, ist die *General Service List* von West.[3]
Das *Englische Arbeitswörterbuch* von Haase[4] geht über 2000 Wörter hinaus. Es berücksichtigt neben der Häufigkeit auch Gesichtspunkte wie praktischen Gebrauchswert, umgangssprachliche Verwendung und Möglichkeiten von Wortableitungen und Zusammensetzungen.
Alle diese Zusammenstellungen beruhen auf Sprachdaten, die oft nicht dem Stand des heutigen Englisch entsprechen. Speziell das gesprochene Englisch ist nicht immer angemessen berücksichtigt.
Orientiert an solchen Wortschatzsammlungen entstanden sogenannte Grundwortschätze/Basiswortschätze.[5]

Zu: Wortschatzarbeit. Auswahl (1)

1. Gehört *popular* zum *Minimum Adequate Vocabulary*?
2. Welche Bedeutungen mit welchen Prozentanteilen von *popular* gibt West in *A General Service List of English Words*?
3. Welche dieser Bedeutungen würden Sie heute als erste vermitteln?
4. Welche Aussagen zum Umfang des Wortschatzes und zu Auswahlkriterien werden im Lehrplan Ihres Bundeslandes getroffen?

Als Frage der Auswahl kann ferner die Zuordnung eines Wortes zum aktiven bzw. passiven Wortschatzes angesehen werden. Eine Entscheidung darüber ist für die Weiterbehandlung eines Wortes nach der Sprachaufnahmephase von Bedeutung.

Zu: Wortschatzarbeit. Auswahl (2)

Benutzen Sie zur Beantwortung der folgenden Fragen:
Doyé, Peter. *Systematische Wortschatzvermittlung im Englischunterricht.* 5. Aufl. Hannover, Dortmund, 1980.

5. Wie definiert Doyé den aktiven Wortschatz?
6. Wie definiert Doyé den passiven Wortschatz?

3 West, Michael. *A General Service List of English Words*. Erweiterte Aufl. London, 1953 und weitere Drucke.
4 Haase, Alfred. *Englisches Arbeitswörterbuch*. 5. Aufl. Frankfurt am Main, 1972.
5 Z. B. *Pons. Englisch. Basiswortschatz: Phonetik. Grammatik.* Auf der Basis des Grundwortschatzes von E. Weis. Stuttgart, 1984. *Thematischer Grund- und Aufbauwortschatz*. Stuttgart, 1989.

Abstufung

Nach der Entscheidung über die Auswahl der zu vermittelnden Wortschatzelemente muß überlegt werden, in welcher Reihenfolge die neuen Wörter vermittelt werden sollen.
Die zu vermittelnden Wörter müssen dafür zunächst zu Gruppen zusammengestellt werden. Für die Zusammenstellung der Gruppen kann auf die Sachanalyse Bezug genommen werden, wo bereits eine Einteilung nach Bedeutungsfeldern oder Kollokationsfeldern vorgenommen wurde. Der für die Gruppierung verwendete Einteilungsgesichtspunkt (Thema, Situation, Oberbegriff etc.) sollte in der Zielsprache benannt werden.
Nachdem eine solche Zusammenstellung zu Gruppen erfolgt ist, muß entschieden werden, in welcher Reihenfolge die einzelnen Gruppen von lexikalischen Elementen vermittelt werden sollen. Die Entscheidung darüber ist in vielen Fällen davon abhängig, welche situativen Bezüge für die Vermittlung einer Gruppe von Wörtern in Frage kommen. Oft ist es so, daß ein bestimmter Situationsrahmen, der sich zur Anknüpfung eignet, bereits in einer voraufgehenden Lektion zugrunde gelegt wird. In einem solchen Fall sollte die Vermittlung der neu einzuführenden Wortgruppe vorgezogen werden, auch wenn diese Wörter erst später benötigt werden. Dies ist nur möglich bei einer mittelfristig vorausschauenden Unterrichtsplanung, die in jedem Fall einer Planung von Stunde zu Stunde vorzuziehen ist.
Zur Abstufung gehören auch Entscheidungen darüber, ob und welche Wortgruppen oder Wörter vor der Textbehandlung eingeführt werden und welche Wortgruppen oder Wörter im Zusammenhang mit dem Text eingeführt werden. Für Wörter, die im Zusammenhang des Textes eine spezielle Bedeutung haben, ist eine vorherige Vermittlung der Bedeutung (Semantisierung) oft nicht sinnvoll. Ebenfalls im Zusammenhang mit der Textdarbietung sollten Wörter eingeführt werden, die keiner Wortgruppe zuzuordnen sind und einen aufwendigen situativen Rahmen zur Semantisierung verlangen. Die Zahl der bei der Textdarbietung neu einzuführenden Wörter sollte jeweils gering sein.

Darbietung

Sprachaufnahme

Die Sprachaufnahme sollte nie so erfolgen, daß Einzelwörter isoliert voneinander dargeboten und vom Schüler aufgenommen werden. Vielmehr sollten Wortschatzelemente immer in einem gemeinsamen situativen Rahmen eingeführt und so früh wie möglich in adäquate Kontexte[6] eingebettet werden. Dabei sind jedoch eine Reihe von Einzelaspekten zu beachten, die im folgenden zunächst isoliert genannt werden. Die isolierte Darstellung der Einzelschritte darf aber nicht so verstanden werden, daß einzelne neue Wörter in völlig unterschiedlichen Situationen und Kontexten behandelt werden. Aus diesem Grunde wird abschließend dargestellt, wie ein gemeinsamer Situationsrahmen gestaltet werden kann, der für die Einbettung der neuen Wörter in angemessene Kontexte geeignet ist.

Die Einzelschritte der Sprachaufnahmephase

Der Lernende muß während der Sprachaufnahmephase in bezug auf jedes neue Wort die folgenden Schritte durchlaufen:

1. Die Lautform eines Wortes erkennen (d.h. verstehend diskriminieren) und die Bedeutung des neuen Wortes damit verbinden
2. das grammatische Verhalten eines Wortes sowie seine Verknüpfung mit anderen Wörtern zumindest in ihren elementaren Aspekten erkennen (Wortklassenzugehörigkeit, Art der Verknüpfung mit anderen Wortschatzelementen)
3. die Lautform korrekt reproduzieren (wenn nötig, zunächst isoliert)
4. das Wort mündlich in vorgegebenen Kontexten produzieren
5. die Beziehung zwischen Lautform und Schriftform eines Wortes erkennen
6. die Schriftform reproduzieren
7. die Schriftform in typischen Kontexten produzieren.

Die Schritte 1 bis 4 folgen im fortgeschrittenen Unterricht meist unmittelbar aufeinander oder fallen sogar zusammen. Ihre separate Nennung ermöglicht es aber besonders für den Anfangsunterricht und für den Unterricht mit lernschwachen Schülern, die methodischen Maßnahmen, wenn nötig, gezielt voneinander zu trennen, um die erforderliche Isolierung der Schwierigkeiten zu erreichen.

Schritt 1: Lautform und Bedeutung aufnehmen

Die Herstellung der Verbindung von Lautform und Bedeutung beim Schüler wird oft als Semantisierung bezeichnet. Sie ist die Grundlage der Arbeit am Wortschatz. Wenn sie mißlingt, laufen alle nachfolgenden Schritte ins Leere.

Aus diesem Grunde sind sehr differenzierte Techniken der Semantisierung entwickelt worden. Wir unterscheiden Semantisierung durch

---

6 Unter Situation verstehen wir ein außersprachliches Umfeld wie z. B. *At school, At home, A holiday in Britain;* unter Kontext die sprachliche Umgebung eines Wortes wie z. B. *I like …* für *singing, dancing, playing* etc.

(a) nichtsprachliche Mittel
(b) Mittel der Fremdsprache
(c) Mittel der Muttersprache.

(a) Semantisierung durch nichtsprachliche Mittel
Lernen muß vom Bekannten ausgehen, um Unbekanntes zu erschließen. Am Beginn des Fremdsprachenunterrichts stehen aber kaum Mittel der Fremdsprache als Anknüpfungspunkte zur Verfügung. Aus diesem Grunde hat es sich bewährt, zunächst von Realgegenständen in der Umgebung der Schüler oder von Bildern auszugehen, um eine erfolgreiche Semantisierung vorzunehmen.

Beispiel:
L nimmt ein Buch in die Hand: *Look, a book. It's a book.*

Wie auch beim Einsatz von Bildern handelt es sich hier um Techniken der Demonstration, die den Vorzug großer Eindeutigkeit haben. Auch Gestik und Mimik gehören zur Demonstration. Da im späteren Verlauf des Unterrichts abstraktes Vokabular einen immer größeren Umfang einnimmt, werden Möglichkeiten der Demonstration im fortgeschrittenen Englischunterricht immer geringer.

(b) Semantisierung durch Mittel der Fremdsprache
Diese Techniken gewinnen im Verlauf des Lehrgangs ein immer stärkeres Gewicht. Semantisierung durch Mittel der Fremdsprache erfolgt immer so, daß das neuzuerlernende Wort in einem Kontext dargeboten wird, der außer dem neuen Wort keine weiteren unbekannten Wörter enthält. Damit die Semantisierung gelingt, muß der Kontext völlig eindeutig sein.

Beispiel: Das Wort *year* soll semantisiert werden:
Kontext: *A year has twelve months.*

Beispiel: Das Wort *small* soll semantisiert werden:
Kontext: *Small is the opposite of big.*

Beispiel: Das Wort *writer* soll semantisiert werden:
Kontext: *A writer is a person who writes.*

Beispiel: Das Wort *vehicle* soll semantisiert werden:
Kontext: *Cars, buses, lorries are vehicles.*

Beispiel: Das Wort *butcher* soll semantisiert werden:
Kontext: *A butcher is a person who sells meat.*

Beispiel: Das Wort *key* soll semantisiert werden:
Kontext: *You use a key to open a door.*

Beispiel: Das Wort *belittle* soll semantisiert werden:
Kontext: *If you belittle someone or something you make them seem not very important, great or good by what you say or do.*[7]

Oft ist die Kombination mehrerer Verfahren sinnvoll. So kann z. B. die Semantisierung von *key* sowohl durch Demonstration als auch durch einen Kontext erfolgen.
Um Hilfen für einsprachige Semantisierungsverfahren zu finden, können einsprachige Wörterbücher (wie bei *belittle*) herangezogen werden. Die dort gegebenen Formulierungen müssen aber meist abgewandelt werden, da das dort verwendete Beschreibungsvokabular oft weit über den Wortschatz der Schüler hinausgeht.

Wichtige einsprachige Wörterbücher sind:
Collins Cobuild English Language Dictionary. London, Glasgow, 1987.
Longman Dictionary of Contemporary English. London, 1987.
Oxford Advanced Learner's Dictionary of Current English. Fourth edition. Oxford, 1989.

(c) Semantisierung durch Mittel der Muttersprache
Die Zuhilfenahme der Muttersprache sollte der Ausnahmefall bleiben, da in jedem Fall die englische Artikulationsbasis verlassen wird und sehr selten eine Eins-zu-Eins-Beziehung zwischen lexikalischen Elementen des Deutschen und Englischen besteht. Es gibt aber eine kleine Zahl von Wörtern, deren eindeutige Semantisierung in der Fremdsprache so schwierig und zeitraubend ist, daß in solchen Fällen der Einsatz der Muttersprache nicht ausgeschlossen werden sollte. Dies gilt etwa für die Semantisierung von Wörtern wie *if, though, moreover.*

Schritte 2, 3 und 4: Grammatisches Verhalten aufnehmen; Wort mündlich reproduzieren und produzieren
Beim Einsatz von nichtsprachlichen Mitteln zur Semantisierung wird die Verbindung von Form und Bedeutung des neuen Wortes manchmal nur durch einen sehr knappen englischen Kontext gestützt. Das grammatische Verhalten eines Wortes sowie seine Verbindung mit anderen Wörtern ist besonders in diesem Falle nur andeutungsweise bei der Semantisierung erkennbar. Dasselbe gilt im Falle einer Semantisierung mit Hilfe der Muttersprache.
In beiden Fällen gebührt dem Erkennen des grammatischen Verhaltens eines Wortes sowie seiner Verbindung mit anderen Wörtern ganz besondere

---

7 *Collins Cobuild English Language Dictionary.* London, Glasgow, 1987: *belittle.*

Aufmerksamkeit. Das neue Wort muß in unmittelbarem Zusammenhang mit der Semantisierung in einer Fülle typischer Kontexte benutzt werden. Die Schüler müssen so früh wie möglich die Gelegenheit erhalten, das neue Wort in solchen Kontexten zu verwenden. Damit wird auch die Semantisierung für Schüler gestützt, die am Anfang noch unsicher hinsichtlich der Lautform und Bedeutung des neuen Wortes waren.

Beispiel:
Das Wort *book* ist durch Demonstration semantisiert worden. Es wird jetzt in weiteren Kontexten dargeboten und von den Schülern produziert.

L: *a book*	S1: *a book*
	S2: *a book*
L: *It's my book.*	
L (zeigt Buch von S3)	S3: *It's my book.*
L (zeigt anderes Buch)	S4: *It's my book.*
	S5: *It's Henry's book.*
L: *My book is red.*	S6: *My book is green.*

Beispiele für weitere Kontexte:
Peter has a blue book.
It's Julia's book, not Peter's.
Peter's book is on the table.
Julia's book is under the table.

Diese erste Verwendung in typischen Kontexten ist besonders wichtig für die wenigen Wörter, die mit Hilfe des Deutschen semantisiert wurden. Die korrekte Produktion der Lautform und die mündliche Verwendung des neuen Wortes in angemessenen Kontexten durch den Schüler sind erforderlich, damit der Lehrer erkennen kann, ob die zuvor erfolgten Schritte erfolgreich waren oder gegebenenfalls variiert wiederholt werden müssen.

Mit zunehmender Sprachbeherrschung überwiegen kontextgestützte Semantisierungen, wobei die Schritte 1–4 immer mehr zusammenfallen.

Schritte 5, 6 und 7: Schriftform aufnehmen und reproduzieren
Nachdem eine feste Verbindung zwischen Lautform, Bedeutung und dem grammatischen Verhalten eines Wortes hergestellt ist, wird in Schritt 5 die Schriftform dargeboten. In den Schritten 6 und 7 geht es darum, sich zu vergewissern, ob der Schüler dem Lautbild das entsprechende Schriftbild zuordnen kann und umgekehrt. Das Tafelbild, das bei der Darbietung des Schriftbildes entsteht, sollte nie aus Einzelwörtern bestehen, sondern durch die Kontextgestaltung wesentliche Aspekte der Form, der Bedeutung und der Eigenschaften des Wortes erkennen lassen.
Im Gegensatz zu den ersten Wochen des Englischunterrichts kann die Rei-

henfolge der Fertigkeiten später geändert werden. Um den Schüler allmählich in die Lage zu versetzen, fremde Texte selbst zu erschließen, kann es sinnvoll sein, ausgehend vom Leseverständnis eines neuen Wortes Fragen nach der Bedeutung dieses Wortes von den Schülern stellen zu lassen. Später kann dieses Verfahren so geändert werden, daß die Schüler die Bedeutung neuer Wörter selbständig mit Hilfe des Vokabelverzeichnisses oder ein- bzw. zweisprachiger Wörterbücher ermitteln.

Einbettung in Situationen

Die bisherigen Beispiele bezogen sich jeweils auf Einzelwörter und deren Behandlung in der Phase der Sprachaufnahme. Im Unterricht ist aber die Vermittlung eines Einzelwortes ein Ausnahmefall. In der Regel werden eine größere Zahl von Wörtern gemeinsam in der Sprachaufnahmephase behandelt. Aus lernpsychologischen Gründen und im Hinblick auf die Unterrichtsökonomie wäre es völlig unangemessen, für jedes einzelne Wort eine eigene Situation zu schaffen. Vielmehr sollte für eine größere Gruppe von Wörtern jeweils ein gemeinsamer Situationsrahmen gefunden werden, der sich für die Sprachaufnahme der ganzen Gruppe eignet. Dazu ist es nötig, auf die in der Sachanalyse erarbeiteten Bedeutungsfelder zurückzugreifen. Sie bieten in der Regel die Möglichkeit, Gruppen von Wortschatzelementen einem gemeinsamen Situationsrahmen zuzuordnen.
Auf dieser Grundlage kann ein gelenktes Unterrichtsgepräch geführt werden. Zu einem vom Lehrer vorgegebenen Thema werden Fakten und Informationen durch die Schüler zusammengetragen. Diese bieten den Hintergrund für die situativ und kontextuell gestützte Aufnahme von neuen Wörtern durch die Schüler. Eine besonders gelungene Semantisierung eines neuen Wortes ist dann gegeben, wenn der Bedeutungsinhalt eines neuen Wortes aus der Situation so zwingend erkennbar ist, daß die Schüler das Bedürfnis haben, die Laut- und Schriftform vom Lehrer zur Verfügung gestellt zu bekommen.

Beispiel:
Neben anderen ist das Wort *helicopter* einzuführen. Als thematischer Rahmen wird die Situation *Accident* gewählt. Die Situationsschilderung hat die folgende Form:

L: *Rush hour in the city centre. A car has run into a man. He is lying on the ground. His head is bleeding. Somebody has phoned for help. But there is heavy traffic. No chance for an ambulance. Suddenly there is a noise in the air. Where does the noise come from?*
S: *From a ...*

Wenn auch die übrigen Wörter einer Gruppe in diesem gemeinsamen situativen Rahmen eingeführt werden, wird dem Lernenden schon bei dieser Begegnung eine erste Möglichkeit der Verwendung der neuen Wortschatzelemente wirksam vor Augen geführt. Der gemeinsame situative Rahmen zur Vermittlung einer Gruppe von Wörtern wird von Gutschow „Darbietungsgeflecht" genannt.[8] Die Vermittlung von Wörtern in einem solchen Darbietungsgeflecht ist eine wichtige Vorstufe zur situationsangemessenen späteren Verwendung des Wortschatzes durch den Schüler.

> *Zu: Wortschatzarbeit. Sprachaufnahme*
>
> Benutzen Sie zur Beantwortung der folgenden Fragen:
> Doyé, Peter. *Systematische Wortschatzvermittlung im Englischunterricht.* 5. Aufl. Hannover, Dortmund, 1980.
>
> 1. Wie bezeichnet Doyé die Phasen der Sprachaufnahme, Sprachverarbeitung und Sprachanwendung?
> 2. Welche Einzelaktionen bei der Darbietung neuer Wörter nennt Doyé? (S. 34f.)
> 3. Wie benennt Doyé die im vorliegenden Kapitel (s. S. 153f.) genannten Verfahren der Semantisierung, und welche weiteren Verfahren erwähnt er? (S. 39ff.)

Sprachverarbeitung

Das in seiner Lautform und Schriftform dargebotene Wort, dessen Bedeutung im Zusammenhang aufgenommen wurde, muß nun vom Schüler geübt werden. Die Einübung betrifft sowohl die korrekte Aussprache und Schreibung als auch die angemessene Verwendung in Sätzen.
Die Einübung erfolgt in der Regel zunächst beim Beantworten von Fragen oder beim zusammenhängenden Sprechen zu Bildern oder auf der Grundlage des bei der Sprachaufnahme entstandenen Tafelbildes.
Um nach dieser Einübung eine erste Transferierung zu erreichen, sollten die neuen Wörter in Situationen verwendet werden, die sich jeweils geringfügig von der ursprünglichen Situation unterscheiden. Wichtige Übungsformen dabei sind:

– Sammeln von Wortschatz:

  Find all the verbs/words connected with house
  Find words to describe what people are like
  Find the partner: strong and ...; arm and ..., head and ...

8 Gutschow, Harald. *Eine Methodik des elementaren Englischunterrichts: Probleme und Arbeitsformen.* Berlin, 1978. S. 74.

- Ordnen von Wortschatz:

  Which word does not fit?
  Arrange the words according to ...

- Verwenden ausgewählten Wortschatzes in Sätzen:

  Fill in the gaps
  Complete the sentences

- Kombinieren von Wortschatz:

  Which of the following things can you carry/wear?
    spectacles – boots – a new T-shirt – blue trousers – my suitcase – the old lady's shopping bags – ...

Wichtige Gesichtspunkte für das Finden und Gruppieren des Wortschatzes beim Üben sind:

- semantische Gesichtpunkte:

  Bedeutungsfelder: *house, door, window, roof etc.*
  Kollokationsfelder: *bed: go to bed / get out of bed / ...*
  Ober- und Unterbegriffe: *fruit: apple, orange, pear, plum, ...*
  Antonyme/Synonyme: *thin – fat; child – kid, ...*

- grammatisch-morphologische Gesichtspunkte:

  ride – rider, teach – teacher, swim – swimmer;
  happy – unhappy, fair – unfair, even – uneven;
  alle unregelmäßigen Verben, die drei gleiche Formen haben.

- formale Gesichtspunkte:

  Wörter unterschiedlicher Schreibung mit gleicher Lautung (*homophones*):
  [red] = *I've read – a red car*
  Wörter gleicher Schreibung mit unterschiedlicher Lautung (*homographs*):
  read = I'd like to read [ri:d] *that book –*
  I haven't read [red] *that book yet*

- zwischensprachliche Gesichtspunkte:

  false friends: *become, sensible, hard, take place*
  oder
  Wörter, die ein extrem anders strukturiertes Bedeutungsfeld haben als ihre deutsche Entsprechung:
  carry – wear dt.: ‚tragen'; *bring – take* dt.: ‚bringen'
  woman – wife dt.: ‚Frau'

Ein wichtiges Mittel für das Einprägen von Wortschatz und das Sichern seiner Abrufbarkeit ist das selbständige (häusliche) Einüben, das Vokabellernen. Diese Tatsache sollte dem Schüler von Anfang an bewußtgemacht werden, und zwar dadurch, daß man regelmäßiges Vokabellernen zur Ge-

wohnheit werden läßt. Das geschieht durch regelmäßig erteilte und kontrollierte konkrete Aufgaben.
Diese Aufgaben sollten darauf gerichtet sein, daß die neu erworbenen lexikalischen Einheiten
- mündlich und schriftlich verwendet werden
- möglichst häufig umgruppiert werden
- zumindest in Wortgruppen, möglichst jedoch in Sätzen verwendet werden
- mit bereits bekannten Wortschatzelementen verbunden werden.

Als Hilfen stehen Übungen des Lehrbuches oder des *Workbook* zur Verfügung.
Darüber hinaus müssen Techniken des Vokabellernens vermittelt und trainiert werden.[9]
Auch die Wörterverzeichnisse der *Units* in den Lehrbüchern können zur Unterstützung für das häusliche Lernen genutzt werden.
Diese Wörterverzeichnisse können enthalten:
- die Schriftform des Wortes
- die Lautform des Wortes
- eine Bedeutung
- den Versuch, die Eigenschaften des Wortes zu charakterisieren: Dazu wird das Wort im Zusammenhang verwendet, meist in einem Beispielsatz, oder es werden Übersichten, in denen ähnliche Wörter auftreten, ergänzt.

Diese Aspekte werden von den Autoren und in Wörterverzeichnissen der Lehrwerke verschiedener Lernjahre in unterschiedlicher Weise berücksichtigt.

Zu: Wortschatzarbeit. Sprachverarbeitung

1. Welche Argumente für das einsprachige Vokabellernen nennt Peter Doyé in *Systematische Wortschatzvermittlung im Englischunterricht.* 5. Aufl. Hannover, Dortmund, 1980, (S. 70ff.)?
2. Wählen Sie ein Lehrbuch. Wie werden in den Vokabelverzeichnissen zu den *Units* die einzelnen Komponenten und Eigenschaften sowie eventuelle Interferenzen verdeutlicht?
3. Welche Tips für das Vokabellernen gibt Ute Rampillon in: *Englisch Lernen: Mit Tips und Tricks zu besseren Noten. Schülerarbeitsbuch.* München, 1985, S. 29–32?

9 Vgl. z.B. Rampillon, Ute. *Lerntechniken im Fremdsprachenunterricht: Handbuch.* München, 1985. S. 48–50. Rampillon, Ute. *Englisch Lernen: Mit Tips und Tricks zu besseren Noten. Schülerarbeitsbuch.* München, 1985. S. 29–32.

Sprachanwendung

Das eigentliche Ziel der Wortschatzarbeit – die sichere Beherrschung der Wortschatzelemente, die sich in ihrer flüssigen und angemessenen Verwendung beim Hören, Sprechen, Lesen und Schreiben zeigt – kann nur erreicht werden, wenn der Schüler nach den Phasen der Sprachaufnahme und Sprachverarbeitung so oft wie möglich Gelegenheit erhält, Wortschatz anzuwenden. Beim Anwenden ist die Aufmerksamkeit der Lernenden in erster Linie auf den Inhalt, weniger auf die sprachlichen Mittel gerichtet.

Das Anwenden von neuen Wortschatzelementen erfolgt durch ihre Benutzung in neuen Zusammenhängen; und zwar rezeptiv beim Verstehen von Texten beim Hören oder (stillen) Lesen oder produktiv bei der selbständigen, in seiner Form vom Lehrenden nur bedingt voraussagbaren, mündlichen oder schriftlichen Produktion von Texten. Gerade solche Phasen der Sprachanwendung sind systematisch zu planen. Dabei ist darauf zu achten, daß nicht nur der neu erworbene, sondern auch der früher erarbeitete Wortschatz systematisch einbezogen wird, damit Neues wirklich integriert werden kann.

Literatur zu: Wortschatzarbeit

Doyé, Peter. *Systematische Wortschatzvermittlung im Englischunterricht.* 5. Aufl. Hannover, Dortmund, 1980.

Gairns, Ruth und Stuart Redman. *Working with Words: A Guide to Teaching and Learning Vocabulary.* Cambridge, 1986.

Weis, Erich. „Wortschatzarbeit." In: Harald Gutschow (Hrsg.). *Englisch: Didaktik – Methodik – Sprache – Landeskunde.* Berlin, 1974. S. 96–110.

6.2 Arbeit mit grammatischen Strukturen

6.2.1 Komponenten und Eigenschaften von grammatischen Strukturen

Ebenso wie ein Wort hat auch eine grammatische Struktur eine Ausdrucks- und eine Inhaltsseite. So unterscheiden sich *I go* und *I am going* nicht nur durch ihre Form, sondern auch durch ihre unterschiedliche Bedeutung.

Die Bedeutung einer grammatischen Struktur kann aber nicht mit der Bedeutung eines Wortes gleichgesetzt werden. *Beautiful* und *beautifully* unterscheiden sich nicht durch ihre lexikalische Bedeutung, sondern dadurch, daß sie sich auf verschiedene Satzglieder beziehen, d.h. sie haben im Satz eine unterschiedliche Funktion (*structural meaning*). Aus diesem Grunde bezeichnet man die Inhaltsseite einer grammatischen Struktur im allgemeinen als ihre Funktion.

Zwischen Ausdrucksseite (Form) und Inhaltsseite (Funktion) gibt es sehr oft keine Eins-zu-Eins-Beziehung in dem Sinne, daß einer einzigen Form nur eine einzige Funktion entspricht oder daß eine einzige Funktion nur durch eine Form ausgedrückt werden kann. Sehr häufig sind dagegen die Fälle (a) bis (c):

(a) Eine Form hat mehrere Funktionen.
Beispiel:
Das *present perfect* (formal durch eine Präsensform von *have* und das Perfektpartizip des Hauptverbs realisiert) hat in den beiden folgenden Sätzen zwei unterschiedliche Funktionen:

(1) *I was born in London and* have lived *there ever since.*
(2) *I*'ve met *her before.*

In (1) bezeichnet es einen Zustand, der vor Jahren mit der Geburt des Sprechers begonnen hat und heute noch andauert (Funktion: *continuative perfect*), in (2) einen unbestimmten Zeitraum oder einen unbestimmten Zeitpunkt der Vergangenheit (Funktion: *indefinite past*). Die Übersetzungen ins Deutsche für dieselbe englische Verbform sind im Satz (1) das Präsens, während im Satz (2) üblicherweise das Perfekt gebraucht wird.

(b) Eine Funktion wird durch verschiedene formale Ausdrucksmittel realisiert.
Beispiel:
Die funktionale Bedeutung ‚mehr als einer' wird bei englischen Substantiven durch verschiedene formale Mittel angezeigt: *cat*s, *dog*s, *bus*es, *ox*en, *child*ren, *men*, *mice*, *sheep* etc.

(c) Zwei Formen (oder Konstruktionen) drücken dieselben Funktionen mit unterschiedlicher Häufigkeit aus.
Beispiel:
Die Konstruktionen *will* und *be going to* werden im Englischen benutzt, um Vorgänge oder Zustände in der Zukunft zu bezeichnen. Dabei können beide Konstruktionen sowohl Absichten/Vorhaben/Pläne als auch Vorhersagen/Vermutungen ausdrücken. Absichten/Vorhaben/Pläne werden in (3) und (4) durch *will* ausgedrückt, in (5) und (6) durch *be going to.*

(3) *So you* will *stay, Miss Barclay?*
(4) *I*'ll *stay at the top just as long as I can.*
(5) *How long* are *you* going to *stay here?*
(6) *I*'m going to *stay with him until he leaves.*

Vorhersagen/Vermutungen werden in (7) und (8) durch *will* ausgedrückt, in (9) und (10) durch *be going to.*[1]

(7) *You*'ll *be seen any moment.*
(8) *One day she*'ll *be dead.*
(9) *Tomorrow*'s going to *be an extraordinarily good day.*
(10) *That's wha*t's going to *happen.*

Vorhersagen/Vermutungen werden jedoch häufiger durch *will,* Absichten/Vorhaben/Pläne häufiger durch *going to* ausgedrückt.[2]
Wie in diesen Fällen gilt für viele grammatische Erscheinungen des Englischen nicht ein Entweder-Oder, sondern ein Sowohl-Als-Auch. Dennoch gibt es einen Unterschied, der darin besteht, daß eine der Konstruktionen häufiger für eine der möglichen Bedeutungsvarianten, die andere seltener dafür verwendet wird. Dieses Phänomen ist als *gradience* bekannt.[3] Obwohl *gradience* nicht selten im Englischen auftritt, wird es in vielen Grammatiken nicht angemessen berücksichtigt und hat bedauerlicherweise bisher kaum Eingang in den Englischunterricht gefunden.
Für die Verwendung von *will* und *going to* im Englischunterricht wird oft die Regel gegeben: Vorhersagen/Vermutungen werden durch *will,* Absichten/Vorhaben/Pläne durch *going to* ausgedrückt. Zwingt man die Schüler, diese unzutreffende Entweder-Oder-Unterscheidung strikt anzuwenden, wie dies z.B. in den Übungen der Lehrwerke[4] geschieht, dann belastet man sie mit dem Erlernen einer im Englischen so nicht vorhandenen Unterscheidung. Dies führt zu einem nicht vertretbaren Lernaufwand und dazu, daß korrekte Schüleräußerungen im Unterricht als falsch markiert werden.

Bei der formalen Repräsentation einer grammatischen Struktur ist der Unterschied zwischen gesprochener und geschriebener Sprache zu beachten: *He will leave on Monday* (geschriebene Sprache) vs. *He'll leave on Monday* (gesprochene Sprache). Gelegentlich gibt es auch Unterschiede hinsichtlich der Stilebene, der eine bestimmte formale Realisierung einer grammatischen Struktur entspricht: *I shall come* (formal) vs. *I will come* (eher umgangssprachlich).
Die Funktionsabgrenzungen grammatischer Strukturen sind in vielen Fäl-

---

1 In allen Fällen handelt es sich um authentische Sätze des Englischen.
2 Mindt, Dieter. *Zeitbezug im Englischen: Eine didaktische Grammatik des englischen Futurs.* Tübingen, 1992. S. 303-305.
3 Vgl. Mindt. *Zeitbezug.* S. 24 u. S. 202 oder Leech, Geoffrey. „Varieties of English Grammar: The State of the Art from the Grammarian's Point of View." In: Wolf-Dietrich Bald (Hrsg.). *Kernprobleme der englischen Grammatik: Sprachliche Fakten und ihre Vermittlung.* Berlin, 1988. S. 5–17.
4 Z.B. *Learning English Red Line 2.* Stuttgart, 1985. S. 120f.

len nicht identisch mit den Funktionsabgrenzungen analoger Strukturen des Deutschen, wie es zum Beispiel durch die deutsche Übersetzung der Sätze (1) und (2) deutlich wird.
Eine alleinstehende grammatische Struktur läßt sich oft ohne kontextuelle Signale oder pragmatische Merkmale der Situation, in der die Struktur verwendet wird, nicht eindeutig interpretieren. So kann der Satz
(11) *The train leaves at six.*
weder als eindeutig gegenwartsbezogen noch als eindeutig vergangenheitsbezogen oder zukunftsbezogen interpretiert werden. Durch eine kontextuelle Hinzufügung wie
(12) *The train leaves at six tomorrow.*
wird dagegen ein eindeutiger Zeitbezug erkennbar.

Für die unterrichtliche Behandlung grammatischer Strukturen spielen zwei linguistische Merkmale eine wichtige Rolle. Dabei handelt es sich um die
(a) syntagmatische Beziehung zwischen Sprachelementen und
(b) die paradigmatische Beziehung zwischen Sprachelementen.

Betrachten wir dazu den Satz (13):
(13) *This is Mr Dent.*

Die Elemente dieses Satzes sind syntagmatisch miteinander verbunden, d.h. zwischen *this* und *is* besteht eine gegenseitige Abhängigkeitsbeziehung: Bei satzeinleitendem *these* müßte *are* statt *is* folgen.
Ebenso besteht zwischen *this is* und *Mr Dent* eine Beziehung. Bei satzeinleitendem *this is* kann nur eine Ergänzung wie *Mr Dent,* nicht aber eine Ergänzung wie *my parents* folgen. Diese (horizontale) Abhängigkeitsbeziehung, durch welche nebeneinanderstehende Elemente eines Satzes miteinander verbunden sind, heißt syntagmatische Beziehung.
In dem Satzrahmen *This is Mr Dent* läßt sich *Mr Dent* durch andere Sprachelemente mit derselben Funktion ersetzen, zum Beispiel:

This is Mr Dent
Miss Barton
Mr Pim
Jane
Sarah

Diese (vertikale) Austauschbeziehung zwischen Elementen mit gleicher Funktion heißt paradigmatische Beziehung.

6.2.2 Sachanalyse

Bei der Analyse von grammatischen Strukturen sind zu erarbeiten:
(a) Beschreibung der Lautform(en)/Schriftform(en) unter Berücksichtigung stilistischer Variationen
(b) Beschreibung der Funktion(en)
(c) Angabe der Kontextmerkmale, Situationsmerkmale oder der pragmatischen Merkmale, die zur eindeutigen Interpretation der Funktion einer grammatischen Struktur erforderlich sind
(d) Abgrenzung von anderen grammatischen Strukturen mit ähnlichen Formen oder Funktionen
(e) interlinguale Interferenzursachen, Transfermöglichkeiten
(f) intralinguale Interferenzursachen, Transfermöglichkeiten.

6.2.3 Didaktische Analyse

Auswahl

Bei der Frage der Auswahl muß zwischen der Auswahl von Formen und der Auswahl von Funktionen unterschieden werden. So wird kein Sprachkurs für die Sekundarstufe I auf die Vermittlung des *simple present* verzichten können. Ob jedoch alle Funktionen des *simple present* vermittelt werden sollen, ist eine andere Frage. So hat das *simple present* u.a. auch die Funktion, vergangene Geschehnisse wiederzugeben, z.B.

> Last week I'*m* in the sitting-room with my wife, when this chap next door *staggers* past and in a drunken fit *throws* a brick through our window.[5]

Im Englischunterricht der Sekundarstufe I wird man in der Regel auf diese Funktion des *simple present* (im allgemeinen als *historic present* bezeichnet) verzichten.
Nicht verzichten wird man dagegen auf die Möglichkeit, in der Zukunft Vergangenes (*future in the past*) auszudrücken. Dafür stehen zwei Formen zur Verfügung

(14) *When I have finished my coffee, I will go out.*
(15) *When I will have finished my coffee, I will go out.*

In Kontexten dieser Art wird man sich im allgemeinen auf die Form (14) beschränken, da sie umgangssprachlich häufiger und grammatisch weniger komplex ist.
Die Auswahl grammatischer Strukturen wird u.a. bestimmt von den schul-

---

5 Beispiel nach Leech, Geoffrey N. *Meaning and the English Verb*. 2nd ed. London, 1987. S. 11.

art- und schulstufenspezifischen Lernzielen (z. B. Kommunikationsfähigkeit in Alltagssituationen), Eigenschaften der Lernenden (anthropogene und sozio-kulturelle Voraussetzungen), Häufigkeit einer grammatischen Struktur, Reichweite der Verwendung einer grammatischen Struktur, stilistische Brauchbarkeit (Neutralität) und Lernbarkeit. Bei der Arbeit mit einem Lehrwerk ist die Auswahl meist von den Lehrwerkautoren vorentschieden. Oft ist es jedoch notwendig, die Entscheidungen des Lehrwerks kritisch zu überdenken.

Zu: Arbeit mit grammatischen Strukturen. Auswahl

Im Lehrwerk *Learning English Green Line 6.* S. 38 werden Partizipialkonstruktionen mit eigenem Sinnsubjekt eingeführt, z. B. „The law being *unable to catch all the members of the gang, Capone's business survived* [...]".

Weist die zugehörige Grammatik (Ungerer et al. *Learning Englisch: Grundgrammatik – Ausgabe für Gymnasien.* Stuttgart, 1989. S. 116) darauf hin, daß diese Konstruktion besonders häufig in Fachtexten und kaum in der Alltagskommunikation auftritt?
Welche Schlußfolgerungen für die Behandlung dieser Konstruktion am Ende der Sekundarstufe I sind daraus zu ziehen?
Differenzieren Sie Ihre Antwort nach lernstarken Schülern, lernschwachen Schülern und produktiver oder rezeptiver Beherrschung der Struktur.

Abstufung

Da eine grammatische Erscheinung durch unterschiedliche Formen repräsentiert sein kann und da diese Formen sehr oft verschiedene Funktionen aufweisen, ist unter dem Gesichtspunkt „Abstufung" zu entscheiden, in welcher Reihenfolge und in welchen Abständen bestimmte Formen und bestimmte Funktionen im Unterricht behandelt werden sollen. Bei der Arbeit mit einem Lehrwerk kann der unterrichtende Lehrer im allgemeinen nicht frei darüber entscheiden, ob er hinsichtlich der Form einer grammatischen Struktur eine andere Abstufung wählt als das Lehrbuch. Betrachten wir dazu das folgende Beispiel.

Die meisten Lehrwerke für den Englischunterricht wählen hinsichtlich der grammatischen Strukturen *simple present* und *present progressive* die Reihenfolge 1. *present progressive,* 2. *simple present.* Diese Reihenfolge wird gewählt, obwohl *progressive forms* weniger als 10% aller Verbformen im authentischen Sprachgebrauch ausmachen.

Für den Unterricht hat das zur Folge, daß mit Ausnahme von Sätzen mit den Verben *be* (*This is Kevin*) und *have* (*Mr Brown has a car*), die in der einfachen Form auftreten, viele Wochen lang ausschließlich Sätze im *present progressive* benutzt werden (*Kevin is playing the piano*). Ein Lehrer,

der aufgrund des authentischen Sprachgebrauchs diese beiden grammatischen Strukturen im Unterricht in umgekehrter Reihenfolge behandeln möchte, steht vor schwierigen Problemen.
Eine Einführung des *simple present* vor dem *present progressive* würde bedeuten, daß der Lehrer sehr bald nach der Einführung des *simple present* auch die stark interferenzträchtigen Strukturen wie *Does Kevin go to school every day?* und *Mr Brown doesn't go to school* behandeln müßte, da ein Unterricht, der die kommunikativen Bedürfnisse der Schüler berücksichtigen will, kaum auf Sprachmittel der Frage und Verneinung verzichten kann.

Allgemein gesagt: Eine Entscheidung des Lehrers, die vom Lehrwerk angebotene Reihenfolge von grammatischen Strukturen zu verändern, ist mit einem erheblichen, vom einzelnen Lehrer kaum zu leistenden Aufwand verbunden, weil jede Änderung dieser Art eine große Zahl von Veränderungen an anderen Stellen erforderlich macht.
Hinsichtlich der Funktionen einer grammatischen Struktur sollte jedoch sehr genau geprüft werden, ob das Lehrwerk eine angemessene Trennung oder Verbindung einzelner Funktionen vornimmt. Für das *present perfect* würde sich beispielsweise eine klare Trennung der kontinuativen Funktion von den anderen Funktionen empfehlen, da beide unterschiedliche deutsche Entsprechungen haben (*Ich wohne seit zwei Jahren hier* vs. *Ich habe die Schuhe geputzt*).

Zu: Arbeit mit grammatischen Strukturen. Abstufung

Benutzen Sie zur Beantwortung der Fragen 1 und 2: Mindt, Dieter. „Richtlinien und Lehrwerke für den Englischunterricht: Wie steht es mit den Grammatikkenntnissen der Kultusminister?“ *Praxis des neusprachlichen Unterrichts,* 36 (1989) 4, S. 347–356.
In vielen Lehrwerken für den Englischunterricht wird *going to* als erstes Ausdrucksmittel für den futurischen Zeitbezug eingeführt (meist im 2. Lehrjahr), danach als zweites Ausdrucksmittel *will* (meist im 3. Lehrjahr).

1. Welche Argumente sprechen für die Umkehrung dieser Reihenfolge?
2. Durch welche Vorschriften wird eine dem englischen Sprachgebrauch angemessene Reihenfolge der Behandung von *will* und *going to* im Englischunterricht verhindert?

Für die Beantwortung der Frage 3 benutzen Sie bitte die folgenden Lehrwerke: a) *English live: Ausgabe A, Band 1.* München, 1990. b) *English G OS 1: Neue Ausgabe.* Berlin, 1986.

3. In welche Teile wird die Behandlung des *simple present* in den genannten Lehrwerken aufgegliedert?

Darbietung

Zu den in jedem fremdsprachlichen Unterricht auftretenden Phasen

<table>
<tr><td rowspan="2">Sprachaufnahme</td><td colspan="2">Sprachverarbeitung</td><td rowspan="2">Sprachanwendung</td></tr>
<tr><td>Einübung</td><td>Transfer</td></tr>
</table>

kann bei bestimmten grammatischen Strukturen eine zusätzliche Phase hinzutreten, in der dem Lernenden vermittelt wird, welcher Gesetzmäßigkeit eine sprachliche Struktur folgt (Bewußtmachung einer Regel). Diese Phase, die als Bewußtmachungs- oder Kognitivierungsphase bezeichnet wird, ist Bestandteil der Sprachverarbeitungsphase. Zimmermann stellt sie zwischen die Phasen der Einübung und des Transfers, so daß sich für den Fall, daß bei der Vermittlung einer grammatischen Struktur eine Bewußtmachung erfolgt, das folgende Phasenschema für den Grammatikunterricht ergibt:[6]

<table>
<tr><td rowspan="2">Sprachaufnahme</td><td colspan="3">Sprachverarbeitung</td><td rowspan="2">Sprachanwendung</td></tr>
<tr><td>Einübung</td><td>Bewußtmachung</td><td>Transfer</td></tr>
</table>

Sprachaufnahme

Da jede grammatische Struktur einen bestimmten Stellenwert innerhalb von Sprachäußerungen und Redeabsichten hat, sollte in der Sprachaufnahmephase die neu einzuführende grammatische Struktur in einem situativen Zusammenhang dargeboten werden, der ihre Gebrauchsmöglichkeiten deutlich veranschaulicht. So wäre beispielsweise die Neueinführung von *will* als Ausdrucksmittel von *future time* mit Hilfe des Rahmenthemas *Next summer holidays* möglich.

Beispiel:
Next year Kevin will be in America.
He will go to New York.
He will go to Washington. *etc.*

---

6 Vgl. Zimmermann, Günther. *Grammatik im Fremdsprachenunterricht.* Frankfurt am Main, 1977. S. 94f.

Für die Sprachaufnahme ist es zunächst erforderlich, daß dem Schüler eine Vorgabe dargeboten wird, die die neue Struktur enthält (Beispiel: Vorgabe durch den Lehrer). Um die Situation anschaulich zu machen, sollte – wo immer dies möglich ist – eine visuelle Unterstützung hinzutreten. So könnte beispielsweise die obige Einführung von *will* anhand einer Karte der Vereinigten Staaten erfolgen, der die Schüler die Städtenamen entnehmen können.

Erst wenn der Schüler die neue Struktur sicher erkannt hat, kann zu einer ersten Imitation übergegangen werden. Der Schüler äußert dabei Sätze, die mit der Vorgabe identisch sind oder nur geringfügig von ihr abweichen.

Um dies zu erreichen, können beispielsweise zunächst die Personen und eventuell zusätzlich die Orte ausgetauscht werden. So könnte z.B. anhand einer zweiten Karte oder anderer Orte auf der gleichen Karte über die Reiseziele einer oder mehrerer anderer Personen gesprochen werden (Impuls des Lehrers: *What are Julia's/Joe's holiday plans for next year?*).

Um die Konzentration des Schülers während der Sprachaufnahmephase in vollem Umfang auf die neu zu erlernende grammatische Struktur zu richten und die erforderliche Isolierung von Schwierigkeiten zu gewährleisten, sollte die Einführung neuer grammatischer Strukturen nicht gleichzeitig die Einführung neuer Wortschatzelemente oder idiomatischer Wendungen erfordern. Sollten unbekannte Wörter oder Wendungen für die Herstellung eines situativen Zusammenhangs notwendig sein, so ist es zweckmäßig, ihre Einführung von der der grammatischen Struktur zu trennen. Auch ist eine unter Umständen notwendige Wiederholung bereits bekannten Wortschatzes vor der Sprachaufnahmephase der grammatischen Struktur oft zweckmäßig, damit die Sprachaufnahme und die sich anschließende erste Einübung ohne Belastung durch andere Lernprobleme ablaufen können.

Das Prinzip der Trennung zwischen neuen grammatischen Strukturen und neuem Wortschatz wird in Lehrwerken nicht immer konsequent beachtet, so daß es hier in der Sprachaufnahmephase zu einer Häufung von Schwierigkeiten kommen kann. Besonders bei lernschwachen Schülern sollten die erste Darbietung und Einübung des neuen Wortschatzes und der neuen Strukturen zunächst unabhängig voneinander und losgelöst vom Lehrbuch erfolgen.

Die Reihenfolge der Fertigkeiten ist hier gleichfalls zu beachten. Besonders in den ersten Unterrichtsjahren gilt, daß zunächst die Darbietung des Lautbildes mit anschließender Imitation dieses Lautbildes durch den Schüler erfolgt. Erst danach wird das Schriftbild präsentiert.

In der Regel bemühen sich Lehrwerke um die Schaffung eines situativen

Rahmens zur Einführung neuer grammatischer Strukturen. Wo dies nicht der Fall ist oder wo die vom Lehrwerk verwendete Situation dem Lehrer unangemessen erscheint, muß er selbst einen passenden und sinnvollen Situationsrahmen finden, der zwingend die Funktion der neuen grammatischen Struktur veranschaulicht.

Zu: Darbietung. Sprachaufnahme

1. Welcher Situationsrahmen wird zur Einführung der Bildung von Entscheidungsfragen mit *do* vom Lehrbuch *Let's go 1.* Stuttgart, 1984. S.92 vorgeschlagen?
2. Welchen Situationsrahmen schlagen Detlev und Margaret von Ziegésar für die Einführung der Fragebildung mit *do* vor? Vgl. Ziegésar, Detlev und Margaret von. *Einführung von Grammatik im Englischunterricht: Materialien und Modelle.* München, 1992.
3. Wodurch zeichnet sich nach Harmer eine gute Sprachaufnahmephase aus? Benutzen Sie zur Beantwortung Harmer, Jeremy. *Teaching and Learning Grammar.* Harlow, 1987. S. 18.

Sprachverarbeitung

Einübung

Nach der Sprachaufnahme muß der Lernende eine wachsende Verfügbarkeit über die neu zu erlernende grammatische Struktur gewinnen. Dies bedeutet zunächst, daß er die neue grammatische Struktur formal korrekt bilden lernt, zum Beispiel in *He'll go to New York next year* die korrekte Aussprache und Verbindung von *'ll* + Infinitiv ohne *to.* Zur formalen Korrektheit gehören nicht nur die morphologische Korrektheit, sondern auch die Korrektheit der Aussprache und Intonation.
Ferner muß der Schüler lernen, die neue Struktur mit den angemessenen Kontexten zu verbinden, also zum Beispiel *will* in Verbindung mit adverbialen Bestimmungen wie *next year,* nicht jedoch mit solchen wie *last year* oder *two days ago.* Es ist daher von besonderer Wichtigkeit, schon in der Einübungsphase mit eindeutigen Kontexten zu arbeiten.
Die sprachliche Aktivität des Schülers in der Einübungsphase ist weitgehend von Steuerungsimpulsen abhängig. Ein häufig verwendetes Hilfsmittel innerhalb der Einübungsphase ist der *substitution table.* Er macht Gebrauch von den paradigmatischen Beziehungen von lexikalischen Elementen innerhalb eines syntagmatischen Rahmens. Ein *substitution table* für Strukturen mit *will* könnte die Form (16) haben:

(16) *He'll go to*	*New York*	*next year*
	San Francisco	
	Washington	
	Chicago	
	...	

Da alle Elemente innerhalb eines solchen *substitution table* mit funktional gleichen Elementen austauschbar sind, kann der *substitution table* die erweiterte Form (17) erhalten.

(17) *Peter*	*'ll*	*go to*	*New York*
Mr Brown		*visit*	*Washington*
Jane		*see*	*the Empire State Building*
We			*the White House*
...		...	...

Bereits dieser kurze *substitution table* bietet die Möglichkeit der Bildung von über vierzig Sätzen mit derselben Struktur. Ein solcher *substitution table* kann im Verlauf eines Klassengesprächs allmählich an der Tafel entstehen und während des Gesprächs oder im Anschluß daran zum Abruf von strukturell gleichen Sätzen benutzt werden. Dabei kann eine Binnendifferenzierung der Art vorgenommen werden, daß die leistungsstärkeren Schüler den *substitution table* um Sätze mit neuen Austauschelementen erweitern, während die leistungsschwächeren Schüler zur Produktion nach Vorgabe des *substitution table* herangezogen werden. Durch spätere Hinzufügung oder Wegnahme einzelner Spalten eines *substitution table* können Komplexität und Schwierigkeitsgrad der Übung verändert werden.

Bei der Arbeit mit *substitution tables* ist zu beachten, daß keine thematisch unverbundenen und inhaltsleeren Sätze eingedrillt werden, sondern daß alle Äußerungen sich auf einen zuvor erstellten situativen Rahmen beziehen, z.B. einen Text, ein Bild, eine Tabelle etc.

In der Einübungsphase kann das Sprachlabor eine wichtige Rolle spielen. Die meisten Sprachlaborübungen haben typische Charakteristika der Einübungsphase, da es sich hier um weithin gesteuerte Sprachproduktion durch den Schüler handelt, die in späteren Phasen des Lernprozesses gegenüber einer mehr kreativen Verwendung der neuen Sprachmittel zurücktritt.

Beispiel für eine Sprachlaborübung zur Bildung von Relativsätzen mit dem Relativpronomen *who*:[7]

Tonband: *A butcher*
Schüler: *A butcher is a man who sells meat.*

---

7 Nach Dakin, Julian. *The Language Laboratory and Language Learning*. London, 1973. S. 73.

Tonband:	*A baker*
Schüler:	*A baker is a man who sells bread.*
Tonband:	*A greengrocer*
Schüler:	*A greengrocer is a man who sells fruit and vegetables.*

Solche Reihenübungen, mit deren Hilfe bestimmte Satzbaumuster unter Austausch lexikalischer Elemente eingeübt werden, heißen *pattern drills.*

Bewußtmachung

Nicht alle grammatischen Strukturen bedürfen der Bewußtmachung (Kognitivierung), um dem Schüler in angemessener Zeit verfügbar zu sein. So dürfte beispielsweise die englische Fragebildung in Sätzen vom Typ *Can you play football?* keine Bewußtmachung erfordern. Bei der Vermittlung des Fragesatztyps *What do you see?* wird jedoch im allgemeinen auf eine kognitive Hilfe nicht verzichtet. Bewußtmachung wird also besonders dort erforderlich sein, wo eine grammatische Struktur wegen ihrer Schwierigkeit, der Möglichkeit von Interferenzen und der Fehlerhäufigkeit zum Lernproblem wird.
Die Erarbeitung einer sprachlichen Gesetzmäßigkeit kann auf zwei verschiedene Weisen erfolgen: deduktiv und induktiv.
Beim deduktiven Lernen wird dem Schüler die grammatische Regel vorgegeben (durch das Lehrwerk oder den Lehrer). Die anschließend präsentierten Beispiele sollen dazu dienen, dem Schüler deutlich zu machen, daß es sich dabei jeweils um einen speziellen Fall der vorgenannten Regel handelt.
Beim induktiven Lernen werden dem Schüler Beispiele vorgegeben. Aus diesen Beispielen leitet er (allein oder mit Hilfe des Lehrers) die grammatische Regel ab. Die induktive Erarbeitung einer grammatischen Regel wird heute der deduktiven Erarbeitung vorgezogen.
Beispiel für die induktive Erarbeitung einer grammatischen Regel für einen Teilbereich der Pluralbildung der Substantive. Tafelbild:

one ball	*two balls*
one dog	*three dogs*
one boy	*five boys*

Aus einem solchen (vom Lehrer vorgeplanten) Tafelbild, in dem Beispiele der Sprachaufnahme oder der Spracheinübung verwendet werden, kann eine Gesetzmäßigkeit der Pluralbildung englischer Substantive durch die Schüler selbst herausgefunden werden. Dabei helfen Hervorhebungen durch Unterstreichungen, Schrift in farbiger Kreide etc.
Bei der Formulierung der Regel erheben sich zwei Fragen:
(a) Kann auf grammatische Fachbegriffe bei der Formulierung der Regel verzichtet werden?

(b) Soll die Formulierung der Regel in der Muttersprache oder in der Fremdsprache erfolgen?

Linguistische Darstellungen der englischen Sprache benutzen eine komplizierte Fachterminologie, die noch dadurch an Übersichtlichkeit verloren hat, daß durch unterschiedliche linguistische Schulen (generative Transformationsgrammatik, Dependenzgrammatik etc.) ein Begriffsapparat entstanden ist, der weit über das Begriffsinventar der Schulgrammatik hinausreicht. Hinzu kommt, daß viele grammatische Begriffe von Vertretern verschiedener Schulen mit unterschiedlichen Bedeutungen verwendet werden. Angesichts dieser Sachlage sollte auf die linguistische Fachterminologie bei der Formulierung einer grammatischen Regel soweit wie möglich verzichtet werden. Ziel der Erarbeitung einer grammatischen Regel im Englischunterricht der Sekundarstufe I ist nicht in erster Linie ein Wissen über Sprache, sondern eine Verbesserung des Sprachkönnens.
Die Frage, ob eine Bewußtmachung besser in der Muttersprache oder in der Fremdsprache erfolgen sollte, ist von vielen Faktoren abhängig, z.B. von der Komplexität der Regel. Überall dort, wo die fremdsprachliche Formulierung das Verständnis der Regel insgesamt in Frage stellt oder einen komplizierten neu zu erlernenden fremdsprachlichen Begriffsapparat erfordert, kann die Bewußtmachung als separater kurzer Unterrichtsabschnitt in der Muttersprache erfolgen.
Das Konzept der Signalgrammatik verzichtet auf grammatische Fachterminologie und ermöglicht gleichzeitig eine Bewußtmachung ohne Rückgriff auf die Muttersprache.
Die Signalgrammatik benutzt sogenannte Signalwörter, die in charakteristischer Weise mit einer bestimmten grammatischen Struktur zusammen auftreten. Eine signalgrammatische Bewußtmachung für das *past tense* könnte die folgende Form haben:

last year		*I went*
last week	→	*I saw*
yesterday		*I met*

Ein anderes Konzept der Bewußtmachung unter Verzicht auf grammatische Fachterminologie ist die sogenannte Bildgrammatik. Hier werden bildliche Darstellungen benutzt, um grammatische Regeln darzustellen. Beispiel:

Peter is running.

Eindeutige bildgrammatische Hilfen dieser Art lassen sich jedoch nur für einen Teil der grammatischen Strukturen des Englischen finden.
Am Ende der Bewußtmachungsphase ist ein im Verlauf dieser Phase entstandenes Tafelbild sichtbar. Dieses Tafelbild enthält nicht nur die Beispielsätze, an denen die Merkmale der grammatischen Struktur induktiv erarbeitet wurden, sondern in stichwortartiger Form erläuternde Hinweise für die formale Bildung, zentrale Angaben zur Funktion, Markierung typischer Kontextmerkmale, etwa durch Unterstreichung oder farbige Hervorhebung. Vereinfachte Varianten des Tafelbildes können später als wirksame Merk- und Erinnerungshilfe herangezogen werden.

Zu: Sprachverarbeitung. Bewußtmachung

Welche Vorzüge und Nachteile nennt Zimmermann, Günther. *Grammatik im Fremdsprachenunterricht.* Frankfurt am Main, 1977. S. 129f. für die signalgrammatische Bewußtmachung?

Transfer

Wenn neue Sprachmittel die Phase der Einübung und gegebenenfalls der Bewußtmachung durchlaufen haben, müssen methodische Maßnahmen getroffen werden, um ihre Verfügbarkeit in neuen Situationen anzubahnen. Erfahrungsgemäß reicht das Üben von *pattern drills* nicht aus, um die Übertragung auf neue Situationen zu gewährleisten.
Die Aufgabe des Lehrers in dieser Unterrichtsphase besteht darin, zunächst durch Abwandlung bekannter Situationen und später durch Verwendung neuer Situationen den „Gebrauchsradius einer grammatischen Eigenschaft“[8] für den Schüler deutlich werden zu lassen.
Dies geschieht in sogenannten Minimalsituationen, die so strukturiert sind, daß in ihnen neben der neuen grammatischen Struktur keine weiteren neuen Sprachmittel auftreten.
Beispiel: Der englische *s*-Genitiv
In der Sprachaufnahmephase und in der Phase der Einübung ist der *s*-Genitiv mit den Personen des Lehrbuchs und mit Gegenständen, die diesen Personen gehören, eingeführt worden, z.B.

Kevin's room
Sandra's dog
Jane's camera etc.

Um einen neuen situativen Rahmen zu verwenden, werden im Klassenraum befindliche Dinge, die den Schülern gehören, zum Gegenstand der Übung gemacht.

8 Zimmermann. *Grammatik.* S. 95.

Schritt 1: Lehrer nimmt ein Buch in die Hand.

L: *Whose book is it?*
S: *It's Mike's book.*
L: *Whose biro is it?*
S: *(It's) Robert's (biro).*

Schritt 2: Schüler übernehmen auch die Rolle des Fragenden.

S: *Whose exercise book is it?*
S: *It's Martin's exercise book.*
S: *Whose umbrella is it?*
S: *(It's) Bettina's (umbrella).*

Im Gegensatz zur Einübungsphase unterliegen hier die Schüler nicht mehr ausschließlich der Steuerung durch den Lehrer oder durch ein Medium (zum Beispiel Sprachlabor), sondern können (in Schritt 2) die gesamte sprachliche Aktivität selbst übernehmen.

Wichtig für einen Erfolg der Transferphase ist die Häufigkeit der Übungen, die Variation der Übungsformen und der ständige Wechsel von Situationen. Lehrwerke bieten in der Regel nur einen Teil der erforderlichen Übungsmöglichkeiten, so daß hier der Einfallsreichtum und die Flexibilität des Lehrers in besonderem Maße herausgefordert sind.

Für die Phase der Sprachverarbeitung steht insgesamt ein breites Repertoire von unterschiedlichen Übungsmöglichkeiten zur Auswahl.

Zu den Techniken der Gestaltung von Übungen gehören: Zuordnen, Ergänzen/Einsetzen, Umwandeln.

Beispiel: Zuordnung. Relativpronomina

Fill in who *or* which *or leave a blank.*

A person ... teaches English is an English teacher.
The book ... we use for writing is an exercise book.
The first foreign language ... we learn at school is English.
The second foreign language ... is taught at our school is French.

Beispiel: Ergänzen/Einsetzen. Verbform im Nebensatz eines konditionalen Satzgefüges

Fill in the blanks.

If I ... more money, I would go to America this summer.
If I ... more time, I would often play tennis.
If I ... you, I would join a football team.

Beispiel: Umwandlung. Direkte Rede – indirekte Rede

This is what our exchange student has told you about herself:

„I live in Edinburgh. I have two brothers and a sister.
My mother is a nurse. My father works in an office."

She is ill. She cannot come to school. You have to report what she told you. Start like this: Jane told me that she ...

Am Anfang stehen Übungsformen mit Vorgaben und Auswahlmöglichkeiten, später können Ergänzungen und Umwandlungen ohne Vorgaben verlangt werden. Die Übungen sollten beim Mündlichen beginnen und zu schriftlichen Formen übergehen. Mündliche Übungen können durch visuelle Stimuli (Bilder) gestützt werden. Schriftliche Übungen können durch Tafelbilder und Folien auf dem Arbeitsprojektor vorbereitet werden. Wenn das Übungsangebot des Lehrbuchs oder des *Workbook* als nicht ausreichend oder angemessen empfunden werden, sind zusätzlich *Worksheets* geeignete Vorlagen für die Individualarbeit oder Arbeit in Kleingruppen. Die Erstellung von *Worksheets* für unterschiedliche Leistungsniveaus ist ein bewährtes Mittel der Differenzierung. Der Wechsel zwischen Übungsformen mit abgewandelten situativen Vorgaben, veränderten Kontexten und einem zunehmenden Grad der Freiheit bei den Antworten ist für einen abwechslungsreichen Unterricht und die Vorbereitung der Sprachanwendung von großer Bedeutung.

> *Zu: Sprachverarbeitung*
>
> Welche Übungsformen mit zunehmendem Anspruchsniveau werden von Heuer, Helmut und Friederike Klippel. *Englischmethodik.* Berlin, 1987. S. 149f. vorgeschlagen?

Sprachanwendung

Nach der Transferphase sollen die neuen Sprachmittel so weit verfügbar sein, daß sie in neuen Situationen spontan vom Schüler abrufbar sind. Diese spontane Abrufbarkeit ist dann gewährleistet, wenn der Schüler in der Lage ist, diese Struktur in freier Kommunikation zu verwenden, d.h. sie auch dann verfügbar zu haben, wenn er sich auf den Inhalt einer Aussage konzentriert und die Form der Aussage seine Aufmerksamkeit nicht mehr überwiegend in Anspruch nimmt.[9]

Auch hier liegt die zentrale Aufgabe des Lehrers darin, Situationen aufzubauen, die für den Schüler einen motivierenden Sprechanlaß darstellen und gleichzeitig als Maximalsituationen so angelegt sind, daß sie die Verwendung mehrerer grammatischer Strukturen nebeneinander erfordern.

Die rezeptive Anwendung neuer grammatischer Strukturen erfolgt beim Verstehen von neuen Hör- und Lesetexten.

Die Anwendungsphase, die sich auf die Sprachproduktion bezieht, kann sowohl dialogisch (z.B. Einkaufsgespräch) als auch monologisch (z.B. Bericht eines Schülers) angelegt sein, sie kann neben der mündlichen auch die

9 Vgl. Zimmermann. *Grammatik.* S. 96.

schriftliche Sprachproduktion umfassen (Schreiben eines Briefes, eines Artikels, etc). Eine wichtige Hilfe für die Bereitstellung einer Situation können Medien sein, zum Beispiel Darstellung einer Situation durch ein Bild, einen Tonbanddialog, einen Videofilm.

Literatur zu: Arbeit mit grammatischen Strukturen

Harmer, Jeremy. *Teaching and Learning Grammar.* Harlow, 1987.

Ur, Penny. *Grammar Practice Activities.* Cambridge, 1988.

Ziegesar, Detlef und Margaret von. *Kommunikative Grammatikübungen für den Englischunterricht Sekundarstufe I.* Stuttgart, 1981.

Ziegésar, Detlev und Margaret von. *Einführung von Grammatik im Englischunterricht: Materialien und Modelle.* München, 1992.

Zimmermann, Günther. *Grammatik im Fremdsprachenunterricht.* Frankfurt am Main, 1977.

6.3 Textarbeit

Die Arbeit mit Texten unterscheidet sich von der Wortschatzarbeit sowie von der Arbeit mit grammatischen Strukturen, mit phonologischen Elementen und mit Sprachfunktionen. Bei der Arbeit mit Texten müssen Elemente aus allen Strukturschichten der Sprache in ihrem gegenseitigen Zusammenwirken richtig erkannt und in ihrer speziellen Verwendung verstanden werden. Textarbeit wird daher mit Recht als besonders wichtiger Bereich des Fremdsprachenunterrichts angesehen.

Jeder gesprochene oder geschriebene Text besteht aus phonologischen oder graphemischen Elementen. Aus deren Zusammenfügung entstehen lexikalische Elemente. Diese vermitteln in syntaktischen Anordnungen unter Verwendung bestimmter Stilelemente semantische und pragmatische Informationen an den Hörer oder Leser.

Der Erwerb des phonologischen und graphemischen Systems ebenso wie der Erwerb von lexikalischen Elementen und grammatischen Strukturen einer Sprache haben damit wesentliche vorbereitende Funktionen. Sie verfolgen das Ziel, dem Schüler Bausteine zur Kommunikation mit *native speakers* verfügbar zu machen. Schon diese vorbereitenden Unterrichtsschritte sollten immer neue kommunikative Handlungen (wenn auch anfangs von geringem Umfang) ermöglichen. Das Ziel der Textarbeit besteht darin, eine möglichst umfassende Kommunikationsfähigkeit durch Verständnis und Produktion gesprochener und geschriebener Texte mit allmählich ansteigendem Schwierigkeitsgrad zu erreichen.

Textarbeit ist der komplexeste Teil des Fremdsprachenunterrichts. Sie erfordert nicht nur die Kenntnis von linguistischen Elementen der Zielsprache und ihrer stilistischen Mittel, sondern auch ein Wissen über die Welt im allgemeinen, über Handlungskonventionen des sozialen Miteinanders und vielfach auch über spezielle Gegebenheiten des Kulturkreises der Zielsprache. Die Komplexität erhöht sich noch dadurch, daß es viele unterschiedliche Textsorten gibt. Hinzu kommt, daß eindeutige Abgrenzungskriterien für die verschiedenen Textsorten nicht existieren, denn die Übergänge zwischen ihnen sind oft fließend. Aus diesem Grund ist es hier nur möglich, auf die elementarsten Aspekte zur Textarbeit im Englischunterricht einzugehen.

6.3.1 Komponenten und Eigenschaften von Texten

Jede sinnvolle Verbindung sprachlicher Elemente, die aus mehr als einem Satz besteht, kann als Text betrachtet werden. Üblicherweise wird der Begriff Text vor allem für solche Verknüpfungen von Sätzen verwendet, die ein gewisses Maß an Geschlossenheit und innerem Zusammenhang aufweisen.

Texte können in gesprochener und geschriebener Form vorliegen und lassen sich für die Förderung aller vier Fertigkeiten einsetzen. Das Hörverstehen wird durch gesprochene, das Leseverstehen durch geschriebene Texte geschult. Die produktiven Fertigkeiten Sprechen und Schreiben können sowohl durch gesprochene als auch durch geschriebene Texte gefördert werden.

Beispiele für gesprochene Texte sind: die Ansage auf dem Flughafen, das Interview, das Hörspiel, die Gedichtrezitation. Beispiele für geschriebene Texte sind: die Gebrauchsanleitung, der Zeitungsartikel, das Drama, der Roman.

Texte verfolgen bestimmte Ziele: Überzeugung der Zuhörer (Ansprache), die richtige Bedienung eines Geräts (Gebrauchsanleitung), Information über einen Sachverhalt (Zeitungsartikel), Darbietung eines Geschehens (Drama), Darstellung von Ereignisverknüpfungen und Charakteren in Raum und Zeit (Roman).

Ein besonderer Texttyp ist der Lehrwerktext, soweit es sich hierbei nicht um einen authentischen Text handelt. Der Lehrwerktext dient nicht allein der Übermittlung eines Inhalts, sondern steht oft unter der Vorgabe bestimmter Lernziele. Dieser Zweck beeinflußt die Struktur von Lehrwerktexten, z.B. durch gezielte Überrepräsentanz einer bestimmten grammatischen Struktur.

Texte unterscheiden sich nach dem Umfang bewußter sprachlicher Formung durch den Autor. Ein sehr geringes Maß an sprachlicher Formung ist im allgemeinen feststellbar bei unbemerkten Aufzeichnungen informeller Gespräche oder bei Notizen für den Eigengebrauch, die nur dem Verfasser

selbst verständlich zu sein brauchen. Ein höheres Maß an bewußter sprachlicher Formung ist dann erforderlich, wenn der Inhalt eines Textes auch für andere in eindeutiger Weise verständlich sein soll (z.B. Ansprachen, Briefe). Das höchste Maß an sprachlicher Formung zeigt sich in dichterisch gestalteter Sprache. Hier vermittelt der Autor nicht nur Inhalte, sondern strebt gleichzeitig danach, die mit diesen Inhalten verbundenen Assoziationen und Gefühle durch die Sprachform auszudrücken. Die Sprachform wird dabei oft noch durch Metrum und Reimschema bestimmt.
Texte weisen eine äußere und eine innere Gliederung auf. Die äußere Gliederung manifestiert sich durch erkennbare Einschnitte wie Kapitelüberschriften, Aufteilung in Absätze, Gliederung in Strophen. Bei gesprochenen Texten erfolgt diese Gliederung z.B. durch Sprechpausen, auffallende Betonungen, Intonationsmuster oder Sprecherwechsel.
Die innere Gliederung eines Textes entsteht durch die Strukturierung nach inhaltlich bestimmten Gedanken-, Argumentations- oder Handlungszusammenhängen. Im Idealfall ist die äußere Gliederung eines Textes ein direktes Abbild seiner inhaltlichen Struktur, d.h., ein Gedanken- oder Handlungskomplex bildet einen eigenen Abschnitt oder ein Kapitel und ist auf diese Weise von anderen Komplexen getrennt. Dieser Idealfall (besonders erstrebenswert für argumentative wissenschaftliche Texte) ist aber nur selten gegeben. Texte, die stark dichterisch geformt sind, zeichnen sich oft durch Vielschichtigkeit im Zusammenspiel von äußerer und innerer Gliederung aus.
Texte können unterschiedlichen Stilebenen zugeordnet werden. Die zentralen Unterscheidungen, die das *Oxford English Dictionary*[1] für den Wortschatz vornimmt (s. Darstellung 1), lassen sich auch auf die wichtigsten Stilebenen der englischen Sprache übertragen.

Darstellung 1: Die Stilebenen des Englischen

LITERARY

COMMON

COLLOQUIAL

1 Murray, James A.H., Henry Bradley, W.A. Craigie und C.T. Onions. *The Oxford English Dictionary*. Oxford, 1933. Zusätzlich zu den hier wiedergegebenen Ebenen, die dem Zentralbereich des Englischen zugerechnet werden können, nennt das *Oxford English Dictionary* die folgenden Ebenen als Bestandteile des Peripheriebereichs: *scientific, foreign, technical, dialectal, slang.*

In der Mitte steht die Stilebene *common*, die nach oben in die Ebene *literary*, nach unten in die Ebene *colloquial* übergeht. Die einzelnen Stilebenen werden charakterisiert durch die spezifische Verwendung bestimmter Wortschatzelemente oder Wortschatzgruppen sowie durch bestimmte Wendungen und rhetorische Figuren als Stilmittel.
Texte können verschiedenen Textsorten zugeordnet werden. Eine wichtige Unterscheidung ist die zwischen erzählender Prosa (fiktionale Texte) und Texten mit dem Ziel der reinen Sachinformation (expositorische Texte).

Bei erzählenden Texten kann man weitere Bestimmungen z.B. nach der Art des Erzählstandpunkts vornehmen. So unterscheidet man etwa die Ich-Erzählung von der auktorialen Erzählung, bei der der Erzähler allwissend ist und das Geschehen aus der Sicht verschiedener Personen oder unterschiedlicher (auch wechselnder) Perspektiven darstellen kann.
Texte enthalten eine Botschaft. So soll eine Gebrauchsanleitung die richtige Verwendung eines technischen Geräts ermöglichen. Ein Zeitungsartikel gibt eine Information über einen Sachverhalt und kann gleichzeitig durch Hervorhebungen oder Auslassungen des Autors auf eine bestimmte Meinungsbildung des Lesers abzielen. Ein Drama, ein Hörspiel oder ein Roman gibt meist nicht nur einen vordergründigen Handlungsablauf wieder, sondern entwirft mit Hilfe eines Geschehensablaufs eine Beschreibung der psychologischen und sozialen Situation der handelnden Personen vor dem Hintergrund des vom Autor entworfenen Weltbildes.

> *Zu: Komponenten und Eigenschaften von Texten*
>
> Welche Begründungen gibt Hunfeld, Hans. *Englischunterricht: Literatur 5–10.* München etc., 1982. S. 15–22 für die Berücksichtigung literarischer Texte in der Sekundarstufe I?

6.3.2 Zum Verhältnis von Sachanalyse und didaktischer Analyse

Wegen der Komplexität der Textarbeit kann hier die Reihenfolge von (1) Sachanalyse und (2) Didaktische Analyse, die in vielen anderen Bereichen der Unterrichtsvorbereitung ein sinnvolles Verfahren darstellt, nicht starr eingehalten werden. Bevor nämlich in der Sachanalyse eine eingehende Untersuchung des im Unterricht zu behandelnden Textes vorgenommen werden kann, muß zunächst eine Entscheidung darüber getroffen werden, welcher Text im Unterricht behandelt werden soll.
In diese Entscheidung spielen Überlegungen hinein, die Aspekte der Sachanalyse und der didaktischen Analyse miteinander verknüpfen. So ist die Auswahl eines Textes von den Lernzielen der Klassenstufe und des Schultyps abhängig, ebenso wie von den Vorkenntnissen der Lernenden und ih-

rer Interessenlage. Der Text muß lexikalisch, grammatisch und stilistisch so beschaffen sein, daß dem Verständnis keine zu großen Hürden entgegenstehen. Ebenso müssen die Gedankenführung, die Handlungsführung und der Inhalt des Textes für die Schüler durchschaubar und nachvollziehbar sein.

Die Auswahl eines geeigneten Textes erfordert wegen der großen Zahl von gleichzeitig zu berücksichtigenden Gesichtspunkten einen erheblichen Aufwand und stellt auch den erfahrenen Lehrer immer wieder vor schwierige Entscheidungen. Bei der Auswahl von Texten für den Unterricht liegt der Schwerpunkt anfangs auf Texten, die den unmittelbaren Kommunikationsbedürfnissen der Schüler dienen. Daneben – und mit wachsender Sprachbeherrschung zunehmend – sollten auch „zeitlose“ und eher literarische Texte mitberücksichtigt werden. Dabei spielen Texte eine besondere Rolle, die die kulturelle Identität des englischen Sprachraumes als Gemeingut prägen (z. B. *Auld Lang Syne*).

6.3.3 Sachanalyse

Wenn ein Text gefunden ist, der in Einklang mit den Lernzielen des Schultyps und der Klassenstufe steht und die Interessenlage der Schüler angemessen berücksichtigt, ohne die Lernenden sprachlich und inhaltlich zu überfordern, kann die eigentliche Sachanalyse vorgenommen werden. Dabei sind die folgenden Punkte zu klären:

(a) Sprachliche Elemente
Welche der folgenden Elemente sind neu oder besonders schwierig? Wo treten Häufungen solcher Elemente auf?
- Lexikalische Schwierigkeiten (s. Kapitel *Wortschatzarbeit – Sachanalyse,* S. 148)
- Grammatische Probleme (s. Kapitel *Arbeit mit grammatischen Strukturen – Sachanalyse,* S. 164)
- Phonologische und graphemische Besonderheiten (s. Kapitel *Arbeit mit phonologischen Elementen – Sachanalyse,* S. 191 ff.)
- Pragmatische Elemente, die erklärungsbedürftig sind (s. Kapitel *Arbeit mit Sprachfunktionen – Sachanalyse,* S. 210)

(b) Inhalt/sachliches Vorwissen
Welchen allgemeinen Inhalt hat der Text? Welche Themenbereiche werden behandelt?
Welche Sachinformationen sind erforderlich, um den Text so vollständig wie möglich zu erfassen?

(c) Textsorte
Welcher Textsorte ist der Text zuzuordnen (z.B. Ansprache, dialogischer Hörtext, Sachtext, Brief, *Short story,* Gedicht, Drama, Roman)?

(d) Textstruktur
   - Äußere Gliederung des Textes (Kapitel, Unterkapitel, Absätze etc.)
   - Innere Gliederung des Textes (z.B. Handlungsverlauf, Handlungskomplexe, Abfolge der Gedanken, Argumente)
   - Stilebene(n) (*literary, common, colloquial*)
   - Stilmittel (z.B. rhetorische Figuren, Metrum)
   - Erzählperspektive(n) (z.B. Ich-Erzähler, auktorialer Erzähler).

(e) Botschaft des Textes
   An wen richtet sich der Text in welcher Situation und mit welcher Absicht?
   Welche Aussage vermittelt der Text über den äußeren Handlungsablauf hinaus?
   Welche Teile des Textes sind zentral, welche Teile sind für das Gesamtverständnis des Textes von untergeordneter Bedeutung?

Jede Textarbeit setzt bestimmte Schwerpunkte z.B. hinsichtlich der sprachlichen Mittel, der Textstruktur oder der Botschaft des Textes. Die Sachanalyse brücksichtigt diese Schwerpunkte durch einen entsprechend unterschiedlichen Umfang der Analyse der vorgenannten Punkte.

6.3.4 Didaktische Analyse

Auswahl

Sehr oft ist ein Text zu umfangreich, um in seiner Gesamtheit im Unterricht behandelt zu werden. In diesem Fall muß eine Verkürzung vorgenommen werden. Damit die wesentlichen Elemente des Inhalts und der Botschaft des Textes erhalten bleiben, muß hier auf die Ergebnisse der Sachanalyse zurückgegriffen werden. Kürzungen oder Auslassungen kommen für solche Textteile in Frage, die unwichtige Teile des Handlungsablaufs, der Gedankenführung oder der Botschaft des Textes betreffen.
Bei besonderen Schwierigkeiten sprachlicher Art kann es sinnvoll sein, bestimmte lexikalische Elemente oder grammatische Strukturen durch leichter verständliche Sprachelemente zu ersetzen, um dem Schüler den Zugang zum Inhalt zu erleichtern.
Veränderungen dieser Art sind bei sog. Gebrauchstexten (z. B. Gebrauchsanweisungen, Berichten, Informationsmaterial etc.) im allgemeinen problemlos. Ähnliches gilt für Texte, die speziell für den Englischunterricht verfaßt worden sind (z. B. *Easy Readers, Stories for Beginners* etc.). Sobald es sich jedoch um Texte handelt, die mit literarischer Absicht geformt sind, sollten Veränderungen nur nach sehr strenger Prüfung vorgenommen werden. Andernfalls besteht leicht die Gefahr, daß wesentliche Aspekte des Zusammenhanges von Inhalt und Form verzerrt oder entstellt werden.

Eine weitere Entscheidung betrifft das Maß an sprachlicher und inhaltlicher Durchdringung eines Textes im Unterricht. Man kann hier zwischen intensiver Textbehandlung und kursorischem Erfassen unterscheiden. Die kursorische Behandlung beschränkt sich auf die wichtigsten Aspekte des Textinhalts. Die Entscheidung, welche Textteile unter Berücksichtigung vieler Einzelheiten sprachlicher und inhaltlicher Art intensiv behandelt werden sollen und welche Textteile nur kursorisch behandelt werden, ergibt sich ebenfalls aus der Sachanalyse. Überlegungen zur Raffung von Textteilen durch kursorisches Erfassen kommen besonders dort in Frage, wo die Behandlung eines Textes sich über einen längeren Zeitraum erstreckt.

Zu: Textarbeit. Auswahl

Vergleichen Sie die von Stevick, Earl W. *Teaching and Learning Languages.* Cambridge, 1982. S. 156–159 gegebenen Textversionen und geben Sie an, welche Version Ihnen für welche Schülergruppe eines zweiten Unterrichtsjahrs Englisch geeignet erscheint.

Abstufung

Überlegungen zur Abstufung sind dann nötig, wenn mehrere unterschiedliche Texte ausgewählt wurden. In diesem Fall ist die Abfolge der Behandlung der einzelnen Texte zu entscheiden.
Wurde nur ein Text ausgewählt, können viele Überlegungen zur Abstufung entfallen. Denn Texte sind fast immer so angelegt, daß die Abfolge ihrer Teile sich notwendig aus dem Erfordernis einer logischen Gedanken- oder Handlungsfolge ergibt. Überlegungen zur Abstufung ergeben sich dort, wo zum Verstehen von Texten oder Teiltexten ein bestimmtes Vorwissen erforderlich ist. Unter dem Gesichtspunkt Abstufung ist zu bestimmen, wann dieses Vorwissen vermittelt wird (z.B. vor der Textbehandlung insgesamt oder vor oder zusammen mit einzelnen Teilen des Textes).

Darbietung

Vorbereitung der Sprachaufnahme

Die Textarbeit kann von einer vorbereitenden Einstimmung der Schüler erheblich profitieren. Dies kann beispielsweise geschehen durch das Wecken von Hör- oder Leseerwartungen, Anknüpfen an Vorwissen und Vorerfahrungen, z.B. durch Bilder oder durch Aufstellung von Hypothesen zu zentralen Inhalten des Textes.
Wenn der Text erhebliche Probleme sprachlicher oder inhaltlicher Art aufweist, ist es im allgemeinen nicht ratsam, sofort mit der Sprachaufnahme

des Textes zu beginnen. In einem solchen Fall sollten der Textbehandlung zusätzliche Unterrichtsabschnitte vorausgeschickt werden, in denen schwierige Wortschatzelemente, grammatische Strukturen oder für das Textverstehen notwendige Informationen landeskundlicher oder anderer Art vorab geklärt werden. Für die Gestaltung solcher Unterrichtsabschnitte, die der Textaufnahme vorausgehen und den Inhalt des Textes nicht vorwegnehmen, kann auf Techniken zurückgegriffen werden, die in modernen Lehrwerken zur Vorbereitung von Texten verwendet werden (gelegentlich als „Vorlauf" oder *Acquisition 1, 2* etc. bezeichnet).
Durch die vorherige Behandlung schwieriger Einzelelemente kann sich die folgende Textaufnahme auf wenige noch verbleibende Schwierigkeiten beschränken. Dabei sollte es sich um solche Elemente handeln, für deren Vorwegnahme sich nicht leicht sinnvolle kontextuelle Einbettungen ergeben und die sich andererseits logisch aus dem Textzusammenhang ableiten lassen.
Auf diese Weise ist es möglich, die erste Aufnahme des Textes in zügiger Weise durchzuführen und das Hauptaugenmerk von Beginn der Textbehandlung an auf die Inhaltsseite zu legen. Dies ist besonders wichtig, um das Interesse der Schüler an einem Text möglichst über die ganze Dauer der Textbehandlung wachzuhalten. Ein solches Verfahren fordert eine weit vorausschauende Unterrichtsplanung und große Sorgfalt beim Entwurf der Unterrichtsabschnitte, die die Textaufnahme vorbereiten. Dennoch ist es keineswegs erforderlich, den Text von allen Schwierigkeiten vorzuentlasten. Eine zu umfangreiche Vorentlastung führt zu langatmigen und oft demotivierenden vorbereitenden Unterrichtsabschnitten.

Damit das erste Erfassen des Textes durch die Schüler nicht unstrukturiert erfolgt, empfiehlt es sich, der Textaufnahme Hinweise zur Textrezeption voranzustellen, bzw. lenkende Aufgaben für das erste Erfassen des Textes zu stellen (z.B. *Where does it take place? Who is speaking?* etc.).

Sprachaufnahme

Die Sprachaufnahme kann sich über das Hörverstehen oder das Leseverstehen vollziehen. Die Phase der Sprachaufnahme muß so gestaltet werden, daß das Textverstehen nicht durch eine starke Häufung von Schwierigkeiten behindert wird. Aus diesem Grund ist es oft ratsam, einen Text nicht sofort in seiner Gesamtheit aufnehmen zu lassen, sondern die Aufnahme in Abschnitte zu gliedern. Dazu muß auf die Ergebnisse der Sachanalyse zurückgegriffen werden.
Die abschnittsweise Aufnahme eines Textes allein sichert nicht immer eine ausreichende Verminderung der Schwierigkeiten. Um dies zu erreichen,

kann der Text zunächst in seinen Grundzügen in einer vereinfachten Version durch den Lehrer vorgetragen werden. Gestik und Mimik des Lehrers können dabei die Verdeutlichung des Textes wirksam unterstützen. Dies gilt besonders für die ersten Unterrichtsjahre.
Hierzu bietet sich der freie Vortrag an, der allerdings eine hervorragende Vertrautheit des Lehrers mit dem Text erfordert. Der große Vorzug dieser Darbietungsform liegt darin, daß der Lehrer Verständnisprobleme der Schüler bereits während des Vortragens an der Reaktion der Lernenden erkennen kann und seine Textversion entsprechend der Schülerreaktion erweitern, verkürzen oder durch zusätzliche Erläuterungen anreichern kann.

Der Text kann aber auch in seiner endgültigen Form durch den Lehrer oder einen Tonträger vermittelt werden. Hierbei ist ebenfalls nach Leistungsfähigkeit und Aufnahmekapazität der Lernenden zu entscheiden, ob und in welche Abschnitte der Text bei der ersten Aufnahme untergliedert werden soll. Gleichfalls muß entschieden werden, ob und welche Erläuterungen mit der ersten Textaufnahme verbunden werden sollen oder jeweils nach der Aufnahme von Teilen des Textes gegeben werden sollen.
In jedem Falle ist genau zu überlegen, von welchem Zeitpunkt an ein gehörter Text von den Schülern mitgelesen werden soll. Eine frühe Präsentation des Schriftbildes führt bei vielen Schülern zu einer weitgehenden Verkümmerung des Hörverstehens und zu einer permanenten Unfähigkeit, gesprochene Äußerungen muttersprachlicher Sprecher zu verstehen.
Zielt der Unterricht auf Leseverstehen ab, erfolgt die Sprachaufnahme durch stilles Lesen.
Darbietungen eines neuen Textes durch Schüler, die sich speziell (gegebenenfalls unter gezielter Unterstützung durch den Lehrer) auf einzelne Textpassagen vorbereitet haben, sind eine motivierende Variante der Textpräsentation. Sie stellen gleichzeitig eine wertvolle Vorstufe zur selbständigen Erarbeitung neuer Texte durch die Lernenden dar.
Bei späteren Stadien des Spracherwerbs kann und muß die Vorbereitung eines neuen Textes auch selbständig durch die Schüler erfolgen. Dies setzt allerdings die Fähigkeit zum angemessenen Gebrauch von Hilfsmitteln (Wörterbücher, Grammatiken, andere Nachschlagwerke) voraus. Damit dies möglich ist, müssen die Schüler so früh wie möglich dazu geführt werden, neue Texte selbständig zu erschließen.
Eine einmalige Textaufnahme wird im allgemeinen für die meisten Schüler nicht ausreichend sein. Aus diesem Grund empfiehlt es sich in den meisten Fällen, die Textaufnahme mindestens einmal zu wiederholen. Bei den Wiederholungen können noch zusätzliche Erläuterungen zu besonderen Schwierigkeiten des Textes gegeben werden.

Zu: Textarbeit. Sprachaufnahme

Welches Verfahren der Darbietung eines Textes wird von Hecht, Karlheinz und Ludwig Waas. *Englischunterricht konkret: Linguistische und didaktische Grundlagen, Stundentypen, Übungsformen.* Donauwörth, 1980. S. 161f. genannt?
Für welche Stufe des Lehrgangs wird dieses Verfahren empfohlen?

Sprachverarbeitung

Die Verständnissicherung des dargebotenen Textes ist eine wesentliche Aufgabe des Beginns der Sprachverarbeitungsphase. Die Arten der Verständnissicherung hängen stark davon ab, ob es sich um Textpassagen handelt, die intensiv erfaßt werden sollen oder um solche, für die nur eine kursorische Behandlung erforderlich ist. Sie hängen ebenfalls vom Grad der Vertrautheit mit dem Text ab. So wird die Verständniskontrolle nach der ersten Textaufnahme allgemeinere Züge tragen, während nach Wiederholungen des Textes auch speziellere Aspekte des Inhalts erfaßt werden können und sollen.
Eine wichtige Art der Verständnissicherung sind Fragen durch den Lehrer. Nach der ersten Textaufnahme werden im allgemeinen Fragen zu stellen sein, die das Globalverstehen des Textes betreffen, ohne dabei in Einzelheiten zu gehen. Dafür bieten sich Fragen an wie solche nach den handelnden Personen, nach Ort und Zeit der Handlung und danach, um welche Themen und Inhalte es allgemein geht. Für ein kursorisches Erfassen wird man sich meist auf diese Art des Textverständnisses beschränken und Einzelheiten aussparen.
Fragen, die stärker auf Einzelheiten des Textes eingehen, können bei besserer Vertrautheit mit dem Text abgestuft nach dem Grad der Schwierigkeit gestellt werden. Die Möglichkeiten reichen von Fragen mit gebundener Antwort (z.B. *right – wrong; it happened in 1066*) bis hin zu Fragen, die eine freie Beantwortung zu Einzelheiten des Textes oder Zusammenhängen durch den Schüler erfordern.
Das Textverständnis kann ferner überprüft werden durch Aufgaben, wie
- vorgegebene Textlücken zu ergänzen
- Leerstellen in Tabellen zu füllen
- Sätze oder Textabschnitte in eine sinnentsprechende Reihenfolge zu bringen
- Schlüsselwörter für Textteile zu finden
- Zwischenüberschriften für bestimmte Textteile zu entwerfen
- Bildern oder Bildserien Sätze oder Textteile zuzuordnen.

> *Zu: Textarbeit. Sprachverarbeitung (1)*
>
> Welche Techniken der Verständnissicherung schlagen Hecht, Karlheinz und Ludwig Waas. *Englischunterricht konkret: Linguistische und didaktische Grundlagen, Stundentypen, Übungsformen.* Donauwörth, 1980. S. 158ff. für die kursorische Behandlung und das intensive Erfassen von Texten vor?

Die bisher genannten Verfahren, die innerhalb der Sprachverarbeitungsphase dem Bereich Einübung zugeordnet werden können, sind die sprachliche und inhaltliche Grundlage für Aufgaben, die eher den Transfer betreffen. Dazu können gerechnet werden Aufgaben wie:
- Erstellung von *Summaries* (Inhaltsangaben zum Text insgesamt oder zu ausgewählten Teilen)
- Verfassen eines *Précis* (geraffte Wiedergabe der wesentlichen Aspekte des Textinhalts bei Vorgabe einer Höchstwortzahl, die nicht überschritten werden darf)
- Erarbeitung einer *Reproduction* (Nacherzählung unter Verwendung von Sprachelementen, die nicht unbedingt der Textvorlage entstammen)
- Dialogisierung von Handlungsabläufen.

Für alle diese Arbeitsformen ergeben sich zusätzliche Variationsmöglichkeiten durch Aufgabenstellungen wie:
- Wechsel der Erzählperspektive: Erzählung aus der Sicht einer handelnden Person
- Erzählung aus der persönlichen Sicht des Schülers
- vollständige Dialogisierung eines vorher dargestellten Geschehensablaufs.

Zur Vorbereitung und Erweiterung von Aufgaben zum Transfer gehören Arbeiten wie das Sammeln und Ordnen lexikalischer Elemente und typischer Wendungen, das Auffinden von textverknüpfenden Formulierungen und von Überleitungen, das Fortsetzen von Satz- und Textanfängen etc.

> *Zu: Textarbeit. Sprachverarbeitung (2)*
>
> Welche der von Hecht, Karlheinz und Ludwig Waas. *Englischunterricht konkret: Linguistische und didaktische Grundlagen, Stundentypen, Übungsformen.* Donauwörth, 1980. S. 163ff. genannten *after reading activities* können der Phase des Transfers zugeordnet werden?

Sprachanwendung

Die Sprachanwendung soll auf selbständige Anwendungen abzielen, wobei die Textvorlage als mögliches Beispiel oder Anlaß zu weiterführenden Textschöpfungen herangezogen werden kann. Als Arbeitsformen kommen

in Frage: Textumwandlungen, Textfortsetzungen und eigene Textschöpfungen.
Bei Textumwandlungen kann es um die Änderung oder die Abwandlung der Handlung gehen (z. B. Übertragung der Handlung auf andere Personen, Übertragung auf einen anderen historischen oder gesellschaftlichen Hintergrund mit entsprechender Änderung der Stilebene).
Eine Textfortsetzung kann in der Erfindung eines neuen Endes eines Textes bestehen oder in einem anderen Handlungsverlauf bei der Annahme anderer Sachumstände. Solche Aufgabenformen stellen den Beginn eigener Textschöpfungen dar.
Eigene Textschöpfungen können mündliche oder schriftliche Stellungnahmen zum Text darstellen. Diese Stellungnahmen können sich etwa mit der logischen Struktur der Handlungs- und Gedankenkomplexe eines Textes befassen. Es kann sich aber auch um Beschreibung und Bewertung der Stilebene, der Stilmittel oder der Erzählperspektive des Textes handeln. Stellungnahmen können sich auch auf Aussagen über die Zusammenhänge zwischen Inhalt und Form eines Textes beziehen. Es kann ebenso um Stellungnahmen zur Botschaft eines Textes gehen mit eigener Aussage des Schülers zur Effizienz der Botschaft und ihrer Wirkung auf ihn selbst. Die anspruchsvollste Form einer Textschöpfung ist die vollständige Erstellung eines eigenen Textes durch die Lernenden.
Als mündliche Arbeitsformen in der Phase der Sprachanwendung, die zu neuen Texten führen, kommen in Frage der Entwurf von szenischen Darstellungen, Rollenspiele in einem neuen Situationsrahmen, Diskussion, Debatte (z.B. mit Festlegung einer These und einer festgelegten Reihenfolge von Redebeiträgen für oder gegen die These).
Als besonders motivierend haben sich Aufgabenstellungen erwiesen, deren Ergebnisse einer größeren oder kleineren Öffentlichkeit zugänglich gemacht werden. Dies kann geschehen durch die Erstellung einer englischsprachigen Wandzeitung für die Schule, die Teilnahme einer Klasse oder einzelner Schüler an einem Wettbewerb (z.B. Bundeswettbewerb Fremdsprachen) oder die Aufführung eines selbsterstellten Sketches vor der Klasse oder der ganzen Schule. Solche Zielsetzungen veranlassen die Schüler nicht selten zu herausragenden Leistungen, die zusätzlich großen Vorbild- und Aufforderungscharakter für andere Schüler haben.

Zu: Textarbeit. Darbietung

Benutzen Sie zur Beantwortung der folgenden Aufgaben und Fragen:
Bausch, Karl-Richard, Herbert Christ und Hans-Jürgen Krumm (Hrsg.). *Handbuch Fremdsprachenunterricht.* 3., überarb. und erw. Aufl. Tübingen, 1995.
Hermes, Liesel. *Texte im Englischunterricht der Sekundarstufe I.* Hannover, Dortmund, 1979.
Heuer, Helmut und Friederike Klippel. *Englischmethodik.* Berlin, 1987.

1. Ordnen Sie die von Hermes. *Texte.* S. 44 genannten Aufgabenstellungen den Phasen Sprachaufnahme, Sprachverarbeitung und Sprachanwendung zu.
2. Welche Handlungsempfehlungen und Übungsmöglichkeiten werden von Heuer/Klippel. *Englischmethodik.* S. 83ff. zum Hörverstehen von welchen Textformen vorgeschlagen?
3. Welche Handlungsempfehlungen und Übungsmöglichkeiten zum produktiven Sprechen geben Heuer/Klippel. *Englischmethodik.* S. 90?
4. Welche Phasen, Teilprozesse und Übungsformen zum Leseverstehen werden von Stiefenhöfer, Helmut. „Übungen zum Leseverstehen." In: Bausch et al. *Handbuch.* S. 246–248 unterschieden?
5. Welche Regeln für die Schulung des produktiven Schreibens und welche Übungsbeispiele werden von Bliesener, Ulrich. „Übungen zum Schreiben." In: Bausch et al. *Handbuch.* S. 249–252 genannt?

6.4 Arbeit mit phonologischen Elementen

6.4.1 Komponenten und Eigenschaften von phonologischen Elementen

Die kleinsten Bestandteile sprachlicher Äußerungen sind Phoneme. So läßt sich die Äußerung

(1) *Good morning* [gʊdmɔ:nɪŋ]

als Kette von acht Phonemen beschreiben. Diese Elemente, die sich durch Segmentierung des Lautkontinuums und Zuordnung der einzelnen Laute zu Klassen von Lauten ermitteln lassen, heißen segmentale Phoneme. Zusätzlich zu den segmentalen Phonemen treten in jeder Sprachäußerung phonologische Elemente auf, die meist mehrere segmentale Elemente betreffen (suprasegmentale Elemente). Dabei handelt es sich um die Betonung (*stress*), die relative Tonhöhe der Stimme (*pitch*), den Satzrhythmus (*rhythm*) und die Anschlußart (*juncture*).
Bei der Betonung ist zu unterscheiden zwischen Wortbetonung und Satzbetonung. Um die Wirkung der unterschiedlichen Lage des Wortakzents zu erkennen, betrachten wir die Phonemfolge [ɪnsʌlt] (*insult*). Ohne die Lage des Akzents zu kennen, können wir nicht feststellen, ob es sich dabei um

ein Verb oder um ein Substantiv handelt. Der Wortakzent ist in diesem Falle nicht an bestimmte segmentale Phoneme gebunden, sondern kann sowohl auf der ersten Silbe als auch auf der zweiten Silbe liegen. Bei der Akzentverteilung ['ɪnsʌlt] handelt es sich um ein Substantiv, bei der Akzentverteilung [ɪn'sʌlt] um ein Verb.
Das Betonungsmuster eines Satzes richtet sich nach der Mitteilungsabsicht. Wichtige Wörter werden durch Betonung hervorgehoben. So würde zum Beispiel der Satz

(2) *He's 'never been to 'London*

im Normalfall nur zwei voll betonte Wörter haben. Infolge der Konzentration der Betonung auf wenige Silben werden unbetonte Silben abgeschwächt. Sie erscheinen dann in der Schwachtonform (*weak form*). Die Abschwächung gilt insbesondere für Pronomina, Hilfsverben und Präpositionen. Die betonte Form (*strong form*) für *he* lautet [hi:], in (2) ist dagegen die *weak form* [hi] zu erwarten. Das Wort *has* wird isoliert [hæz] ausgesprochen, in (2) erscheint es in der Aussprache [z] (*elided form*). Die Präposition *to* hat in betonter Stellung die Aussprache [tu:], in (2) lautet die Aussprache [tə].[1]
Abhängig von der Satzbetonung ist auch der Satzrhythmus. Im Englischen ist im allgemeinen der Abstand zwischen betonten Silben gleich groß. Dies bedeutet, daß das Sprechtempo sich ständig ändert, je nachdem, wie viele unbetonte Silben zwischen zwei betonten Silben stehen. Im Satz

(3) *'Kevin* *'went to* *'school*

ist ein regelmäßiger Wechsel zwischen betonten und unbetonten Silben festzustellen. Treten nun zwischen zwei betonte Silben mehrere unbetonte Silben, so bleibt der zeitliche Abstand zwischen den betonten Silben etwa gleich, was zur Folge hat, daß das Sprechtempo sich an dieser Stelle erhöht. Dies ist der Fall zwischen dem ersten und dem zweiten Hauptakzent von

(4) *'Kevin should* *'go to* *'school*

Beim Hinzutreten weiterer unbetonter Silben erfolgt eine weitere Erhöhung des Sprechtempos an dieser Stelle:

(5) *'Kevin should have* *'gone to* *'school*
(6) *'Kevin should have been* *'going to* *'school*

Die Intonation des Satzes wird gleichfalls von der Mitteilungsabsicht bestimmt. Sie entsteht dadurch, daß die einzelnen Silben eines Satzes mit un-

1 Vgl. Arnold, Roland und Klaus Hansen. *Englische Phonetik*. 8. durchgesehene Aufl. Berlin, Leipzig etc., 1992. S. 192ff.

terschiedlicher Tonhöhe und Tonbewegung gesprochen werden. Auf diese Weise entstehen bestimmte Intonationskurven.[2] So kann der Satz

(7) *You got them*
sowohl mit fallender Intonation

(8) *You 'got them*
als auch mit steigender Intonation

(9) *You 'got them*

gesprochen werden. Obwohl die segmentalen Elemente in (8) und (9) gleich sind, handelt es sich infolge des unterschiedlichen Intonationsverlaufs bei (8) um eine Feststellung, bei (9) um eine Frage.
Um die Wirkung der unterschiedlichen Anschlußarten (*junctures*) zu erkennen, wollen wir die Phonemfolge
(10) [əneɪm]

betrachten. Auch hier lassen die segmentalen Phoneme allein keinen Rückschluß auf die Bedeutung zu. Das Schriftbild (das in gesprochener Sprache nicht vorliegt) verdeutlicht dagegen die unterschiedliche Anschlußart: *an aim* gegenüber *a name*. Fälle dieser Art sind im Englischen nicht so häufig wie z. B. im Französischen.
Das Verhältnis von Schreibung und Lautung ist im Englischen anders als im Deutschen, z.B.:
– Dieselbe Schreibung wird lautlich unterschiedlich realisiert:

Schreibung	Lautungen	Beispiele
a	[æ; eɪ; ɔ:; ɑ:]	*man; name; call; hard*
gh	nicht gesprochen; [f]	*caught; laugh*
s	[s; z]	*books; girls.*

– Dieselbe Lautung hat unterschiedliche Schreibungen:

Lautung	Schreibungen	Beispiele
[i:]	*e; ee; ea; ey;*	*me; meet; meat; key;*
	ie; i; eo	*piece; machine; people*
[k]	*k; ch; c; ck*	*key; Christmas; colour; back.*

Wegen der besonderen Schwierigkeiten des Englischen erfordert die schnelle und fehlerlose Verbindung zwischen Schreibung und Lautung einen speziellen Übungsaufwand. Nur selten können Regelmäßigkeiten in Lese- und Ausspracheregeln verdeutlicht werden; z. B.

- anlautendes *s* ist immer stimmlos
- *k* vor *n* wird nicht gesprochen (*know* [nəʊ]).

---

2 Betonte Silben werden durch Striche gekennzeichnet, unbetonte durch Punkte wiedergegeben.

Das Erlernen eines neuen Phonemsystems erfordert es, muttersprachliche Hör- und Artikulationsgewohnheiten aufzugeben und durch andere zu ersetzen. Die fremde Sprache hat nicht selten Lautstrukturen, die beim Lernenden aufgrund seiner muttersprachlichen Prägung auf emotionalen Widerstand stoßen; z.B. werden die für das britische Englisch üblichen sehr hohen Tonbewegungen von Deutschen oft als affektiert empfunden. Die Verfeinerung und ständige Korrektur dieser Sprachmittel, besonders der suprasegmentalen Elemente, ist eine ständige Aufgabe im Englischunterricht.

Unterstes Ziel beim Erlernen des Phonemsystems ist die Verständlichkeit (*intelligibility*). Für lernschwächere Schüler kann die Verständlichkeit einer Äußerung als Leistungsmaßstab benutzt werden. Zwischen der Verständlichkeit und einer annähernd muttersprachlichen Beherrschung der Zielsprache (*near-nativeness*) liegen viele Zwischenstufen. Das Ziel sollte in keinem Fall zu niedrig angesetzt werden. Eine wichtige Aufgabe besteht darin, den Schüler für den Stellenwert einer guten Aussprache zu sensibilisieren.[3]

Einige Bundesländer fordern die rezeptive Beherrschung der phonetischen Umschrift. Rezeptive Beherrschung heißt, daß die Lernenden die Lautschriftzeichen erkennen und auf ihrer Grundlage Laute und Lautverbindungen richtig produzieren können. Die rezeptive Beherrschung der phonetischen Umschrift ist notwendig, um Vokabelverzeichnisse und Wörterbücher als Hilfsmittel zur selbständigen Arbeit nutzen zu können.

6.4.2 Sachanalyse

Bei der Analyse phonologischer Elemente sind zu erarbeiten:

(a) Beschreibung unbekannter segmentaler Phoneme
- für Vokale/Diphthonge
  Beschreibung der Lage im Vokalviereck:
    front – central – back
    open – half open – half close – close
  Beschreibung der Stellung der Lippen:
    rounded – unrounded
- für Konsonanten/Halbvokale
  Beschreibung der artikulatorischen Eigenschaften:
    Artikulationsart
    Artikulationsort
    Stimmhaftigkeit/Stimmlosigkeit

(b) Beschreibung des Betonungsschemas neuer Wörter oder Wortgruppen

3 Vgl. dazu z.B. Herbst, Thomas. „Pro-Nunciation: Zur Bedeutung einer guten Aussprache in der Fremdsprache.“ *Die Neueren Sprachen*, 91 (1992) 1, S. 2–18.

(c) Beschreibung des Betonungsschemas neuer Sätze; Ermittlung von Schwachtonformen (*weak forms,* gegebenenfalls *elided forms*)
(d) Beschreibung neuer Intonationsmuster (z.B. steigende Intonation, fallende Intonation)
(e) Beschreibung satzrhythmischer Besonderheiten
(f) Nennen von Minimalpaaren zur Veranschaulichung phonologischer Oppositionen
(g) Wichtige interlinguale Interferenzursachen und Möglichkeiten des Transfers
(h) Wichtige intralinguale Interferenzursachen und Möglichkeiten des Transfers.

Die Darstellung der Aussprache erfolgt durch eine phonetische Umschrift. Es gibt unterschiedliche Umschriftsysteme. Weit verbreitet sind die in folgenden Aussprachewörterbüchern verwendeten Systeme:

Jones, Daniel. *English Pronouncing Dictionary*. 14th ed. reprinted with revisions and supplements by S.M. Ramsaran. Cambridge, 1988 und folgende.
Wells, John Christopher. *Longman Pronunciation Dictionary*. Harlow, 1990.

In den meisten Umschriftsystemen werden die Konsonanten einheitlich gekennzeichnet, Unterschiede bestehen jedoch oft bei der Kennzeichnung von Vokalen und Diphthongen. Um Verwechslungen auszuschließen, ist die gleichzeitige Verwendung von Symbolen aus unterschiedlichen Umschriftsystemen zu vermeiden. Der Lehrende muß deshalb überprüfen, welches System in dem von seinen Schülern genutzten Lehrwerk verwendet wird. Daran sollte er sich halten. Diese Überprüfung muß bei der Nutzung von Wörterbüchern ebenfalls erfolgen, und die Schüler müssen auf eventuelle Unterschiede hingewiesen werden.

Beispiele für die Darstellung von phonologischen Elementen in der Sachanalyse:
Das englische [ɑː][4] in *car*:
- Lage im Vokalviereck und Stellung der Lippen:
  back[5]*, open, unrounded*
- Dieses Phonem existiert in dieser Form nicht in der deutschen Sprache. Das deutsche [ɑː] wie in *Naht* wird weiter vorn artikuliert.
- Minimalpaare für den Kontrast [ɑː] – [ɒ] im Englischen:
  heart – hot; card – cod
- Minimalpaare für den Kontrast [ɑː] – [ʌ] im Englischen:
  heart – hut; cart – cut.

4 Wir benutzen durchgehend die phonetische Umschrift nach: Wells, John Christopher. *Longman Pronunciation Dictionary.* Harlow, 1990.
5 Jedoch nicht so weit hinten artikuliert wie [ɒ] in *pot.*

Das englische [t] in *ten*:
- Artikulationsart: Verschlußlaut (*plosive*)
- Artikulationsort: alveolar (Alveolen = Zahntaschen): Der Laut wird durch Artikulation der Zunge gegen die Zahntaschen gebildet.
- Stimmhaftigkeit/Stimmlosigkeit: stimmlos
- Das englische [t] wird vor betontem Vokal (z.B. in *ten*) aspiriert (behaucht), d.h., dem [t] folgt ein hörbarer h-Nachschlag. Dies ist im Deutschen (Ausnahme: Teile von Norddeutschland) im allgemeinen nicht der Fall.
- Deutsche Sprecher artikulieren [t] im allgemeinen dental (die Zunge artikuliert dabei gegen die Zähne), was dem deutschen [t] gegenüber dem englischen alveolaren [t] eine hellere Klangfarbe gibt.[6]
- Minimalpaare für den Kontrast [t] – [d]: *tin – din, ten – den.*

Das Phonem [t] gibt es auch im Deutschen. Interferenzen können sich u.a. aus der Tatsache ergeben, daß dieses Phonem im Deutschen im Auslaut auch da auftritt, wo es in der Schreibung als *d* erscheint (Auslautverhärtung). Wird die deutsche Auslautverhärtung auf das Englische übertragen, so kann es zu Verständigungsschwierigkeiten kommen. Folgende Minimalpaare werden dann aufgehoben:

cod – cot; bid – bit; bed – bet.

Zu: Arbeit mit phonologischen Elementen. Sachanalyse

Benutzen Sie zur Lösung der folgenden Aufgaben die Bücher:
Arnold, Roland und Klaus Hansen. *Englische Phonetik.* 8. durchgesehene Aufl. Berlin, Leipzig etc., 1992.
Kenworthy, Joanne. *Teaching English Pronunciation.* London, New York, 1987.

1. Führen Sie eine Sachanalyse des englischen [r] in *red;* in der Wortgruppe *teacher and pupil* (s. Arnold/Hansen. *Englische Phonetik.* S. 134–37) und des englischen [w] in *winter* (s. Arnold/Hansen. *Englische Phonetik.* S. 127f.) durch.
2. Geben Sie das Betonungsschema der Wortgruppe *woman doctor* oder *short story* (s. Arnold/Hansen. *Englische Phonetik.* S. 185).
3. Geben Sie das Betonungsmuster der folgenden Sätze sowie die phonetische Umschrift von *can* in beiden Sätzen
   Can you help me?
   Bob can help us.
   (s. Arnold/Hansen. *Englische Phonetik.* S. 194–200 oder Kenworthy. *Teaching English Pronunciation.* S. 84).
4. Geben Sie den Intonationsverlauf des folgenden Satzes wieder:
   When do the shops close? (s. Arnold/Hansen. *Englische Phonetik.* S. 214).

---

6 Scherer, Günther und Alfred Wollmann. *Englische Phonetik und Phonologie.* 3. überarbeitete und ergänzte Aufl. Berlin, 1986. S. 88.

6.4.3 Didaktische Analyse

Auswahl

Bei den segmentalen Phonemen und den meisten suprasegmentalen Elementen stellt sich die Frage der Auswahl nicht, da diese Sprachmittel in ihrer Gesamtheit die Bausteine zur Erzeugung von Äußerungen der neu zu erlernenden Sprache sind. Es bleibt jedoch zu überlegen, ob bei der Arbeit mit neuen phonologischen Elementen auf bestimmte allophonische Differenzierungen (positionsbedingte Varianten eines Phonems) verzichtet werden kann. Der Austausch von Allophonen ändert die Bedeutung eines Wortes nicht. Aus diesem Grunde plädieren einige Didaktiker für Großzügigkeit bei Schüleräußerungen, in denen Verstöße auf der allophonischen Ebene vorliegen. Dieser Fall ist beispielsweise dort gegeben, wo Schüler den Unterschied zwischen *dark l* und *clear l* nicht beachten.[7]
Dem steht entgegen; daß die lern- und alterspsychologischen Voraussetzungen von Schülern, die mit ca. zehn Jahren den Englischunterricht beginnen, im allgemeinen sehr günstig für den Erwerb auch allophonischer Differenzierungen sind. Eine zu frühe Beschränkung auf eine reduzierte Variante der englischen Aussprache würde die Lernmöglichkeiten der Schüler in vielen Fällen nicht angemessen ausschöpfen.
Bei erwiesenermaßen lernschwachen Schülern ist es dagegen zu rechtfertigen, in Unterrichtsstufen, die auf den Anfangsunterricht folgen, dem Ausbau des lexikalischen und grammatischen Systems höheren Wert beizumessen als der Ausdifferenzierung von allophonischen Varianten.
Zur Auswahl gehört auch die Frage, ob nur das britische Englisch oder ob daneben andere Varianten im Unterricht angeboten werden. Im Interesse der Isolierung von Schwierigkeiten sollte man sich im Anfangsunterricht im wesentlichen auf eine Variante beschränken. Sind Aussprachegewohnheiten einigermaßen gefestigt, sollten auch andere Varianten – vor allem für das Hörverstehen – angeboten werden.

Abstufung

Jeder planvolle Unterricht zielt auf die Isolierung von Lernschwierigkeiten. Das erscheint gerade am Beginn des Anfangsunterrichts als besonders wünschenswert, stößt aber hier auf außerordentliche Probleme. Natürlich ist es nicht sinnvoll, den Fremdsprachenunterricht so beginnen zu lassen, daß die Schüler zunächst neue Phoneme isoliert artikulieren lernen, anschließend daraus neue Wörter der zu erlernenden Sprache bilden und die-

7 Doyé, Peter. *Systematische Wortschatzvermittlung im Englischunterricht.* 5. Aufl. Hannover, Dortmund, 1980. S. 55f.

se Wörter später zu Sätzen und Äußerungen zusammenfügen. Sprache ist ein Aspekt des menschlichen Gesamtverhaltens, das seinerseits in kulturelle und gesellschaftliche Zusammenhänge eingebettet ist. Sprachäußerungen werden nicht durch das Bedürfnis veranlaßt, Phoneme oder Wörter aneinanderzureihen, sondern durch das Bedürfnis, einem Kommunikationspartner Mitteilungsabsichten zu überbringen. Aus diesem Grunde sollte bereits zu Beginn des Fremdsprachenunterrichts von ganzheitlichen Sprachäußerungen ausgegangen werden, deren Notwendigkeit für die sprachliche Verständigung und deren Verwendungsmöglichkeiten dem Schüler unmittelbar einsichtig sind.
Diese Forderung steht jedoch im Widerspruch zum Prinzip einer schwierigkeitsisolierenden Progression. Gleichgültig, mit welchen Sätzen zu Beginn des Fremdsprachenunterrichts operiert wird, in allen Fällen tritt zwangsläufig eine Häufung von Schwierigkeiten auf. Betrachten wir dazu einen Satz, wie er nicht selten an den Beginn des Anfangsunterrichts gestellt wird:
(11) *My name's Richard.*[8]

Dieser Satz enthält eine Fülle von Lernproblemen auf verschiedenen linguistischen Ebenen. Die hervorstechendsten für Schüler mit Deutsch als Muttersprache sind:

Phonologie:	Diphthong [aɪ] in *my;* Diphthong [eɪ] in *name;* stimmhafte Aussprache des *s* am Wortende in *name's*; das englische [r] in *Richard*; stimmhafte Aussprache des *d* am Wortende in *Richard.*
Morphologie:	Verwendung der elidierten Form von *is*: *'s.*
Lexik:	Neuheit des gesamten Wortschatzes.
Schreibung:	Wiedergabe des [aɪ]-Diphthongs durch *y* bei *my;* Wiedergabe des [eɪ]-Diphthongs durch *a* vor einfachem Konsonanten mit direkt nachfolgendem *e* am Wortende bei *name;* Wiedergabe von [tʃ] durch *ch* bei *Richard*; Wiedergabe von [ə] durch *ar* bei *Richard.*

Noch größere Probleme für den Anfänger, der u.a. [ð] und [θ] neu erlernen muß, enthält der Satz
(12) *This is the bathroom.*[9]

8 Entnommen aus Capelle, G., M. Garnier und D. Girard. *Passport to English: Junior Course I.* Wiesbaden, 1972. S. 4.
9 Entnommen der ersten *Unit* von *Learning English Compact Course 1 Neu.* Stuttgart, 1991. S. 11.

Er enthält auf nur fünf Silben verteilt fünf Vorkommen von vier verschiedenen Frikativen in einer schwierig zu realisierenden Reihenfolge [ð] in *this;* [s] in *this;* [z] in *is;* [ð] in *the;* [θ] in *bathroom.*

Aufgrund der dargestellten Probleme darf eine Progression auch im Anfangsunterricht nicht außer acht gelassen werden. Geht man dabei von einem kontrastiven Ansatz aus, dann stehen sich prinzipiell zwei Anordnungsarten gegenüber:

(a) Die phonologischen Elemente werden so angeordnet, daß am Anfang des Kurses Phoneme oder Allophone stehen, die eine weitgehende Ähnlichkeit mit dem Deutschen aufweisen, zum Beispiel:
[l] (*clear l*), [ʊ], [k], [ə], [b]: *Look, a book.*

(b) Die phonologischen Elemente werden so angeordnet, daß am Anfang des Kurses Phoneme oder Allophone stehen, die sich stark von den Phonemen oder Allophonen der deutschen Sprache unterscheiden:
[ð], [w], [ɔ:], [l] (*dark l*): *This is Walter.*

Für eine Anordnung der Art (a) spricht, daß der Lernende vom Bekannten ausgeht und erst später zum Unbekannten geführt wird. Eine Anordnung der Art (b) wird oft damit begründet, daß der Schüler von Anfang an erkennen soll, daß die neu zu erlernende Sprache andere Elemente als seine Muttersprache enthält und daß es zu Verständigungsschwierigkeiten kommen kann, wenn er Phoneme und Allophone der fremden Sprache durch solche aus der Muttersprache ersetzt.
In der Praxis ist ein Kompromiß zwischen diesen Positionen meist unvermeidbar. Bei vielen heute benutzten Lehrwerken hat man allerdings den Eindruck, daß der Auswahl und Abstufung phonologischer Elemente nicht die gleiche Aufmerksamkeit gewidmet wird wie anderen Bereichen. Der Lehrer, der seinen Unterricht in Anlehnung an ein Lehrwerk plant, sollte darauf achten, ob Phoneme bereits im Unterricht verwendet werden müssen, bevor sie im Lehrerhandbuch genannt und/oder in Texten oder Übungen explizit zum Lerngegenstand gemacht werden. In solchen Fällen ist zu entscheiden, ob

- auf Wörter mit neuen Phonemen gegebenenfalls noch eine Zeitlang verzichtet werden kann oder
- zunächst nur der Lehrer dieses Wort benutzt oder
- die Einführung mit den notwendigen Konsequenzen für Sprachaufnahme und Sprachverarbeitung zeitlich vorgezogen wird.

Zu: Arbeit mit phonologischen Elementen. Auswahl und Abstufung

Benutzen Sie zur Beantwortung der folgenden Fragen die Bücher:
Arnold, Roland und Klaus Hansen. *Englische Phonetik.* 8. Aufl. Berlin, Leipzig etc., 1992. Kap. 5.6.
Kenworthy, Joanne. *Teaching English Pronunciation.* London, New York, 1987, S. 123.

Wählen Sie ein Lehrbuch für das erste Jahr des Anfangsunterrichts (Englisch als 1. oder 2. Fremdsprache).

Betrachten Sie die erste *Unit* dieses Buches unter folgenden Fragestellungen:
1. Welche Lernprobleme in bezug auf phonologische Elemente werden im entsprechenden Abschnitt des Lehrerhandbuches genannt?
2. Welche Lernprobleme in bezug auf phonologische Elemente treten durch die Progression im Lehrbuch tatsächlich auf?

Darbietung

Sprachaufnahme

Die Sprachaufnahme neuer phonologischer Elemente erfolgt meist als Teil einer anderen Unterrichtsphase, beispielsweise bei der Wortschatzarbeit oder der Arbeit mit grammatischen Strukturen.
Während der Sprachaufnahmephase soll der Lernende die phonologischen Bestandteile der neu dargebotenen Sprachmittel diskriminierend erkennen. Durch die Sprachaufnahme soll ferner der Grundstein dafür gelegt werden, daß der Lernende in die Lage versetzt wird, die phonologischen Elemente später aktiv zu reproduzieren. Dazu müssen drei Voraussetzungen gegeben sein:

(a) Die Darbietung muß so erfolgen, daß der Lernende nicht nur eine Lautsequenz aufnimmt, sondern in der Weise, daß er zusammen mit der Aufnahme des Lautbildes auch die Stellung und Bewegung der an der Lautbildung beteiligten Artikulationsorgane erkennen kann.
(b) Bei den neuen Lautsequenzen muß es sich um kurze Äußerungen handeln (sie sollten eine Länge von sieben Silben nicht überschreiten[10] und zu Beginn des Einführungskurses möglichst darunter liegen).
(c) Die neue Sprachäußerung muß aus der gegebenen Situation unmittelbar verständlich sein, und die Vermittlung der Bedeutung darf keinen besonderen Aufwand erfordern.

Daraus ergibt sich, daß es am Beginn des Fremdsprachenunterrichts nicht zweckmäßig ist, die Sprachaufnahme so zu gestalten, daß dem Lernenden das neue Lautbild ausschließlich über ein technisches Medium (z.B. Ton-

10 Vgl. Heuer, Helmut. *Lerntheorie des Englischunterrichts.* Heidelberg, 1976. S. 13.

bandkassette) dargeboten wird. Am Beginn des Fremdsprachenunterrichts ist das Lehrervorbild unverzichtbar, da für den Lernenden auf diese Weise mit der Darbietung des Lautbildes oft zugleich die Stellung der Artikulationsorgane erkennbar ist. Eine anfängliche Überdeutlichkeit der Stellung der Artikulationsorgane kann für die Schüler von Nutzen sein (z. B. deutliche Sichtbarkeit der Zunge am Rand der oberen Schneidezähne bei der Artikulation von [θ], [ð]). Es sollte aber keine Reduzierung des natürlichen Sprechtempos erfolgen, da sonst der Satzrhythmus erheblich gestört wird.

Der früher oft geforderte mündliche Vorkurs hat sich nicht bewährt.[11] Die Erfahrung hat gezeigt, daß Schüler, die lesen und schreiben können, auch in der Fremdsprache von der Merk- und Erinnerungshilfe des Schriftbilds Gebrauch machen wollen. Versuche, den Schülern über einen längeren Zeitraum das Schriftbild vorzuenthalten, erzeugen Unlust und Widerstand. Im Falle des Englischen kommt hinzu, daß alle englischen Schriftzeichen auch im Deutschen vorhanden sind. Außerdem kennen die Schüler aus dem täglichen Leben viele geschriebene englische Wörter:

T-shirt, jeans, sweatshirt, computer, poster u. a.

Die Korrektur der oft stark muttersprachlich gefärbten Aussprache dieser Wörter ist eine wichtige Aufgabe gerade des Anfangsunterrichts.

Sprachverarbeitung

Einübung

Die intensive Arbeit mit phonologischen Elementen konzentriert sich auf die Erscheinungen, die dem Lernenden erfahrungsgemäß Schwierigkeiten bereiten.

Die Einübung phonologischer Elemente sollte mit Hörübungen beginnen, mit deren Hilfe festgestellt wird, ob der Lernende in der Lage ist, phonologische Elemente zu diskriminieren. Das kann z. B. im Rahmen der folgenden typischen Übungsformen erfolgen.

– *Same or different?*

  Die Lernenden hören die folgenden Lautsequenzen und entscheiden, ob es sich dabei jeweils um dieselbe oder um verschiedene phonologische Erscheinungen handelt:

  Segmentale Phoneme:

  [w] gegenüber [v] in Wortpaaren oder Wortreihen

  winter – vase – when – Vivian – one – . . .

  [w] [v] [w] [v v] [w]

11 Mindt, Dieter und Ute Mischke. „Der Zeitpunkt der Einführung des Schriftbildes im englischen Anfangsunterricht." *Neusprachliche Mitteilungen*, 38 (1985) 4, S. 232–237.

Suprasegmentale Phoneme: Wortbetonung:
insult entweder ['– –] oder [–'–]
desert entweder ['dezət] oder [dɪ'zɜ:t]
Suprasegmentale Phoneme: Intonation:
He comes. entweder . ╲ oder . ‾

- *Which of these do you hear?*
  Die Lernenden hören Lautsequenzen und geben an, welche phonologische Erscheinung sie gehört haben. Dazu stehen die zu diskriminierenden phonologischen Erscheinungen an der
  Tafel: z. B. [æ] [e]
  bag *beg*
  L./Kassette: *salary – celery – bet – bat – bad – cat – vet – . . .*

Um richtiges Diskriminieren zu überprüfen, können auch außersprachliche Mittel genutzt werden. Die Schüler zeigen bei jedem Wort mit Hilfe farbiger oder mit Symbolen versehener Signalkarten an, welches phonologische Element sie gehört haben.
Selbst wenn der Lernende phonologische Elemente diskriminierend erkennt, ist noch nicht sichergestellt, daß er sie auch reproduzieren kann. Ungewohnte Lautbildung und Stimmhöhe, Bindung sowie Satzrhythmus müssen zunächst erprobt und allmählich mit dem vom Lehrenden dargebotenen Lautbild in Übereinstimmung gebracht werden. Der Lernende muß dabei fest verankerte muttersprachliche Artikulationsgewohnheiten aufgeben.
Diese Schwierigkeiten rechtfertigen es, in einigen Fällen phonologische Elemente sowohl in Einzelwörtern als auch in Wortgruppen oder Sätzen immer wieder reproduzieren, also nachsprechen zu lassen, bis der Lernende die erforderliche Geläufigkeit erlangt hat. Oft wird das auch im Chor erfolgen, um das Lautbild zu verstärken, den Lernenden die Hemmungen zu nehmen und möglichst alle Schüler einzubeziehen. Auch hier ist das durch den Lehrenden dargebotene Vorbild der Artikulationsbewegungen eine wichtige Hilfe.
Bei diesen Nachsprechübungen kann der Lehrende Schwierigkeiten isolieren und schrittweise erhöhen:

- Es wird nur ein phonologisches Element geübt, z.B.
  [v] *Vanessa, Violet, Vivian, Vivian's video, Violet's vase, clever Violet, lovely Vivian, . . .*
  [w] *what, Wales, one window, where was Winnie's whisky? . . .*

- Es werden phonologische Oppositionen geübt:
  (a) geordnet: [v – w] *Vivian's words, everywhere, everyone,*
  [w – v] *Wendy's clever, Winnie's new love, one violet, what's in*

Violets's wonderful vase?
(b) ungeordnet: *Where's Wendy's video? What's in Violet's vase?*

Der Erwerb einer dauernden Diskriminationsfähigkeit und einer sicheren Reproduktion ist in dieser Phase von der ständigen Kontrolle durch den Lehrer abhängig. Die Korrektur von Schülerfehlern erfolgt durch erneutes Präsentieren des Vorbildes und wiederholtes Reproduzieren durch die Lernenden. Die Korrektur erfordert ein sicheres Gehör des Lehrers.
Bei den folgenden Übungen produzieren die Lernenden phonologische Erscheinungen. Dafür bekommen sie entweder ein Beispiel, oder die phonologische Erscheinung wird ihnen genannt:

– Die Lernenden finden zu einem gehörten Wort Partnerwörter, z.B. das zweite Element eines Minimalpaares oder Reimwörter. Als inhaltliche Hilfe können Bilder gegeben werden; z.B.
  L: *Name the partner.*
  back S: *bag*
  bet *bed*
  cart *card etc.*
  L: *Find rhyming words.*
  arm S: *farm, harm,...*
  bed S: *head, red, ...*
– In einer anderen Übung nennen die Lernenden, z.B. mit Hilfe von Bildmaterial, Wörter, die einen bestimmten Laut enthalten.

Durch Übungen, die auf der Grundlage des Schriftbildes durchgeführt werden, wird außer der Aussprache auch das Herstellen der Verbindung von Schreibung und Lautung geübt, z.B.

– *Read the following words and find rhyming words.*
  [æ] *man, pan, ran*
  [eɪ] *name, fame, same*
  [ɔ:] *call, fall, ball*
  [ɑ:] *hard, card.*
– *Find the words with* [i:].
  bee, red, me, sea, great, beer, friend, ...
– *Which word rhymes with which?*
  sea, caught, get, most, take – – – wet, cake, fought, me, post.

Will man die Schüler im Verlauf des Englischlehrgangs zum selbständigen Nachschlagen nicht nur der Bedeutung, sondern auch der Aussprache von Wörtern befähigen, so kann auf die Einbeziehung der phonetischen Umschrift nicht verzichtet werden. Dies ist bereits im ersten Lernjahr möglich und sinnvoll. Im Verlauf des Schuljahres können dem Schüler schrittweise ausgewählte phonetische Symbole dargeboten werden. Dadurch ist eine Anknüpfung an den Gebrauch der phonetischen Umschrift in den Lehrwerken gegeben.

Rezeptive Beherrschung der phonetischen Umschrift ist nur durch ständige Begegnung mit ihr zu erreichen. Der Lehrende muß die Schüler befähigen, Umschriftzeichen zu erkennen und in Laute umzusetzen.
Die phonetische Umschrift kann sowohl bei der Sprachaufnahme als auch der Sprachverarbeitung eine wichtige Rolle spielen. Folgende Maßnahmen sind denkbar.

- Die Schüler ordnen dem Schriftbild die phonetische Umschrift zu, z.B. mit Wortkarten:

  Which goes with which?

couch	['beɪbi]
jeans	[tekst]
baby	[kaʊtʃ]
text	['pəʊstə]
poster	[dʒi:nz]

- Die Schüler ordnen vorgegebenen Bildern Wörter in Umschrift zu, auch in spielerischer Form des Domino oder Lotto.
- Beim Erarbeiten eines ‚neuen' Lautes erscheint das Umschriftzeichen nach der Reproduktion im Tafelbild, z. B. [ð]; [θ] und dient als Hilfe für das Nachsprechen.
- Als Aussprachehilfe bei einem neuen Wort oder einem Morphem ergänzt der Lehrer im Tafelbild die phonetische Umschrift für eine schwierige Stelle, in einzelnen Fällen für das ganze Wort, z. B.

January	[-nju‿ə-]	*helps*	[-s]
caught	[kɔ:t]	*cleans*	[-z]
know	[nəʊ]	*washes*	[-ɪz]

- Die Lernenden lesen einzelne Wörter/kurze Äußerungen in phonetischer Umschrift oder einen Text, in dem einige Wörter in phonetischer Umschrift enthalten sind, z. B.

  He [gəʊz] *home, he* [rɪ'pi:ts] *the words and then* ['wɒtʃɪz] *TV. She* [nju:] *his* [nju:] *address.*

  Zum gleichzeitigen Üben der Graphemik können solche Übungen anschließend auch dazu genutzt werden, die Umschrift in das dazugehörige Schriftbild umsetzen zu lassen.
- Bei der Arbeit mit dem Vokabelverzeichnis des Lehrbuches oder mit dem Wörterbuch schlagen die Lernenden die Aussprache ihnen unbekannter Wörter nach.

> *Zu: Sprachverarbeitung. Einübung*
>
> Wählen Sie ein Lehrbuch für den Anfangsunterricht Englisch (s.a. Aufgabe S. 197).
> Entnehmen Sie ihm drei Übungen, die für die Arbeit mit phonologischen Elementen ausgewiesen sind.
> - Welche phonologischen Elemente werden geübt?
> - Welche der im vorliegenden Kapitel beschriebenen Übungsformen werden genutzt?

Bewußtmachung

Wenn am Beginn des Englischunterrichts mit kurzen Sprachäußerungen gearbeitet wird, die für den Schüler keine Verstehensprobleme aufwerfen, und ein deutliches Klang- und Artikulationsvorbild durch den Lehrer gegeben wird, gelingt der größten Zahl der Lernenden die Aneignung der phonologischen Elemente der englischen Sprache auf dem Wege der Imitation. Eine Bewußtmachung ist daher im allgemeinen nicht erforderlich.
Nur bei einer kleinen Zahl von Schülern kann es bei einigen schwierigen Phonemen angebracht sein, kognitive Hilfen zur korrekten Artikulation zu geben. Sie können schon am Beginn der Einübungsphase erforderlich sein. Bei diesen Hilfen wird auf die Beschreibung der Artikulation in der Sachanalyse Bezug genommen. Die kognitive Hilfe für den Schüler erfolgt aber nicht in der Terminologie der Phonetik, sondern wird umgesetzt in Hinweise, die dem Schüler leicht verständlich sind.

Beispiel:
Für [ɑ:] war in der Sachanalyse die Beschreibung *back, open, unrounded* gegeben worden. Für den Schüler, dem die korrekte Bildung dieses Phonems trotz häufiger Versuche nicht gelingt, kann daraus die folgende kognitive Hilfe abgeleitet werden: „Öffne den Mund weit (*open*) und hebe die Zunge hinten an (*back*), die Lippen dürfen dabei nicht gerundet werden (*unrounded*)."
Oft wird es nicht notwendig sein, dem Lernenden alle artikulatorischen Hilfen zu nennen. Eine Reihe von englischen Phonemen unterscheidet sich von ähnlichen deutschen Phonemen nur durch ein wichtiges Artikulationsmerkmal. In diesen Fällen genügt die Nennung dieses einzigen artikulatorischen Merkmals, wie z.B. der Hinweis auf die weite Öffnung des Mundes bei [ɑ:] oder die Aspiration bei der Aussprache des englischen [t].
Mitunter kann auch der Einsatz der phonetischen Umschrift hilfreich sein.

Ebenso können Skizzen zur Intonation oder zur Verbindung von Wörtern dem Lernenden helfen. Handbewegungen, rhythmisches Klatschen oder

andere motorische Maßnahmen sind z.B. Möglichkeiten, Wortbetonung oder Satzrhythmus zu verdeutlichen.
In einzelnen Fällen nutzt man auch die bewußte Kontrastierung mit der deutschen Sprache. Will man z.B. auf die Vermeidung des Knacklautes (*glottal stop*) bei vokalisch anlautenden Wörtern aufmerksam machen, stellt man deutsche und englische Sätze gegenüber, z. B.

Ein Amerikaner aß abends Äpfel.
An American ate apples in the evening.

> *Zu: Sprachverbreitung. Bewußtmachung*
>
> 1. Welche kognitiven Hilfen kann man für die Artikulation des [r] geben? (s. Arnold/Hansen. *Englische Phonetik.* S. 134ff.)
> 2. Welche kognitiven Hilfen kann man für die Artikulation des [w] geben? (s. Arnold/Hansen. *Englische Phonetik.* S. 127f.)

Transfer

Die in der Phase der Einübung (ggf. mit Hilfe zusätzlicher Bewußtmachung) erlangte korrekte Artikulation fremder phonologischer Elemente muß zur festen Gewohnheit werden, um das Ziel der dauernden Geläufigkeit zu erreichen. Erforderlich ist dazu die ständige aktive Produktion von Sprachäußerungen mit diesen Erscheinungen in abwechslungsreichen Formen.
In der Transferphase werden die phonologischen Elemente in neuen Zusammenhängen verwendet. Dafür haben sich besonders Lieder, *chants*[12], Reime, *tongue twisters, limericks* und Gedichte bewährt. Sie tragen nicht nur zur Auflockerung des Unterrichts bei, sondern sie sind in hohem Maße dazu geeignet, den Lernenden ein Gefühl für die intonatorischen und rhythmischen Besonderheiten der englischen Sprache zu vermitteln. Darüber hinaus ermutigen sie zur Nachahmung und zum spielerischen Umgang mit der Sprache. Außerdem können durch sie Einsichten in (Un)regelmäßigkeiten der Sprache unterstützt werden. Die folgenden Beispiele sollen Anregungen geben:

What do you wear on your head?
A hat.
What do you wear on your hands?
Gloves.
What do you wear when it's warm?
Socks.
Shoes and socks.
Shoes and socks…

12 Als *chants* bezeichnet man Äußerungen, die sich zum rhythmischen Sprechen eignen, oder das rhythmische Sprechen selbst.

Where do you wear your gloves?
On my hands.[13]

Winnie has a mini.
Bob has got a job.
Daisy is lazy.
Ruth is in a booth.
Kate is late.

Christopher Dilke
lives on popcorn and milk,
and his pretty daughter
on Big Macs and water.[14]

They say they saw the singer.
Don't go without these things.
Westham United versus Wolverhampton Wanderers.
Robert Rowley rolls a red roll round.
A round red roll Robert Rowley rolls round.[15]

There was a young man of Calcutta
Who spoke with a terrible stutter.
He said if you please
Would you pass me the cheese
And the b-b-b-b-b-b-butter.

Eine wichtige Rolle für den variablen Methodeneinsatz spielt auch der Wechsel von mündlichen und schriftlichen Arbeitsformen. Diese Möglichkeit steht dann nicht zur Verfügung, wenn ein mehrwöchiger ausschließlich mündlicher Vorkurs am Beginn des Unterrichts steht.

Sprachanwendung

Die Anwendung neu erworbener phonologischer Elemente erfolgt durch diskriminierendes Hörverstehen und aktive Produktion in neuen Textzusammenhängen.
Die Sprachanwendung phonologischer Elemente erfolgt immanent, denn phonologische Elemente treten in jeder Sprachäußerung auf. Die systematische Beobachtung von Schülerfehlern macht es oft erforderlich, vor oder innerhalb eines anderen Unterrichtszusammenhanges besonders auf die korrekte Realisierung einer phonologischen Erscheinung zu achten; z.B. auf die Intonation unterschiedlicher Fragetypen, den hohen Stimmeinsatz oder die Vermeidung des Knacklautes.

---

13 Graham, Carolyn, *Jazz Chants for Children.* Oxford, 1979. S. 5.
14 Piepho, Hans-Eberhard. *Englisch in der Grundschule.* Bochum, 1992. S. 49.
15 *English Today I.* Berlin, 1990. S. 85, 121 u. 133.

Literatur zu: Arbeit mit phonologischen Elementen

Arnold, Roland und Klaus Hansen. *Englische Phonetik.* 8. Aufl. Berlin, Leipzig etc., 1992.

Germer, Erich. *Didaktik der englischen Aussprache.* Hannover, 1980.

Kenworthy, Joanne. *Teaching English Pronunciation.* London, New York, 1987.

Knowles, Gerald. *Patterns of Spoken English: An Introduction to English Phonetics.* London, New York, 1987.

6.5 Arbeit mit Sprachfunktionen

6.5.1 Komponenten und Eigenschaften von Sprachfunktionen

Jede sprachliche Äußerung ist mit einer bestimmten Absicht verbunden und dient einem bestimmten Zweck. So will man beispielsweise einen Sachverhalt erklären, seine Meinung äußern, sich entschuldigen, bestimmte Informationen erfragen, jemanden überzeugen, bitten etc. Solche Äußerungsabsichten haben universellen, außersprachlichen Charakter, d.h. sie existieren als geplante Sprachhandlungen der Kommunikationsteilnehmer unabhängig von der jeweils benutzten Einzelsprache. In der Fremdsprachendidaktik werden sie auch als Sprachfunktionen (*language functions*), Redefunktionen (*speech functions*) oder Redeabsichten bezeichnet.
In jeder Sprache können derartige Sprachfunktionen mit unterschiedlichen sprachlichen Mitteln ausgedrückt werden. So läßt sich im Englischen die Sprachfunktion „Jemanden begrüßen“ realisieren durch: *Hi! Hello! Morning. Good morning. How do you do?* etc. Diese verschiedenen Redemittel sind jedoch keineswegs beliebig austauschbar. Sie unterliegen Einschränkungen hinsichtlich ihrer Verwendung. Während *Hi!* und *Hello!* als informell empfunden und vorwiegend in der Familie, unter Freunden und guten Bekannten üblich sind, wird insbesondere *How do you do?* in eher formalen Situationen verwendet.
Außerdem kann das gleiche Redemittel je nach den Umständen, unter denen es hervorgebracht wird, völlig verschiedene Funktionen ausdrücken.
Der Satz
The window is open
kann unter bestimmten Umständen als neutrale Feststellung einer Tatsache gemeint sein. Wird er dagegen in einer Situation geäußert, in der der Sprecher sich infolge eines Luftzuges unbehaglich fühlt und im selben Raum ein Gesprächspartner anwesend ist, von dem der Sprecher glaubt, daß er seinen Aufforderungen wahrscheinlich folgen wird, kann derselbe Satz als Aufforderung (das Fenster zu schließen) gemeint sein und verstanden werden.

Das Beispiel zeigt, daß das Gemeinte oft nur entschlüsselt werden kann, wenn nicht nur alle linguistischen Bestandteile einer Äußerung richtig verstanden, sondern auch die Sprechsituation und die Rollen der beteiligten Gesprächspartner richtig interpretiert werden.

Die über die rein linguistische Bedeutung hinausgehende Bedeutungskomponente einer Sprachäußerung wird als pragmatische Bedeutung bezeichnet. Mit der Erforschung solcher Bedeutungen befaßt sich u.a. die Sprechakttheorie (linguistische Pragmatik).

Fassen wir Äußerungen als Sprechakte (*speech acts*) auf, dann können wir feststellen, daß ein Sprecher beim Hervorbringen einer Äußerung drei gleichzeitig ablaufende Handlungen vollzieht:[1]

(a) Er erzeugt mit seinen Sprechorganen Schallwellen, die für den Hörer als Sprachlaute erkennbar sind. Diese physikalisch feststellbare Handlung wird als Äußerungsakt (*utterance act*) bezeichnet.

(b) Er macht eine Aussage (*predication*) über einen Gegenstand oder eine Person, auf die er Bezug nimmt (*reference*). Diese Handlung wird als propositionaler Akt[2] (*propositional act*) bezeichnet.

(c) Gleichzeitig vollzieht er einen Akt der Feststellung, Aufforderung, Ablehnung etc. Diese Handlung wird als illokutionärer Akt[3] (*illocutionary act*) bezeichnet.

Für den Satz *The window is open* ergibt sich danach die folgende Analyse:

(a) Ein Sprecher äußert eine Phonemsequenz (Äußerungsakt).

(b) Der Sprecher nimmt eine Bezugnahme (*reference*) auf *the window* vor und macht darüber eine Aussage (*predication*): *is open*. Damit vollzieht er einen propositionalen Akt.

(c) Der Sprecher trifft entweder eine Feststellung (pragmatische Bedeutung ‚Das Fenster ist offen‘) oder richtet eine Aufforderung an einen anwesenden Hörer (pragmatische Bedeutung ‚Schließ [bitte] das Fenster‘) und vollzieht damit einen illokutionären Akt.

Diese Analyse ist in Darstellung 1 veranschaulicht.

---

1 Vgl. Searle, John R. *Speech Acts: An Essay in the Philosophy of Language*. London, 1969. S. 23f.

2 Lat. *proponere* = ‚darlegen, bekannt machen‘.

3 Lat. *in* + *loqui* = ‚auf etwas hin‘ + ‚sprechen‘.

Darstellung 1: Komponenten eines speech act

speech act			
utterance act	propositional act		illocutionary act
(phoneme sequence + suprasegmental elements)	reference	predication	(statement) (command)
	The window	*is open*	

Im Fremdsprachenunterricht müssen alle diese Komponenten des Sprechakts vermittelt werden. Dies gilt sowohl für die gesprochene als auch für die geschriebene Sprache.
Im Anfangsunterricht liegt der Schwerpunkt auf dem Erwerb des neuen Phonemsystems und eines elementaren Bestands an Wortschatz und einfachen grammatischen Strukturen, also auf den Ebenen des Äußerungsakts und des propositionalen Akts. Die Ebene des illokutionären Akts wird dabei vorwiegend immanent vermittelt.
Im weiteren Verlauf der Sekundarstufe I werden das lexikalische und grammatische System, also die Ausdrucksmöglichkeiten auf der Ebene des propositionalen Akts, systematisch erweitert. Damit ist auch eine Erweiterung der Ausdrucksmöglichkeiten auf der Ebene des illokutionären Akts verbunden.
Neben dieser eher immanenten Behandlung von Sprachfunktionen gibt es in der Sekundarstufe I auch viele Anlässe, Unterrichtssequenzen zu planen, die gezielt von der Priorität des illokutionären Akts, also den Sprachfunktionen ausgehen.
Als ein Beispiel dafür sei die Debatte im Englischunterricht genannt. Hierbei geht es darum, eigene Ansichten in überzeugender Form darzulegen, Gegenargumente anzuhören, zu akzeptieren oder zu verwerfen. Zum Ausdruck solcher illokutionärer Akte stehen dem Schüler nach einer gewissen Unterrichtszeit eine Reihe von Redemitteln zur Verfügung, z. B.:

Redemittel für die Sprachfunktion Zustimmung:
Yes
I agree
I entirely agree
X is right in ...
...

Redemittel für die Sprachfunktion Ablehnung:
No
I disagree

I completely disagree
X is wrong in ...
...

Diese bekannten Redemittel werden jedoch in der Regel für eine situationsangemessene Verwendung in Rede und Gegenrede im Rahmen einer Debatte weder hinsichtlich ihrer Anzahl noch ihrer Differenzierung ausreichen. Erforderlich ist daher eine gezielte Vermittlung weiterer, abgestufter Redemittel zum Ausdruck der Funktionen Zustimmung bzw. Ablehnung. Die Vermittlung solcher Redemittel ist nicht nur für die Debatte im Englischunterricht wichtig, sondern auch für die praktische Verwendung im Alltag.

Während die meisten *educated native speakers* aufgrund ihres Sprachgefühls beim Ausdruck bestimmter Redeabsichten mit hoher Wahrscheinlichkeit die der Situation jeweils angemessenen Redemittel auswählen werden, ist dies für den Lernenden keinesfalls selbstverständlich.

Aus diesem Grund müssen bei der Arbeit mit Sprachfunktionen im Fremdsprachenunterricht neben der Betrachtung der einzelnen sprachlichen Elemente, aus denen sich eine Äußerung zusammensetzt, auch außersprachliche Gesichtspunkte berücksichtigt werden, die einen entscheidenden Einfluß auf die Wahl des Registers/der Stilebene der verwendeten Redemittel haben. Hier sind u.a. zu klären:

- Welche Rolle hat der Sprecher/Schreiber?
- Welche Rolle hat der Angesprochene/Leser?
- Welche Beziehung besteht zwischen Sprecher/Schreiber und Angesprochenem (Grad der Vertrautheit, soziale Nähe/Distanz etc.)?
- In welcher Situation erfolgt eine Sprachäußerung (Ort, Zeit, Umgebung, familiäre oder förmliche Situation etc.)?
- Über welches Medium erfolgt die Äußerung (mündlich/schriftlich)?
- Zu welchem Thema erfolgt die Äußerung?
- Welches Ergebnis wird mit der Äußerung angestrebt?

Der Unterricht in den modernen Fremdsprachen erfolgt spätestens seit Wilhelm Viëtors Streitschrift *Der Sprachunterricht muß umkehren!*[4] aus dem Jahre 1882 mit der Absicht, die Lernenden zu befähigen, ihre Mitteilungsabsichten in der fremden Sprache angemessen auszudrücken. Die Forderung, den Fremdsprachenunterricht insgesamt oder teilweise auf der Basis von Sprachfunktionen zu planen, ist aber, zumindest in Deutschland,

4 Unter dem Pseudonym Quousque Tandem. Heilbronn, 1882. 3. Aufl. v. 1905 nachgedruckt in: Konrad Schröder (Hrsg.). *Wilhelm Viëtor: „Der Sprachunterricht muß umkehren". Ein Pamphlet aus dem 19. Jahrhundert neu gelesen.* München, 1984. S. 53–86.

erst seit etwa Mitte der 70er Jahre Gegenstand der fachdidaktischen Diskussion.[5]

Solche Forderungen basieren auf Erkenntnissen u.a. der Sprechakttheorie, der Pragmalinguistik und der Soziolinguistik. Betrachtet man Sprache unter dem Gesichtspunkt der Pragmalinguistik, so sind die Kategorien durch das Hauptmerkmal *indeterminacy*[6] (Unbestimmtheit, Vagheit) gekennzeichnet. Aus diesem Grund können die Beschreibungen und Abgrenzungen der Sprachfunktionen und Redemittel nicht so eindeutig sein wie bei grammatischen Strukturen oder Wortschatzelementen.

Hieraus folgt, daß die Planung gesamter Lehrgänge auf der ausschließlichen Grundlage von Sprachfunktionen mit erheblichen Problemen belastet ist.[7]

Es ist zwar versucht worden, Lehrwerke auf der Grundlage einer Progression von Sprachfunktionen (pragmalinguistische Progression) zu erstellen.[8] Bei genauerer Betrachtung folgen aber auch diese einer linguistischen Progression.

Die Besonderheiten der Kategorien der Pragmalinguistik schlagen sich auch bei der Planung einzelner Unterrichtseinheiten mit dem Schwerpunkt Sprachfunktionen nieder. Sie wirken sich vor allem bei der Sachanalyse und bei der Auswahl und Abstufung der Unterrichtsgegenstände in der didaktischen Analyse aus.

Zwar gibt es Listen zu Sprachfunktionen und entsprechenden Redemitteln[9], da es für deren Erstellung aber keine objektivierbaren Kriterien gibt und da zudem viele Sprachäußerungen hinsichtlich ihrer Funktion auch mehrdeutig sind (vgl. Beispiel *The window is open*), können solche Listen niemals zuverlässig sein und übereinstimmen.

Listen zu Sprachfunktionen haben die folgenden Merkmale:

(a) ein hohes Maß an Subjektivität bei der Benennung und Abgrenzung der einzelnen Sprachfunktionen

(b) eine häufig willkürlich vorgenommene Auswahl und Zuordnung von Redemitteln zu bestimmten Funktionen

---

5 Vgl. u.a. Piepho, Hans-Eberhard. *Kommunikative Kompetenz als übergeordnetes Lernziel im Englischunterricht.* Dornburg-Frickhofen, 1974. Im britischen Sprachraum wurde schon viel früher auf die Notwendigkeit verwiesen, Sprachfunktionen im Fremdsprachenunterricht stärker zu berücksichtigen, vgl. u.a. Hornby, A. S. *A Guide to Patterns and Usage in English.* London, 1954. Preface.

6 Vgl. Leech, Geoffrey N. *Priciples of Pragmatics.* London, 1983. S. 154f.

7 Vgl. hierzu auch Mindt, Dieter. „Probleme des pragmalinguistischen Ansatzes in der Fremdsprachendidaktik.“ *Die Neueren Sprachen,* 27 NF (1978) 3/4, S. 340-356.

8 Z.B. ältere Ausgaben des Lehrwerks *Contacts.*

9 Vgl. Literaturverzeichnis zur Sachanalyse Sprachfunktionen, S. 211.

(c) das gelegentliche Fehlen von Angaben zu den o.g. außersprachlichen Faktoren, die die Wahl eines Redemittels bestimmen
(d) die Beschränkung einiger Listen auf die Beschreibung eines sprachlichen Minimums.

Die meisten Lehrwerke orientieren sich aus diesen Gründen an einer Progression der sprachlichen Inhalte (Grammatik, Lexik), berücksichtigen aber seit den 80er Jahren gleichzeitig auch Sprachfunktionen. Die Schüler werden dadurch in die Lage versetzt, ihrem Sprachniveau entsprechend gezielt eigene Redeabsichten zu verwirklichen.

6.5.2 Sachanalyse

Bei der Analyse von Sprachfunktionen sind zu erarbeiten:
(a) Zusammenstellung und Beschreibung der verschiedenen Redemittel zum Ausdruck einer Sprachfunktion unter Berücksichtigung folgender Aspekte:
- Lautform(en)/Schriftform(en)
- Betonungsschema und Intonationsmuster
- Bedeutung(en)
- grammatisches Verhalten

(b) Zuordnung der einzelnen Redemittel zu Stilebenen/Register:
- informell/neutral/formal
- gesprochene/geschriebene Sprache
- ggf. weitere spezielle Varianten (z. B. soziale, dialektale)

(c) Zuordnung der Redemittel zu Sprecherrollen/Hörerrollen/Schreiberrollen/Leserrollen
(d) Zuordnung der Redemittel zu Situationen (Berücksichtigung von Ort, Zeit und Umgebung)
(e) Beschreibung von Themenbereichen für einzelne Redemittel
(f) Beschreibung der Ergebnisse, die mit bestimmten Redemitteln erzielt werden können
(g) Gruppierung der Redemittel nach den Kriterien:
- linguistisch einfacher/linguistisch komplexer
- elementares/erweitertes Sprachfertigkeitsniveau

(h) Nennung wichtiger interlingualer Interferenzursachen und Möglichkeiten des Transfers
(i) Nennung wichtiger intralingualer Interferenzursachen und Möglichkeiten des Transfers.

> *Zu: Arbeit mit Sprachfunktionen. Sachanalyse*
>
> Benutzen Sie die unten genannte Literatur zur Beantwortung der folgenden Frage:
> Welche Redemittel geben die aufgeführten Werke als Realisierungsmöglichkeiten der Sprachfunktionen *seeking permission* und *giving permission* an?

Literatur zu: Sachanalyse Sprachfunktionen

Blundell, Jon, Jonathan Higgens und Nigel Middlemiss. *Function in English.* Oxford, 1982.

Ek, J. A. van und J. L. M. Trim. *Threshold Level 1990.* Straßburg, 1991.

Ek, J. A. van und J. L. M. Trim. *Waystage 1990.* Straßburg, 1991.

Hornby, A. S. *Guide to Patterns and Usage in English.* 2nd ed. London, 1975.

Siebold, Jörg, Klaus Kähler und John Tarver. *Do you see what I mean? Language functions in spoken English.* Berlin, 1989.

6.5.3 Didaktische Analyse

Auswahl

Die Auswahl erfolgt auf zwei Ebenen: (1) Auswahl der Sprachfunktionen an sich, (2) Auswahl zugehöriger Redemittel. Sie hängt von den schulart- und klassenstufenspezifischen Lernzielen sowie den Sprachbedürfnissen (*language needs*) der Lernenden ab.
Nachdem die Entscheidung über die Auswahl von Sprachfunktionen getroffen wurde, muß überlegt werden, welche Redemittel zum Ausdruck dieser Sprachfunktionen für die jeweilige Lerngruppe angemessen sind. Hierbei ist insbesondere das Sprachfertigkeitsniveau der Lernenden zu berücksichtigen. Im elementaren Englischunterricht der Sekundarstufe I wird man zunächst auf solche Redemittel zurückgreifen, die stilistisch neutral sind, die im authentischen Sprachgebrauch häufig auftreten und die sich sowohl durch eine große Reichweite der Verwendung, als auch durch eine geringe linguistische Komplexität auszeichnen.
Bei der Arbeit mit einem Lehrwerk ist die Auswahl der Sprachfunktionen und der entsprechenden Redemittel von den Lehrwerkautoren vorentschieden. Es kann sich jedoch als sinnvoll erweisen, von diesen Vorgaben abzuweichen und andere Schwerpunkte zu setzen. Einzelne Sprachfunktionen oder bestimmte Redemittel zum Ausdruck von Sprachfunktionen können ggf. zusätzlich vermittelt oder zurückgestellt werden.

Abstufung

Auch bei der Abstufung muß man zwischen den Sprachfunktionen an sich und den einer speziellen Sprachfunktion zugeordneten Redemitteln unterscheiden.
Eine typische Abstufung von Sprachfunktionen im Anfangsunterricht ist beispielsweise folgende:
1. jemanden begrüßen
2. sich vorstellen
3. sich verabschieden
4. Auskunft über sich und andere geben.

Im weiteren Verlauf des Lehrgangs kommen neue Sprachfunktionen hinzu, und es werden auch zuvor behandelte wieder aufgegriffen und durch die Einführung weiterer Redemittel differenziert.
Eine Abstufung der Redemittel zum Ausdruck der einzelnen Sprachfunktionen kann so vorgenommen werden, daß linguistisch einfache Redemittel mit breitem Verwendungsbereich auf einer elementaren Sprachfertigkeitsebene vermittelt werden und die Komplexität und die Spezialisierung der Redemittel mit dem Sprachfertigkeitsniveau der Lernenden steigt. Formale Redemittel gewinnen an Bedeutung.
Eine Abstufung unter Berücksichtigung der Faktoren linguistische Komplexität, Sprachfertigkeitsniveau und Stilebene zu Redemitteln für die Sprachfunktionen Zustimmung und Ablehnung ist in Darstellung 2 wiedergegeben.

Darstellung 2: Redemittel für die Sprachfunktionen Zustimmung und Ablehnung

Zustimmung	Stilebene	
	neutral	informell
elementares Sprachfertigkeitsniveau	*Yes* *(That's) right* *Certainly* *Of course* *Quite (so)* *I agree*	*O.K.*
erweitertes Sprachfertigkeitsniveau	*So I admit*	*I'm all for it*

Ablehnung	Stilebene	
	neutral	informell
elementares Sprachfertigkeitsniveau	*No* *(That's) wrong* *That's not correct* *I don't agree* *I don't think so*	*Don't be silly*
erweitertes Sprachfertigkeitsniveau	*I (strongly) object* *I'm not convinced* *I raise the objection that*	

Die linguistische Komplexität der Redemittel nimmt innerhalb des jeweiligen Sprachfertigkeitsniveaus zu. Zusätzlich erforderlich wäre eine Abstufung im Hinblick auf die beabsichtigte Wirkung verschiedener Redemittel auf den Kommunikationspartner. So stellt die Äußerung *I strongly object* eine wesentlich nachdrücklichere Ablehnung dar als *I don't think so*.

Zu: Arbeit mit Sprachfunktionen. Auswahl/Abstufung

Differenzieren Sie die in der Sachanalyse ermittelten Redemittel zu den Sprachfunktionen *seeking permission* und *giving permission* nach folgenden Gesichtspunkten:

- Stilebene
- linguistische Komplexität
- elementares Sprachfertigkeitsniveau/erweitertes Sprachfertigkeitsniveau.

Welche der angegebenen Redemittel sind nachdrücklicher, welche sind weniger nachdrücklich?

Darbietung

Sprachaufnahme

Von den zahlreichen Möglichkeiten, die Sprachaufnahmephase bei der gezielten Arbeit mit Sprachfunktionen zu gestalten, werden zwei besonders häufig angewandt:

1. Die Darbietung einer oder mehrerer Sprachfunktionen erfolgt in einem situativen Zusammenhang, der die Verwendung dieser Sprachfunktion(en) und entsprechender, angemessener Redemittel zwingend erforderlich macht.
2. Die Darbietung der Sprachfunktion(en) und Redemittel erfolgt in Form einer vorgegebenen Liste.

Zu 1:
Eine Reihe von Sprachfunktionen können zunächst allein durch das sprachliche Verhalten des Lehrers vermittelt werden, insbesondere in den ersten Jahren Englischunterricht. Als Beispiele können Sprachfunktionen wie „Jemanden begrüßen“, „Sich vorstellen“, „Um etwas bitten“, „Ärger/Freude ausdrücken“ etc. genannt werden, die ohne weiteres in Form eines Lehrermonologs, ggf. unterstützt durch Gestik und Mimik, vermittelbar sind.
Häufig ist es jedoch sinnvoll, Sprachfunktionen in komplexeren Situationen und Kontexten darzubieten, in denen mindestens zwei oder mehr Kommunikationspartner interagieren. Auf diese Weise können nicht nur die Redemittel einer Sprachfunktion veranschaulicht werden, sondern auch mögliche sprachliche Reaktionen auf die vorausgehenden Äußerungen. Abgesehen vom Anfangsunterricht mit jüngeren Lernenden, in dem die Rolle eines Gesprächspartners ggf. von einer Handpuppe übernommen werden kann, ist dies allein durch das Lehrervorbild kaum zu realisieren, sondern bedarf der Unterstützung durch geeignete Medien.
Das können sowohl geschriebene als auch gesprochene Texte sein, die die entsprechenden Sprachfunktionen bzw. Redemittel in ausreichender Anzahl enthalten und aus denen die Redemittel „herausgefiltert“ werden können. Es kann sich auch um Kurztexte (z.B. Mini-Dialoge) handeln, in denen verschiedene Situationen dargestellt werden, um den Gebrauch unterschiedlicher Redemittel besser zu verdeutlichen. Günstig ist deren Verbindung mit eindeutigen bildlichen Situationsdarstellungen. Dies können auch Passagen aus Comics sein.
Alle schriftlichen Texte haben gegenüber gesprochenen Texten den großen Nachteil, daß durch sie die phonologischen Bestandteile einer sprachlichen Äußerung nicht vermittelt werden können, insbesondere auch nicht die suprasegmentalen Elemente, die gerade bei der Arbeit mit Sprachfunktionen von besonderer Bedeutung sein können. Durch den Einsatz von Hörtexten, die z.B. per Tonkassette präsentiert werden, kann dieser Nachteil umgangen werden.
Ein wichtiges Medium zur Sprachaufnahme von Sprachfunktionen sind Filme bzw. Filmsequenzen, z.B. auf Video. Sie haben den großen Vorzug, daß dadurch wesentlich mehr Bestandteile der jeweiligen Situation (z.B. die räumliche Umgebung) wiedergegeben werden und vor allem auch die nonverbalen Bestandteile der Kommunikation, also Gestik und Mimik der Gesprächspartner vermittelt werden können.
Die erste Sprachaufnahme sollte mit einem Hör- bzw. Leseauftrag zur Sicherung des Grobverständnisses verknüpft werden.[10] Vor einer zweiten

10 Vgl. das Kapitel *6.3 Textarbeit:* Sprachaufnahme.

Sprachaufnahme, bei Kurztexten oder schriftlichen Vorlagen ggf. auch schon beim ersten Mal, erhalten die Lernenden den Auftrag, ihre Aufmerksamkeit auf Redemittel zum Ausdruck bestimmter Sprachfunktionen zu richten und diese festzuhalten, ggf. auf kleinen Notizblättern. Wird beispielsweise eine Debatte präsentiert, könnten Redemittel zum Ausdruck von Zustimmung und Ablehnung herausgefunden werden.
Alle bisher beschriebenen Varianten zur Sprachaufnahme von Sprachfunktionen und entsprechenden Redemitteln können als induktiv bezeichnet werden. Die situative und kontextuelle Einbettung ermöglicht es dem Schüler, zumindest vorläufig schon abzuschätzen, welcher Stilebene die einzelnen Redemittel zuzurechnen sind, für welche Sprecherrollen in welchen Kommunikationssituationen sie geeignet sind und welchen Grad an Nachdrücklichkeit sie haben.

Zu 2:
Die eingangs genannte Möglichkeit der Sprachaufnahme von Sprachfunktionen und Redemitteln in Form einer Liste kann als deduktiv bezeichnet werden. Sie verzichtet zunächst auf eine situative und kontextuelle Einbettung und erfordert ein hohes Maß an Sprachwissen und Abstraktionsvermögen auf Seiten des Lernenden.
Listen von Sprachfunktionen und abgestuften Redemitteln in der Hand des Schülers sollten deshalb in der Regel in der Sekundarstufe I nicht Ausgangspunkt, sondern (Zwischen-)Ergebnis der Arbeit mit Sprachfunktionen sein.[11]

Sprachverarbeitung

Auch bei der Arbeit mit Sprachfunktionen kann eine zusätzliche Phase hinzutreten, in der den Lernenden die jeweils spezifischen Gebrauchsbedingungen für ausgewählte Redemittel zu einer Sprachfunktion bewußtgemacht werden. Oft ist es sinnvoll, die Bewußtmachung der Einübung voranzustellen. So ergibt sich der folgende Phasenablauf:

Sprach-aufnahme	Sprachverarbeitung			Sprach-anwendung
	Bewußt-machung	Einübung	Transfer	

11 Vgl. z. B. Senator für Schulwesen (Hrsg.). *Vorläufiger Rahmenplan für Unterricht und Erziehung in der Berliner Schule: Klassenstufen 7 – 10. Hauptschule, Realschule, Gymnasium, Gesamtschule. Fach Englisch.* Berlin, 1980. S. 17.

Bewußtmachung

Das Ergebnis des Sammelns von Redemitteln in der Sprachaufnahmephase kann als Grundlage für die Phase der Bewußtmachung benutzt werden. Die gesammelten Redemittel werden auf der Tafel oder einer Folie festgehalten und gleichzeitig oder anschließend sortiert und kategorisiert.
Beim Sortieren werden Zuordnungen bezüglich der Rollen von Sprechern und Hörern, bezüglich der Situationen und Themen, der stilistischen Angemessenheit und/oder der Wirkungen bestimmter Redemittel vorgenommen. Es entsteht eine Tabelle, die unter einer Überschrift, die die Sprachfunktion(en) benennt, später von den Schülern im Merkheft festgehalten werden kann. Diese Tabelle enthält die gezielt vermittelten Redemittel in systematischer Form. Sie kann ergänzt werden durch solche Redemittel, die den Schülern durch die immanente Vermittlung von Sprachfunktionen bereits aus anderen Zusammenhängen bekannt sind.
Beim Sammeln und Sortieren sind unterschiedliche Verfahren möglich, z. B. die folgenden:

1. Schüler oder der Lehrende schreiben die gesammelten bzw. genannten Redemittel zunächst ungeordnet an die Tafel/auf die Folie. In einem darauffolgenden Unterrichtsgespräch werden diese dann durch verschiedenfarbige Unterstreichungen/Umrahmungen unterschiedlichen Kategorien zugeordnet. Dabei werden entsprechende Oberbegriffe (z. B. *formal – informal* oder *familiar – polite, friendly – unfriendly*) und eine gemeinsame Überschrift (Benennung der Sprachfunktion(en)) erarbeitet. Anschließend erstellen die Schüler für sich selbst, in Partnerarbeit oder in Gruppen tabellarische Übersichten aufgrund der vorgenommenen Kategorisierungen.
2. Der Lehrende gibt ein leeres oder teilweise gefülltes Tabellenraster an der Tafel/auf einer Folie vor und schreibt die ihm von den Schülern genannten Redemittel jeweils an bestimmte, vorgeplante Stellen. Auf diese Weise entsteht ein strukturiertes Tafelbild. Anschließend wird im Unterrichtsgespräch geklärt, warum die einzelnen sprachlichen Elemente an jeweils genau diese Stellen geschrieben wurden, und es werden gemeinsam die jeweiligen Klassifizierungskriterien herausgearbeitet und Überschriften gefunden.

Die Veranschaulichung von Bedeutungsnuancen einzelner Redemittel kann durch graphische Symbole unterstützt werden, insbesondere im Anfangsunterricht. So kann beispielsweise eine Abstufung der Bedeutungen verschiedener Redemittel zum Ausdruck von Vorlieben und Abneigungen mit Hilfe von „Lachmännchen“ und „Weinmännchen“, „Herzchen“ u.ä.

oder einfach Plus- und Minuszeichen in folgender Form vorgenommen werden:

+ *I like ...*
++ *I like ... very much*
+++ *I love ...*
– *I don't like ...*
–– *I can't stand ...*
––– *I hate ...*

In ähnlicher Weise lassen sich Redemittel auch als *polite* oder *impolite,* nachdrücklich oder weniger nachdrücklich etc. kennzeichnen.

Einübung

Die Einübungsphase kann so gestaltet werden, daß die Schüler auf vorgegebene Stimuli mit den jeweils angemessenen Redemitteln reagieren müssen. Für die Sprachfunktionen Zustimmung und Ablehnung kann beispielsweise von Lehrerstimuli ausgegangen werden, die jeweils eine bestätigende oder ablehnende Antwort vom Schüler erfordern. Die Zahl der Stimuli sollte groß sein, um die Anwendungsbreite der Antworten deutlich zu machen. Diese Art der Übung kann auch im Sprachlabor durchgeführt werden.
Schriftlich können bestimmte Redemittel zum Ausdruck von Sprachfunktionen z.B. durch Zuordnungs- oder Einsetzaufgaben (z.B. das Ausfüllen von Sprechblasen zu entsprechenden Abbildungen oder verbalen Situationsbeschreibungen – mit oder ohne Lösungshilfen) eingeübt werden.

Transfer

Die Transferierung von Sprachfunktionen erfolgt durch die Verwendung der gelernten Redemittel in (simulierten) Minimalsituationen. Kleine szenische Darstellungen oder Rollenspiele können hier schon in der Transferphase eingesetzt werden, wenn die Situationsrahmen entsprechend eng gesteckt sind, so daß an dieser Stelle hauptsächlich die unmittelbar zuvor gelernten Redemittel verwendet werden müssen (z.B. Einkaufsgespräche, nach dem Weg fragen und Wege beschreiben, kleine Streitgespräche, etc.).

Bei Rollenspielen müssen sich die Schüler in andere Personen hineinversetzen, was auch die Wahl anderer Sprachregister ermöglicht. Für die Sprachfunktionen Zustimmung und Ablehnung können beispielsweise Mini-Debatten zu jeweils einem eng umrissenen Thema gewählt werden. Um eine umfassende Verwendung der verschiedensten Redemittel, die zum Ausdruck dieser Sprachfunktionen möglich sind, sicherzustellen, sollte die Bandbreite der Themen so weit wie möglich gespannt werden.

Grundsätzlich ist darauf zu achten, daß die Schüler hier nicht nur auf die Ausdrucksmittel des elementaren Sprachfertigkeitsniveaus zurückgreifen, sondern mehr und mehr auch komplexere Ausdrucksmittel zur Realisierung ihrer Mitteilungsabsichten verwenden.

Sprachanwendung

Jeder neue Sprechanlaß, der Sprachfunktionen wie beispielsweise Zustimmung und Ablehnung erfordert, kann als Anwendungsfall für die neu erlernten Redemittel gelten. Für den Lehrer stellt sich daher die Aufgabe, Sprechanlässe zu finden, die solche Sprachäußerungen der Schüler erfordern. Geeignet dazu ist in diesem Fall jede kontroverse Fragestellung. Dabei reicht die Anwendungsmöglichkeit von sehr kurzen Unterrichtsabschnitten, in denen solche Redemittel verwendet werden, bis hin zu formellen Diskussionen, die im fortgeschrittenen Englischunterricht gegebenenfalls eine ganze Unterrichtsstunde einnehmen können.
In der Anwendungsphase geht es nicht mehr ausschließlich darum, die Sprachfunktionen zu verwenden, die unmittelbar zuvor die Phasen der Sprachaufnahme und Sprachverarbeitung durchlaufen haben, sondern darum, sie in neuen Zusammenhängen und in Verkettungen mit anderen Sprachfunktionen zu benutzen. Auf diese Weise können sich die vielfältigsten Variationen von Anordnungen verschiedener Sprachfunktionen ergeben, die dem natürlichen Sprachgebrauch nahekommen.

Zu: Didaktische Analyse. Darbietung

Beschreiben Sie Situationen, die für die Phase der Sprachaufnahme, der Sprachverarbeitung und der Sprachanwendung für die Sprachfunktionen *seeking permission* und *giving permission* geeignet sind.

Literatur zu: Arbeit mit Sprachfunktionen

Brumfit, Christopher J. und Keith Johnson (Hrsg.). *The Communicative Approach to Language Teaching*. Oxford, 1979.

Bundesarbeitsgemeinschaft Englisch an Gesamtschulen (Hrsg.). *Kommunikativer Englischunterricht. Prinzipien und Übungstypologie*. München, 1978.

Finocchiaro, Mary und Christopher J. Brumfit. *The Functional-Notional Approach: From Theory to Practice*. New York, 1983.

Pauels, Wolfgang. *Kommunikative Fremdsprachendidaktik. Kritik und Perspektiven*. Frankfurt am Main, 1983.

Piepho, Hans-Eberhard. *Kommunikative Kompetenz als übergeordnetes Lernziel im Englischunterricht*. Dornburg-Frickhofen, 1974.

Piepho, Hans-Eberhard. *Kommunikative Didaktik des Englischunterrichts Sekundarstufe I*. Limburg, 1979.

7. Aufgaben zur Unterrichtsplanung

Dieses Kapitel enthält konkrete Aufgaben zur Planung von Unterricht. Je ein Aufgabenblock ist den Schwerpunkten Wortschatzarbeit, Arbeit mit grammatischen Strukturen, Textarbeit, Arbeit mit phonologischen Elementen und Arbeit mit Sprachfunktionen gewidmet.

7.1 Planungsschwerpunkt Wortschatz

Unterrichtsgegenstand:
Wortschatz des Textes *A brave decision* für das 3. Lernjahr des Gymnasiums.[1]

Unit 6C

C A brave decision

While Kate was in hospital she read a lot of magazines. This true story was in one of them.

When the box of cloth arrived from London, tailor George Viccars hurried to pick it up. At last he would be able to make the clothes which the people of his village were waiting for. He started work at once ...
But the clothes were never finished. The next day the tailor had a temperature, and there were strange swellings all over his body. Two days later he was dead. The year was 1665, the month September, and the village was Eyam in Derbyshire.
The villagers read the signs. They knew of the terrible disease that was killing thousands in London. They knew that the doctors were helpless. They knew that wherever it arrived, it spread like fire. And now it was here. The plague - in Eyam!
Soon the plague began to spread in the village. First Edward Cooper died, then old Peter Hawksworth ... Who would be next? Nobody - not even the doctors - knew exactly how the disease was passed on. What could they do to protect themselves? Nothing! The people kept to their homes. Even the church was closed. They tried all the doctors' strange prescriptions ... But still the disease spread. The people of Eyam began to panic. Many got ready to leave.
But rector William Mompesson called the villagers together in a field near the church.
"People of Eyam," he began, "I will speak openly with you. The plague has already taken eight of our people. Many more will certainly follow. Perhaps we all must die." "So what are we waiting for?" came a woman's voice from the back of the crowd. "Why don't we leave - while we've still got a chance!" There were noises from the crowd. A lot of the villagers agreed with the woman.
"Wait," the rector spoke again, and as the voices died down, he went on in a lower voice, "you may not have a chance. You may already have this terrible disease." Nobody said anything for a while. "But we must try to save the children!" The woman's voice was shaking now. "And what about the children in the next village?" asked the rector. "Do you want to carry the plague to them - just as the box of cloth from London brought it to us?"

1 Entnommen aus *Learning English Green Line 3*. Stuttgart, 1986. S. 71f.

There was a long silence. Many of the villagers had relations in the next village. What the rector said was true. They all knew that. So – in the end – they agreed to stay in Eyam. A circle of stones was put around the village, and no one was allowed to go outside it. The people of the villages around Eyam did what they could for them. Food was left at some of the stones every week. Money for the food was left in running water – to keep it clean from the plague.

Eyam was now shut off completely from the outside world. The people who died were buried in their gardens or in the fields. Name after name was put down in the church register. The 208th victim was Katherine Mompesson, the rector's wife. The plague went on for fifteen months and did not come to an end until the hard winter of 1666. By then, 260 of the 350 people in the village were dead. But the plague did not spread to the other parts of Derbyshire. It was stopped by the brave decision of the villagers.

▲ *Eyam Church today*

The story of the people of Eyam is still remembered today. Every year a church service is held in the field where William Mompesson called the villagers together. Today, more than 300 years later, people are still deeply moved by the example which these people set.

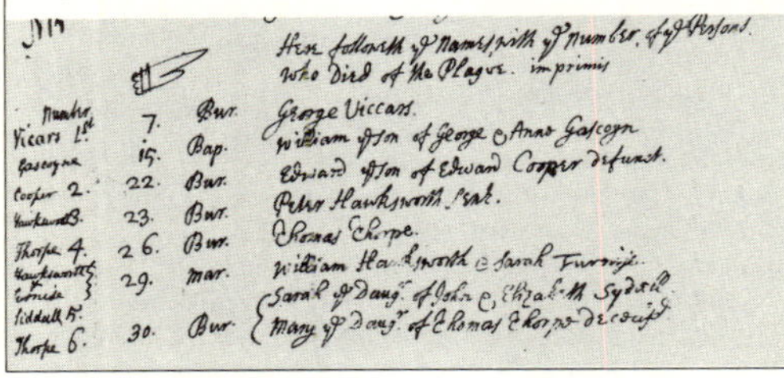

Here followeth ye Names, with ye number, of ye Persons who Died of the Plague. imprimis

Vicars 1st	7.	Bur.	George Viccars.
Gascoyne	15.	Bap.	William ye son of George & Anne Gascoyn
Cooper 2.	22.	Bur.	Edward ye son of Edward Cooper defunct.
Hawksworth 3.	23.	Bur.	Peter Hawksworth Senr.
Thorpe 4.	26.	Bur.	Thomas Thorpe.
Hawksworth & Turnie	29.	mar.	William Hawksworth & Sarah Turnige.
Siddall 5.			Sarah ye Daugr. of John & Elizabeth Sydall
Thorpe 6.	30.	Bur.	Mary ye Daugr. of Thomas Thorpe deceased

◄ *Eyam Church Register, September, 1665*

In dem zum Text gehörenden Wörterverzeichnis werden die mit ° gekennzeichneten Wörter zur rezeptiven/passiven Beherrschung vorgeschlagen.

C A brave decision

brave [breɪv]	Robin Hood was a ~ man.	mutig, tapfer
decision [dɪ'sɪʒn]	to make or come to a ~ = to decide	Entscheidung, Entschluß
true [tru:]	Is it a ~ story? Did it really happen?	wahr, richtig
°**tailor** ['teɪlə]	A ~ makes clothes for people.	°Schneider
George Viccars [ˌdʒɔ:dʒ 'vɪkəz]	a boy's or man's name	*Personenname (männl.)*
°**swelling** ['swelɪŋ]	swollen place on your body	°Schwellung
body ['bɒdɪ]	Arms, legs, hands, and feet are parts of the ~.	Körper
to **be dead** [ded]	not to live any more	tot sein
Eyam ['i:əm]	village in Derbyshire	*Ortsname*
Derbyshire ['dɑ:bɪʃə]	part of England, not far from Nottingham	*engl. Grafschaft*
°**villager** ['vɪlɪdʒə]	a person who lives in a village	°Dorfbewohner
disease [dɪ'zi:z]	Rabies is a terrible ~.	Krankheit
to **be helpless** ['helpləs]	not to be able to do anything to help	hilflos sein
wherever [weər'evə]	in every place where ...	wo (auch) immer
to **spread, spread, spread** [spred]	The firemen arrived quickly, so the fire did not ~.	(sich) ausbreiten
°**the plague** [pleɪg]	a disease that spreads quickly	°die Pest; Seuche
Edward Cooper [ˌedwəd 'ku:pə]	a boy's or man's name	*Personenname (männl.)*
to **die** [daɪ]	At the end of our lives, we all ~.	sterben
Hawksworth ['hɔ:kswəθ]	a surname	*Familienname*
to **protect** [prə'tekt]	Warm clothes ~ you from the cold.	(be)schützen
church [tʃɜ:tʃ]	People often go to ~ on Sundays.	Kirche
°**prescription** [prɪ'skrɪpʃn]	It tells you what medicine to take.	°Rezept (v. Arzt)
to **panic** ['pænɪk]	to 'lose your head'	in Panik geraten
Rector ['rektə]	In church the ~ tells you about God.	*hier:* Pfarrer
William Mompesson [ˌwɪljəm 'mɒmpəsn]	a boy's or man's name	*Personenname (männl.)*
to **die down** [ˌdaɪ 'daʊn]	to become quieter or weaker	schwächer, leiser werden
for a while [waɪl]	for some time	(für) eine Weile, Zeitlang
to **shake** [ʃeɪk], **shook** [ʃuk], **shaken** ['ʃeɪkn]	He was nervous – his hand began to ~.	zittern; (sich) schütteln
silence ['saɪləns]	There was ~. Nobody spoke.	Schweigen, Stille
completely [kəm'pli:tlɪ]	I've ~finished – all my work is done.	völlig, vollständig
°to **bury** ['berɪ]	When a person has died, people ~ him/her.	°begraben, beerdigen

Katherine ['kæθrɪn]	a girl's name	*Vorname (weibl.)*
church **service** ['sɜːvɪs]	During a ~ people sing hymns and say prayers.	Gottesdienst
°to be **moved** [muːvd]	We were all deeply ~ by the sad story.	°erschüttert, bewegt sein

7.1.1 Aufgaben zur Sachanalyse

1. Welche zusätzlichen im Text enthaltenen Wörter und Wendungen können den Schülern Schwierigkeiten bereiten?
2. Gruppieren Sie den neuen Wortschatz nach Bedeutungsfeldern/Kollokationsfeldern. Ermitteln Sie (soweit nicht angegeben) die Aussprache und die hier zutreffende Bedeutung.
3. Gliedern Sie die Wörter innerhalb der gebildeten Gruppen nach Wortarten.
4. Welche Wörter/Wendungen zeigen Besonderheiten in bezug auf das Sprachregister, haben also einen eingeschränkten Verwendungsbereich durch ihre Situationsbezogenheit?
5. Bei welchen Wörtern/Wendungen sind störende Interferenzen bzw. positiver Transfer zwischen Ausgangssprache und Zielsprache zu erwarten
   (a) auf phonologischer Ebene
   (b) auf graphemischer Ebene
   (c) auf grammatischer Ebene
   (d) auf semantischer Ebene
   (e) auf kultureller/stilistischer Ebene?
6. Bei welchen Wörtern/Wendungen sind störende Interferenzen bzw. positiver Transfer durch Besonderheiten innerhalb des zielsprachigen Systems der englischen Sprache zu erwarten
   (a) auf phonologischer Ebene
   (b) auf graphemischer Ebene
   (c) auf grammatischer Ebene
   (d) auf semantischer Ebene?

7.1.2 Aufgaben zur didaktischen Analyse und Verlaufsplanung

1. Planen Sie eine Phase der Sprachaufnahme/Einübung ausgewählter Wortschatzelemente.
2. Planen Sie eine Transferphase ausgewählter Wortschatzelemente.
3. Planen Sie eine Phase der Sprachanwendung ausgewählter Wortschatzelemente.

Bei allen Planungen sind die folgenden Arbeitsschritte zu durchlaufen:

(a) Überprüfen Sie anhand des Lehrplanes für Ihr Bundesland, ob und in welcher Weise die vom Lehrwerk vorgenommene Einteilung in aktiven und passiven Wortschatz aufrechterhalten werden kann.

(b) Wählen Sie die Gruppe von Wörtern, die Sie Ihrer Planung zugrunde legen, und begründen Sie Ihre Wahl.

(c) Legen Sie – soweit möglich – die Reihenfolge der Behandlung der einzelnen Wortschatzelemente fest.

(d) Stellen Sie dar,
- in welchen Kontexten/situativen Zusammenhängen die ausgewählten Wörter behandelt werden
- welches Vorwissen die Schüler haben und in welcher Weise es genutzt wird
- welche Semantisierungsverfahren in der Sprachaufnahmephase verwendet bzw. welche Übungsformen in der Einübungs- und Transferphase eingesetzt werden
- welche (vorbereitenden) Hilfen für die Anwendungsleistung gegeben werden
- welche Sozial- und Interaktionsformen genutzt werden
- welche Tafelbilder und andere Medien in welcher Weise eingesetzt werden
- welche Fertigkeiten in welcher Reihenfolge berücksichtigt werden.

(e) Formulieren Sie Ihre Lernziele soweit wie möglich in operationalisierter Form.

(f) Entwerfen Sie eine Verlaufsplanung, die folgende Bestandteile enthält:
- Zeitangaben für die einzelnen Unterrichtsabschnitte
- geplante Lehreräußerungen in englischer Sprache
- erwartete Schüleräußerungen in englischer Sprache
- Kurzkommentare zu einzelnen unterrichtlichen Maßnahmen.

(g) Nennen Sie die von Ihnen verwendete Literatur.

(h) Alle geplanten Tafelbilder, Folien, Texte, Arbeitsblätter usw. sind als Anlage hinzufügen.

7.2 Planungsschwerpunkt grammatische Strukturen

Unterrichtsgegenstand:
Steigerung von Adjektiven (*comparison of adjectives*)

7.2.1 Aufgaben zur Sachanalyse

Benutzen Sie zur Bearbeitung der folgenden Aufgaben die Bücher:

Alexander, Louis G. *Longman English Grammar.* London, 1988.
Greenbaum, Sidney und Randolph Quirk. *A Student's Grammar of the English Language.* Harlow, 1990.
Lamprecht, Adolf. *Grammatik der englischen Sprache.* 8., völlig überarb. und erw. Aufl. Berlin, 1986.
Ungerer, Friedrich, Peter Pasch, Peter Lampater und Rosemary Hellyer-Jones. *Learning English: Grundgrammatik: Ausgabe für Gymnasien.* Stuttgart, 1989. bzw. *Learning English: A Guide to Grammar.* (Einsprachige Version der Ausgabe für Gymnasien) Stuttgart, 1992.

1. Welche drei Formen von Adjektiven ergeben sich durch die Möglichkeit der Steigerung? Nennen Sie die grammatischen Begriffe in englisch und in deutsch.
2. Welche Bezeichnungen gibt es für die unterschiedlichen Arten der Steigerung von Adjektiven?
3. Welche Adjektive werden unregelmäßig gesteigert? Geben Sie die Formen und ggf. die Bedeutungsunterschiede an.
4. Welche Adjektive werden auf *-er/-est* gesteigert?
   - Geben Sie Regeln und Beispiele an.
   - Welche Schreib- und Aussprachebesonderheiten treten bei dieser Steigerung auf?
5. Welche Adjektive werden mit *more* und *most* gesteigert? Geben Sie Regeln und Beispiele an.
6. Bei welchen Adjektiven und unter welchen Bedingungen kann sowohl die Steigerung auf *-er/-est* als auch die Steigerung mit *more* und *most* verwendet werden?
7. Welche Besonderheiten treten bei der Steigerung zusammengesetzter Adjektive auf?
8. Welche Funktionen drücken die einzelnen Stufen der Steigerung aus?
9. Welche Satzstrukturen, Kontexte und Situationen sind typisch für den Gebrauch welcher Steigerungsformen? Welche anderen lexikalischen Elemente muß der Schüler kennen, um die Steigerungsformen in typischen Kontexten verwenden zu können?

Beachten Sie, welche inter- und intralingualen Interferenzen und welche Transfermöglichkeiten zu erwarten sind.

7.2.2 Aufgaben zur didaktischen Analyse und Verlaufsplanung

Wählen Sie eine Zielgruppe (Altersstufe, Lernjahr, Schultyp) und berücksichtigen Sie dabei das von Ihnen benutzte Lehrwerk.

1. Planen Sie eine Phase der Sprachaufnahme/Einübung.

2. Planen Sie eine Phase der Bewußtmachung.
3. Planen Sie eine Phase der Sprachverarbeitung/des Transfers.
4. Planen Sie eine Phase der Sprachanwendung.

Bei allen Planungen sind die folgenden Arbeitsschritte zu durchlaufen:

(a) Welche Aussagen in bezug auf die Steigerung der Adjektive macht der Lehrplan Ihres Bundeslandes?
(b) Stellen Sie fest, in welcher Auswahl und Abstufung die Formen und Funktionen in dem von Ihnen gewählten Lehrwerk vermittelt werden.
(c) Nennen Sie die Arten der Steigerung und die Funktionen, die Sie für Ihre Unterrichtsplanung auswählen.
(d) Bilden Sie eigene Gruppen der ausgewählten grammatischen Strukturen und legen Sie die Reihenfolge fest, in der diese behandelt werden sollen.
(e) Stellen Sie fest, über welche Adjektive die Schüler bis zum Zeitpunkt der Sprachaufnahme der neuen grammatischen Struktur bereits verfügen.
(f) Stellen Sie dar,
   - in welchen Kontexten/situativen Zusammenhängen die neuen grammatischen Strukturen behandelt werden
   - welche Arbeits- und Übungsformen eingesetzt werden
   - welche Sozial- und Interaktionsformen genutzt werden
   - welche Tafelbilder und andere Medien in welcher Weise eingesetzt werden
   - welche sonstigen methodischen Maßnahmen ergriffen werden
   - welche Fertigkeiten in welcher Reihenfolge berücksichtigt werden.
(g) Formulieren Sie Ihre Lernziele soweit wie möglich in operationalisierter Form.
(h) Entwerfen Sie eine Verlaufsplanung, die folgende Bestandteile enthält:
   - Zeitangaben für die einzelnen Unterrichtsabschnitte
   - geplante Lehreräußerungen in englischer Sprache
   - erwartete Schüleräußerungen in englischer Sprache
   - Kurzkommentare zu einzelnen unterrichtlichen Maßnahmen.
(i) Nennen Sie die von Ihnen verwendete Literatur.
(j) Alle geplanten Tafelbilder, Folien, Texte, Arbeitsblätter usw. sind als Anlage hinzuzufügen.

7.3 Planungsschwerpunkt Texte

Unterrichtsgegenstand:
A Brave Decision für das 3. Lernjahr des Gymnasiums (Text s. S. 219f.)

Zum besseren Verständnis des inhaltlichen und sprachlichen Zusammenhangs wird neben der intensiven Betrachtung des Textes die Durchsicht der gesamten *Unit* empfohlen.

7.3.1 Aufgaben zur Sachanalyse

1. Welche sprachlichen Elemente und Strukturen sind im Text neu, welche sind besonders schwierig? Wo treten Häufungen solcher Elemente oder Strukturen auf? Untersuchen Sie das jeweils in bezug auf die
   (a) lexikalische Ebene (vgl. Kapitel *7.1 Planungsschwerpunkt Wortschatz*)
   (b) grammatische Ebene
   (c) pragmatische Ebene (Sprachfunktionen).
2. Was ist der generelle Inhalt des Textes? Welche allgemeinen Themenbereiche werden angesprochen? Welches sachliche Vorwissen auf seiten der Schüler ist erforderlich, um den Text in vollem Umfang zu verstehen?
3. Welcher Textsorte ist der vorliegende Text zuzuordnen?
4. Bestimmen Sie die Struktur des Textes:
   - äußere Gliederung (z.B. Absätze, graphische Gestaltung, Illustrationen)
   - innere Gliederung (z.B. Handlungsverlauf, Abfolge der Gedanken und Argumente)
   - Übereinstimmung/Abweichung zwischen äußerer und innerer Gliederung
   - Stilebene (z.B. *literary, common, colloquial*)
   - Stilmittel (z.B. rhetorische Figuren, Metaphern)
   - Erzählperspektive (z.B. Ich-Erzähler, auktorialer Erzähler).
5. Botschaft des Textes:
   An wen richtet sich der Text, in welcher Situation, mit welcher Absicht?
   Welche Teile sind zentral, welche Teile sind für das Gesamtverständnis des Textes von untergeordneter Bedeutung?
   Welche Aussagen vermittelt der Text über den äußeren Handlungsablauf hinaus?

7.3.2 Aufgaben zur didaktischen Analyse und Verlaufsplanung

1. Planen Sie eine Phase der Sprachaufnahme/Einübung Text.
2. Planen Sie eine Phase der Sprachverarbeitung/des Transfers Text.
3. Planen Sie eine Phase der Sprachanwendung Text.

Überprüfen Sie anhand des Lehrplans Ihres Bundeslandes, welche Themenbereiche durch die Arbeit mit diesem Text abgedeckt sind.
Konzentrieren Sie sich bei allen Unterrichtsplanungen auf die inhaltliche Arbeit mit dem Text. Gehen Sie davon aus, daß bereits Lexikvorentlastungen stattgefunden haben bzw. andere sprachliche Probleme in weiteren Unterrichtsstunden behandelt werden.

Zu 1:
Entscheiden Sie, ob der Text in seiner Gesamtheit oder in Teilen behandelt wird.
Überlegen Sie für die Phase der Sprachaufnahme/Einübung:
- Welche inhaltliche Vorentlastung, Einstimmung oder Hinführung zum Text ist nötig, um das Gesamtverständnis für alle Schüler zu sichern?
- Wie erfolgt die Sprachaufnahme – über das Hören oder das (stille) Lesen? Werden Medien eingesetzt?
- Wird der Text insgesamt oder abschnittsweise präsentiert?
- Wie oft sollen die Schüler den Text aufnehmen?
- Welche Aufgaben stellen Sie den Schülern vor der jeweiligen Rezeption?

Zu 2:
Gehen Sie davon aus, daß der gesamte Text die Phase der Sprachaufnahme durchlaufen hat.
Überlegen Sie für die Planung von Sprachverarbeitung/Transfer:
- Welche unterschiedlichen Aufgaben zur Sicherung des Detailverstehens sind zu planen?
- Welche Aufgaben zur Textrekonstruktion werden gestellt?
- Welche Aufgaben zur Abwandlung des Textes werden geplant?

Zu 3:
Überlegen Sie für die Sprachanwendung:
- Welche (freien) Sprech- oder Schreibleistungen können sich aus dem Inhalt des Textes ergeben?
- Formulieren Sie eine oder mehrere Aufgaben für die Schüler.
- Welche inhaltlichen und gegebenenfalls sprachlichen Vorbereitungen müssen Sie gemeinsam mit den Schülern im Unterricht treffen, um die Aufgaben bearbeiten zu können?

Für alle Unterrichtsplanungen sind darüber hinaus Überlegungen zu folgenden Aspekten anzustellen:
- Welche situativen Zusammenhänge werden in den unterschiedlichen Phasen genutzt?
- Welche Arbeits- und Übungsformen werden eingesetzt?
- Welche Sozial- und Interaktionsformen werden genutzt?

- Welche Tafelbilder und andere Medien werden in welcher Weise verwendet?
- Welche Fertigkeiten werden in welcher Reihenfolge berücksichtigt?

Formulieren Sie Ihre Lernziele soweit wie möglich in operationalisierter Form.
Entwerfen Sie eine Verlaufsplanung, die die folgenden Bestandteile enthält:
- Zeitangaben für die einzelnen Unterrichtsabschnitte
- geplante Lehreräußerungen in englischer Sprache
- erwartete Schüleräußerungen in englischer Sprache
- Kurzkommentare zu einzelnen unterrichtlichen Maßnahmen.

Nennen Sie die von Ihnen verwendete Literatur.
Alle geplanten Tafelbilder, Folien, Texte, Arbeitsblätter usw. sind als Anlage beizufügen.

7.4 Planungsschwerpunkt phonologische Elemente

Unterrichtsgegenstände:
1. [æ]; [e]
2. Aussprache des Morphems *-ed* beim regelmäßigen *simple past*

7.4.1 Aufgaben zur Sachanalyse

Benutzen Sie zur Bearbeitung der folgenden Aufgaben:
Arnold, Roland und Klaus Hansen. *Englische Phonetik*. 8. Aufl. Berlin, Leipzig etc., 1992.

Zu 1:
- Wie werden die beiden englischen Phoneme gebildet?
- Stellen Sie ihre Lage im Vokalviereck dar.
- Welche deutschen Phoneme haben eine ähnliche Position im Vokalviereck?
- Welche Interferenzen sind zu erwarten?
- Nennen Sie Minimalpaare, die den phonologischen Unterschied zwischen [e] und [æ] veranschaulichen.

Zu 2:
- Welche Aussprachevarianten des Morphems *-ed* gibt es?
- Wovon sind sie abhängig?
- Welche Interferenzen sind zu erwarten?

7.4.2 Aufgaben zur didaktischen Analyse und Verlaufsplanung

Entscheiden Sie sich für die Behandlung eines der beiden Unterrichtsgegenstände. Wählen Sie eine Zielgruppe (Altersstufe, Lernjahr, Schultyp).

1. Planen Sie eine Phase der Sprachaufnahme zu den ausgewählten phonologischen Erscheinungen.
2. Planen Sie eine Phase der Einübung (mit kognitivierenden Hilfen) zu den ausgewählten phonologischen Erscheinungen.
3. Planen Sie eine Transfer- und Anwendungsphase zu den ausgewählten phonologischen Erscheinungen.

Bei allen Planungen sind die folgenden Arbeitsschritte zu durchlaufen:
(a) Stellen Sie fest, in welchen Kontexten und Situationen die ausgewählten phonologischen Erscheinungen in Ihrem Lehrwerk behandelt werden.
(b) Stellen Sie eine Liste mit Beispielen der ausgewählten phonologischen Erscheinungen (aus dem Lehrbuch) zusammen.
(c) Stellen Sie dar,
   - in welchen Kontexten und situativen Zusammenhängen die ausgewählten phonologischen Erscheinungen behandelt werden
   - welche Arbeits- und Übungsformen eingesetzt werden
   - welche Sozial- und Interaktionsformen genutzt werden
   - welche Tafelbilder und andere Medien in welcher Weise verwendet werden
   - welche Fertigkeiten in welcher Reihenfolge berücksichtigt werden.
(d) Formulieren Sie Ihre Lernziele soweit wie möglich in operationalisierter Form.
(e) Entwerfen Sie eine Verlaufsplanung, die die folgenden Bestandteile enthält:
   - Zeitangaben für die einzelnen Unterrichtsabschnitte
   - geplante Lehreräußerungen in englischer Sprache
   - erwartete Schüleräußerungen in englischer Sprache
   - Kurzkommentare zu einzelnen unterrichtlichen Maßnahmen.
(f) Nennen Sie die von Ihnen verwendete Literatur.
(g) Alle geplanten Tafelbilder, Folien, (Kassetten)Texte, Arbeitsblätter usw. sind als Anlage beizufügen.

7.5 Planungsschwerpunkt Sprachfunktionen

Unterrichtsgegenstand:
Making and accepting/refusing suggestions

7.5.1 Aufgaben zur Sachanalyse

Benutzen Sie zur Bearbeitung der folgenden Aufgaben die Bücher:
Blundell, Jon, Jonathan Higgens und Nigel Middlemiss. *Function in English*. Oxford, 1982.
Siebold, Jörg, Klaus Kähler und John Tarver. *Do you see what I mean? Language functions in spoken English*. Berlin, 1989.
Ek van, J. A. und J. L. M. Trim. *Threshold Level 1990*. Straßburg, 1991.

1. Welche Redemittel können zum Ausdruck der Sprachfunktionen *making and accepting/refusing suggestions* verwendet werden?
2. Ordnen Sie die Redemittel nach folgenden Gesichtspunkten:
   - Stilebenen/Register
   - Angemessenheit für bestimmte Sprecherrollen/Hörerrollen
   - Angemessenheit für typische Situationen/Themenbereiche
   - starke/weniger starke Eindringlichkeit.
3. Ermitteln Sie die Aussprache und die Bedeutungsnuancen der einzelnen Redemittel.
4. Welche Redemittel sind linguistisch einfacher, welche komplexer?
5. Bei welchen Redemitteln sind störende Interferenzen bzw. positiver Transfer zwischen Ausgangssprache und Zielsprache auf welchen Ebenen (phonologische, graphemische, lexikalische, grammatische, kulturelle Ebene) zu erwarten?
6. Bei welchen Redemitteln sind störende Interferenzen bzw. positiver Transfer durch Besonderheiten innerhalb des zielsprachlichen Systems auf welchen Ebenen zu erwarten?
7. Welche Redemittel sind einem elementaren Sprachfertigkeitsniveau zuzurechnen, welche einem erweiterten?

7.5.2 Aufgaben zur didaktischen Analyse und Verlaufsplanung

Wählen Sie eine Zielgruppe (Altersstufe, Lernjahr, Schultyp).

1. Planen Sie eine Phase der Sprachaufnahme ausgewählter Redemittel zu den Sprachfunktionen *making and accepting/refusing suggestions*.
2. Planen Sie eine Phase der Bewußtmachung/Einübung zu den ausgewählten Redemitteln.

3. Planen Sie Phasen des Transfers und der Anwendung zu den ausgewählten Redemitteln.

Bei allen Planungen sind folgende Arbeitsschritte zu durchlaufen:

(a) Überprüfen Sie anhand des Lehrplans Ihres Bundeslandes, welche Redemittel zu den Sprachfunktionen *making and accepting/refusing suggestions* vermittelt werden sollen.

(b) Überprüfen Sie, welche Redemittel das von Ihnen verwendete Lehrwerk zum Ausdruck dieser Sprachfunktionen enthält.

(c) Bestimmen Sie diejenigen Redemittel, die Sie für Ihre Unterrichtsplanung auswählen.

(d) Legen Sie die Reihenfolge fest, in der die ausgewählten Redemittel behandelt werden sollen.

(e) Stellen Sie dar,
- in welchen Kontexten/situativen Zusammenhängen und in welchen Sprecher- und Hörerrollen die neuen Redemittel behandelt werden
- welches Vorwissen die Schüler haben und in welcher Weise es genutzt wird
- welche Arbeits- und Übungsformen eingesetzt werden
- welche Sozial- und Interaktionsformen genutzt werden
- welche Tafelbilder und andere Medien in welcher Weise verwendet werden
- welche sonstigen methodischen Maßnahmen ergriffen werden
- welche Fertigkeiten in welcher Reihenfolge berücksichtigt werden.

(f) Formulieren Sie Ihre Lernziele soweit wie möglich in operationalisierter Form.

(g) Entwerfen Sie eine Verlaufsplanung, die folgende Bestandteile enthält:
- Zeitangaben für die einzelnen Unterrichtsabschnitte
- geplante Lehreräußerungen in englischer Sprache
- erwartete Schüleräußerungen in englischer Sprache
- Kurzkommentare zu einzelnen unterrichtlichen Maßnahmen.

(h) Nennen Sie die von Ihnen verwendete Literatur.

(i) Alle geplanten Tafelbilder, Folien, Texte, Arbeitsblätter usw. sind als Anlage hinzuzufügen.

8. Leistungsmessung und Leistungsbeurteilung

Dieses Kapitel beschreibt zunächst die Funktionen der Leistungsmessung. Anschließend wird auf die Unterschiede zwischen gezielter und immanenter Leistungsmessung sowie auf die Forderung nach Objektivität eingegangen. Danach werden sowohl die Gegenstände der Leistungsmessung (Sprachelemente, Fertigkeiten, Stil- und Sprachregister und Inhalte) als auch ihre Überprüfung dargestellt.
Nach Hinweisen zur Konstruktion und Durchführung von Leistungsüberprüfungen wird abschließend auf die Beurteilung von Schülerleistungen eingegangen, und es werden Wege zur Ermittlung von Schulnoten genannt.

8.1 Allgemeines zur Leistungsmessung

8.1.1 Funktionen der Leistungsmessung

Die Leistungsmessung im Englischunterricht der Sekundarstufe I hat drei Hauptfunktionen:
1. die Überprüfung der Effizienz des vorausgegangenen Unterrichts
2. die Beurteilung von Schülerleistungen
3. die Vergabe von Berechtigungen.

Zu 1:
Die Überprüfung der Effizienz des Unterrichts ist eine permanente Aufgabe des Lehrers. Durch jede Leistungsmessung erhält der Lehrer eine Rückmeldung über seinen bisherigen Unterricht. Das Ergebnis einer Leistungsmessung zeigt, wie viele Schüler welche Lernziele vollständig erreicht haben, welche Lernziele von wie vielen Schülern teilweise und welche kaum oder gar nicht erreicht worden sind.
Daraus ergeben sich Hinweise auf Probleme der ursprünglichen Unterrichtsplanung. Für den nachfolgenden Unterricht lassen sich Schwerpunkte bestimmen, und es können gezielte Differenzierungs- und Individualisierungsmaßnahmen für Schülergruppen oder einzelne Schüler ins Auge gefaßt werden.
Die Verbesserungen betreffen sowohl die Inhalte des Unterrichts als auch seine methodische Gestaltung und haben Einfluß auf den Einsatz von Lehrmaterialien und Medien. Nur durch regelmäßige Leistungsüberprüfungen kann sichergestellt werden, daß die angestrebten Lernziele tatsächlich erreicht werden und daß auf dieser Grundlage weitere Lernfortschritte erzielt werden können.

Zu 2:
Ein Schüler kann sich nur adäquat selbst einschätzen, wenn er in regelmäßigen Abständen über den Stand seiner Leistungen informiert wird. Die Leistungsmessung und die Leistungsbeurteilung machen deutlich, welche Lernleistungen er erreicht hat und welche Defizite noch vorhanden sind. Auf diese Weise kann der einzelne erkennen, welche Gebiete in welchem Umfang aufzuarbeiten sind. Die Leistungsbeurteilung zeigt dem Schüler ferner, in welchem Verhältnis seine Leistungen zu denen seiner Mitschüler stehen. Außerdem dienen häufige Leistungsüberprüfungen einer objektiveren Notengebung, die auch für den Schüler einsichtiger wird.

Zu 3:
Die Schule verlangt in regelmäßigen Abständen die Benotungen von Schülerleistungen, die in ihrer Gesamtheit Niederschlag in Zwischen- und Abschlußzeugnissen finden. Dadurch werden Berechtigungen für den Zugang zu differenzierten Kursen innerhalb der Schule, zu anderen Ausbildungseinrichtungen oder zu bestimmten Berufen vergeben. In dieser Funktion reichen die Ergebnisse der Leistungsmessung über die Beurteilung des Unterrichts und die Selbsteinschätzung der einzelnen Schüler deutlich hinaus.

8.1.2 Gezielte und immanente Leistungsmessung

Leistungsmessung erfolgt gezielt oder immanent, sie kann mündlich oder schriftlich erfolgen. Unter gezielter Leistungsmessung verstehen wir solche Verfahren, bei denen es ausdrücklich um die Überprüfung von Leistungen geht. Unter immanenten Verfahren werden Bewertungen von Schülerleistungen während des laufenden Unterrichts verstanden.
Mündliche Leistungen können gezielt überprüft werden u.a. durch:
- Aufgabenstellungen im Sprachlabor
- mündliche Vokabeltests
- ausdrücklich dafür vorgesehene Kurzvorträge, Interviews, szenische Darstellungen, Rollenspiele etc.

Typische Formen der gezielten schriftlichen Leistungsmessung im Englischunterricht sind u.a.:
- Klassenarbeiten
- kurze Lernerfolgskontrollen.

Obwohl der Unterricht in der Sekundarstufe I den mündlichen Lernzielen (Hörverstehen, Sprechen) einen besonders hohen Stellenwert einräumt, sind gezielte Leistungsüberprüfungen dazu viel seltener als die Überprüfung schriftlicher Fertigkeiten. Dies liegt zum einen an der Schwierigkeit, produktive mündliche Leistungen in größerer Zahl gleichzeitig aufzuzeichnen, zum anderen an der nicht leichten Dokumentierbarkeit für eine spätere Überprüfung durch Eltern und Schulbehörden. Trotz dieser Schwierigkeiten sollte die Überprüfung auch produktiver mündlicher Leistungen nicht vernachlässigt werden, weil sie einen besonders wichtigen Lernzielbereich betrifft. Wesentlich einfacher durchzuführen ist die Überprüfung der Fertigkeit des Hörverstehens.

Neben der gezielten Überprüfung von Schülerleistungen steht in der Praxis auch immer die immanente Leistungsmessung. Jeder Lehrende registriert die Häufigkeit und Qualität der mündlichen Beiträge und der schriftlichen Arbeitsergebnisse seiner Schüler. Diese Bewertungen gehen ebenfalls in die Notengebung ein.

8.1.3 Objektive und subjektive Formen der Leistungsmessung

Um eine möglichst gerechte Beurteilung der Schüler zu gewährleisten, sollten alle Verfahren der Leistungsmessung so objektiv wie möglich gestaltet werden. Eine vollständig objektive Leistungsmessung und -beurteilung kann es im schulischen Englischunterricht der Sekundarstufe I jedoch nie geben. Um die Beurteilung von Leistungen dennoch für die Schüler und deren Eltern weitgehend nachvollziehbar zu machen, sollte der Lehrende in jedem Fall seine Bewertungskriterien offenlegen. Dies gilt sowohl für gezielte Lernzielkontrollen als auch für die immanente Leistungsbeurteilung.

Nach den gängigen Definitionen der Testtheorie sind Verfahren zur Leistungsmessung dann objektiv, wenn sie mindestens die drei folgenden Bedingungen erfüllen: 1. Durchführungs- und Auswertungsobjektivität, 2. Validität und 3. Reliabilität.

1. Die erste Bedingung ist dann erfüllt, wenn eine Leistungskontrolle für alle Schüler unter gleichen Bedingungen und mit gleichen Hilfsmitteln durchgeführt wird und wenn bei der Bewertung unterschiedliche Beurteiler zu demselben Ergebnis gelangen.
2. Eine Leistungskontrolle ist valide (gültig), wenn sie das mißt, was sie zu messen vorgibt, d.h., wenn die Aufgaben mit den Lernzielen vollständig übereinstimmen.
3. Sie ist reliabel (zuverlässig), wenn sich bei einer Wiederholung keine signifikanten Abweichungen ergeben und die Rangfolge der Beurteilten sich nicht verändert.

Gegen subjektive Verfahren der Leistungsmessung werden die folgenden Einwände erhoben:

1. Verschiedene Auswerter kommen zu unterschiedlichen Ergebnissen.
2. Derselbe Beurteiler kommt bei Wiederholungen zu abweichenden Bewertungen.
3. Die geforderten Leistungen sind zu komplex und lassen eindeutige Bewertungen nicht zu.

Der Idealfall wäre dann gegeben, wenn im Fremdsprachenunterricht nur auf objektive Tests zurückgegriffen werden könnte und diese noch zusätzlich das Kriterium der Ökonomie bei der Durchführung und Auswertung erfüllen würden. Diese Forderung wurde speziell in den 70er Jahren erhoben. Sie scheitert jedoch an der Komplexität der Sprachstrukturen und der Inhalte und ist zudem unvereinbar mit wichtigen Lernzielen des Englischunterrichts der Sekundarstufe I.
Um Validität und Reliabilität zu erreichen, wären umfangreiche Vorerprobungen mit nachfolgenden Revisionen und erneuten Erprobungen von Tests erforderlich. Dies ist im Schulalltag nur mit einem unvertretbaren Aufwand möglich. Der Test, der alle Ansprüche an Objektivität, Validität und Reliabilität in vollem Maße erfüllt, ist daher im Fremdsprachenunterricht praktisch nicht zu realisieren.

8.1.4 Gegenstände der Leistungsmessung

Jede umfangreichere fremdsprachliche Leistung setzt sich aus einer Fülle von Einzelkomponenten zusammen, die in Regel miteinander verbunden auftreten. Dabei handelt es sich zunächst um die Sprachelemente, also phonologische Elemente, Wortschatzelemente, grammatische Strukturen, Sprachfunktionen.
Die Beherrschung dieser Sprachelemente kann auf den vier Fertigkeitsebenen Hörverstehen, Sprechen, Leseverstehen, Schreiben überprüft werden.[1]
Auf den genannten Fertigkeitsebenen können Sprachelemente auch im Hinblick auf ihre stilistisch angemessene Verwendung (umgangssprachlich, schriftsprachlich, regional differenziert etc.), also auf ihren stilistischen und registerspezifischen Gebrauch überprüft werden.
Daneben tritt die Überprüfung des Wissens über Inhalte, die vor allem bei der Arbeit mit Texten vermittelt werden. Zentrale Fragen hierzu lauten: Inwieweit haben die Schüler den Inhalt insgesamt und Teilaspekte des Inhalts erfaßt, und in welcher Weise können sie dies nachweisen?

1 Vgl. Darstellung 4, S. 56.

8.1.5 Überprüfung von Einzelelementen vs. integrative Tests

Sprachelemente einschließlich ihrer registerspezifischen Verwendung, der Gebrauch dieser Elemente auf unterschiedlichen Fertigkeitsebenen und Aspekte des Inhalts von Texten lassen sich einzeln oder im Zusammenhang miteinander überprüfen. Bei der Überprüfung eines einzelnen sprachlichen Elements im Rahmen einer Fertigkeit spricht man von *discrete item test,* im Falle der Verbindung von mehreren Bereichen von *integrated test.*
Das Testen von Einzelelementen hat große Vorteile. Jedes einzelne Element kann klar isoliert auf einer ausgewählten Fertigkeitsebene überprüft werden. Über die tatsächliche Kommunikationsfähigkeit gibt diese Überprüfung aber nur begrenzten Aufschluß. Dort geht es nämlich immer um die Verwendung von Einzelelementen in größeren Kontexten und Situationen auf mehreren Fertigkeitsebenen. Hieraus folgt, daß sich Leistungsmessung nicht nur auf die Überprüfung von Einzelelementen beschränken darf, sondern auch integrative Testformen einbeziehen muß.

Beispiel 1:
Discrete item test: Überprüfung der Fertigkeit des Schreibens neuer Wortschatzelemente (z.B. *Things in our classroom*) durch die Vorgabe von Bildern, zu denen die entsprechenden Wörter geschrieben werden müssen.

Beispiel 2:
Integrated test: Verwendung der gleichen neuen Wortschatzelemente in einem zusammenhängenden Text (z.B. *Write a leaflet for school visitors about your classroom*).

8.1.6 Gebundene und freie Aufgabenformen

Man unterscheidet zwischen gebundenen und freien Aufgabenformen. Durch gebundene Aufgaben werden die erwarteten Schülerleistungen stark gesteuert, freie Aufgabenformen erfordern kreative Schülerleistungen.
Gebundene Aufgabenformen lassen in der Regel nur eine einzige oder eine eng begrenzte Menge vorhersagbarer Antworten zu. Der Extremfall einer gebundenen Aufgabenform mit gesteuerter Antwort ist die Mehrfachwahlantwort (*multiple choice*). Solche Aufgabenformen haben den Vorteil, daß sie keinen oder wenig Spielraum für die Beurteilung der Schülerleistung lassen. Sie können jedoch komplexe Leistungen nicht erfassen.
Freie Aufgabenformen führen zu Schülerleistungen, bei denen weder die sprachliche Form noch der Inhalt genau vorhersagbar sind. Dies sind alle mündlichen oder schriftlichen Darstellungen, bei denen die Schüler eigene Gedanken in der fremden Sprache formulieren müssen. Sie haben den

Nachteil, daß ihre Bewertung unterschiedlich ausfallen kann, also subjektiv ist. Sie lassen aber die Überprüfung komplexer Leistungen zu.
Die Grenzen zwischen beiden Aufgabenformen sind fließend, denn auch bei einem Aufsatz, der ein besonders hohes Maß an Kreativität des Schülers verlangt, erfolgt eine Steuerung sehr oft durch den vorhergehenden Unterricht und zumindest durch die aktuelle Themenstellung.

Gebundene Aufgabenformen

Gebundene Aufgabenformen sind am ehesten einsetzbar, um einzelne Fertigkeiten oder Elemente einzelner Sprachebenen zu prüfen (*discrete item tests*). Sie lassen sich einfach korrigieren und objektiv bewerten, da meist nur eine richtige Antwort möglich ist. Zu den klassischen gebundenen Aufgabenformen gehören im mündlichen Bereich *pattern drills* im Sprachlabor, im schriftlichen Bereich *multiple choice items*.

Beispiel 3:
Überprüfung des Leseverstehens von Wortschatzelementen (*discrete item test*): Es wird das Bild einer Kneifzange präsentiert. Der Schüler erhält das Schriftbild von vier Wörtern und muß das richtige ankreuzen.

○ pliers
○ clippers
○ pincers
○ scissors

Andere gebundene Aufgabenformen sind Aufgaben zur Diskrimination (z.B. von Lauten), Zuordnungsaufgaben, Diktate, Lückendiktate, Lückentexte, *cloze procedures*.
Cloze procedures sind Testformen, bei denen aus einem laufenden Text jedes n-te Wort entfernt ist. Die Aufgabe des Schülers besteht darin, die Lücke korrekt auszufüllen. Die erfolgreiche Bearbeitung eines *cloze tests* erfordert lexikalisches, grammatisches und inhaltliches Verständnis, so daß diese Tests zur Überprüfung der allgemeinen Sprachbeherrschung geeignet sind.

Beispiel 4:
Cloze test mit Entfernung jedes fünften Wortes.

Fill in the blanks. Every fifth word has been deleted.
I arrived in New __________ at 18, wide-eyed, optimistic, __________ and certain I would __________ the world of show __________ overnight.[2]

---

2 Beispiel entnommen aus Schulz, Reinhard, Ingrid Eckardt, Michael Semmler und David Williams. *Klassenarbeiten im Englischunterricht der Klassen 7–10.* Dortmund, 1984. S. 73.

In der Praxis werden die Lücken meist nicht mechanisch an der jeweils n-ten Stelle gelassen, sondern man konzentriert sich z.B. auf Wörter, die einer bestimmten Wortklasse angehören (z. B. Verben, Adjektive, Präpositionen) oder auf solche Wörter, die inhaltlich Schlüsselwörter für das Verständnis des Textes sind.
Eine andere Variante der *cloze procedures* besteht darin, daß Wörter nur in Teilen getilgt werden (z. B. jedes dritte Wort wird zu Hälfte getilgt).[3]
Alle diese Aufgabenformen können auf verschiedene sprachliche Strukturelemente und verschiedene Fertigkeiten bezogen werden.
Mündliche und schriftliche Leistungen können auch durch Vorgaben eines Einzelbilds oder einer Bildserie überprüft werden. In vielen Fällen ist dabei eine direkt vorhersagbare Leistung nicht eindeutig gegeben, so daß hier ein Übergang zur freien Aufgabenform vorliegt.
Der Übergang zur freien Aufgabenform gilt auch für Aufgaben mit dem Muster: Frage-Antwort. Sie können sich sowohl auf mündliche als auch auf schriftliche Fertigkeiten beziehen.

Freie Aufgabenformen

Zu den freien Aufgabenformen gehören die Nacherzählung (mündlich und schriftlich), der *Précis* (Zusammenfassung unter Vorgabe einer nicht zu überschreitenden Wortzahl), der *Comment,* die Textaufgabe, die Themaaufgabe, der Aufsatz. Bei all diesen Aufgabenformen handelt es sich um *integrated tests.*

Beispiel 5:

You want to visit your penfriend in England. You have never seen her/him before. Write a letter telling her/him
- *when you got her/his invitation*
- *how happy you are about going to England*
- *if this is your first stay in England*
- *the day/time/place of your arrival*
- *what you will be wearing.*

Zum Verhältnis von freien und gebundenen Aufgabenformen

Das oberste Lernziel der Sekundarstufe I ist die Kommunikationsfähigkeit in Alltagssituationen. Dieses Lernziel erfordert die Beherrschung der Verbindung von Sprachelementen, Fertigkeiten und Inhalten. Wenn es um dieses komplexe integrative Lernziel geht, kommen im fortgeschrittenen Un-

3 Vgl. Grotjahn, Rüdiger. „Der C-Test: Grundlagentheoretische und anwendungsbezogene Untersuchungen." *Zeitschrift für Fremdsprachenforschung,* 4 (1993) 2, S. 77–87.

terricht *discrete item tests* mit gebundenen Aufgabenstellungen nur in Ausnahmefällen in Frage. Die Mehrzahl der Leistungen müssen als *integrated tests* mit freien Aufgabenformen überprüft werden.
Im Anfangsunterricht ist das Verhältnis anders: Da man hier, insbesondere zur Isolation von Lernschwierigkeiten, häufig gezielt an einzelnen Sprachelementen arbeitet, können diese oft isoliert durch *discrete item tests* überprüft werden. Dennoch sollten daneben *integrated tests* auf elementarem Niveau schon vom ersten Lernjahr an eingesetzt werden.
Je weiter der Englischunterricht fortschreitet, desto weniger vorhersagbar sind die sprachlichen Reaktionen der Schüler, denn sie verfügen über eine stets zunehmende Bandbreite unterschiedlicher sprachlicher Ausdrucksformen für gleiche oder ähnliche Inhalte.
Für den Verlauf des Englischunterrichts in der Sekundarstufe I bietet sich das folgende Bild. Am Anfang spielen *discrete item tests* bzw. gebundene Aufgabenformen eine große Rolle. Mit wachsender Sprachbeherrschung und abnehmender Vorhersagbarkeit der sprachlichen Leistung treten an deren Stelle zunehmend *integrated tests* mit freien Aufgabenformen.

8.1.7 Lernzielbestimmung und Leistungsmessung

Eine Leistungsüberprüfung beruht in jedem Fall auf den Lernzielen des vorausgegangenen Unterrichts. Bei der Überprüfung des Lernerfolgs über längere Zeiträume sind die Lernziele jedoch oft so umfangreich und differenziert, daß sie sich nicht in allen Einzelheiten in den Aufgabenstellungen abbilden lassen.
Um bei dieser Sachlage dennoch eine Beurteilung über das Ausmaß des Erreichens der Lernziele zu erhalten, müssen aus diesen geeignete Aufgabenklassen abgeleitet werden.[4] Für die Aufgabenklassen sind typische Aufgaben zu wählen. Typische Aufgaben sind solche Aufgaben, die mit den Lernzielen in charakteristischer Weise verbunden sind.

Beispiel 6:
Lernziel: Die Schüler sollen die richtige Form des Verbs im *simple present* (je nach Subjekt mit Endungs-*s* oder ohne) in vorgegebene Sätze einsetzen können.

Typische Aufgabe:

Fill in the correct forms of learn:
They __________ *English.*
We __________ *French.*

4 Vgl. Klauer, Karl Josef. *Kriteriumsorientierte Tests: Lehrbuch der Theorie und Praxis lehrzielorientierten Messens.* Göttingen, 1987.

Kevin __________ Spanish.
Jane and Julia __________ Italian.
Joanne __________ German.

In einer Leistungsüberprüfung können nur eine begrenzte Menge von Lernzielen überprüft werden. Damit die Aufgaben die Lernziele noch hinreichend abdecken, darf der Unterrichtszeitraum, für den eine Überprüfung der Lernziele erfolgt, nicht zu lang sein. In der Praxis bedeutet dies, daß es günstiger ist, mehrere Leistungsüberprüfungen in kürzeren Abständen durchzuführen, als umfangreichere Überprüfungen in längeren Zeitabständen.

8.2 Konstruktion und Durchführung von Leistungsüberprüfungen

Bei der Konstruktion von Leistungsüberprüfungen ist zunächst das zu prüfende Gebiet abzugrenzen. Je größer das zu prüfende Gebiet ist, desto größer ist die Zahl der möglichen Aufgaben zu diesem Gebiet. Es hat sich als sinnvoll erwiesen, solche Lernziele zu überprüfen, die in 7 bis 12 Unterrichtsstunden erreicht werden können.
Die Konstruktion von Leistungsüberprüfungen wird dadurch erleichtert, daß die Lernziele bereits in operationalisierter Form vorliegen. Eine solche Zielangabe macht Aussagen darüber, was der Schüler tun muß, um den Nachweis zu erbringen, daß er ein Lernziel erreicht hat.
Bei der Erstellung der Aufgaben kann der Lehrende auf eine Vielfalt von Materialien zurückgreifen: auf das Lehrwerk, auf selbst erstellte Übungen oder auf Sammlungen von Testbeispielen.
Die Aufgaben, die nach Festlegung der Lernziele und Bestimmung der Aufgabenform erarbeitet wurden, sind abschließend erneut auf ihre Übereinstimmung mit den Lernzielen, ihre Freiheit von Fehlern und auf ihre Verständlichkeit zu überprüfen. In der Praxis hat es sich als zweckmäßig erwiesen, die Aufgaben zunächst selbst zu lösen und dann auch durch andere lösen zu lassen. Günstig wäre ein Vortest mit Schülern der gleichen Altersgruppe und des gleichen Wissenstandes, der sich in der Praxis jedoch kaum realisieren läßt.
Schon bei der Erstellung der einzelnen Aufgaben und nicht erst bei der Auswertung der Leistungsmessung sollte die Zuordnung von Punktwerten für Teile der Aufgaben und der Aufgabenkomplexe insgesamt vorgenommen werden. Dazu gehört auch die Bewertung der Schwere eines Fehlers, z. B. Bewertung eines Rechtschreibfehlers (*injoyed* statt *enjoyed*) als halber

Fehler, Bewertung eines Verstoßes gegen die Grammatik (*fighted* statt *fought*) oder Lexik (*warehouse* statt *department store*) als ganzer Fehler.

Für den Fall, daß die Leistungsfähigkeit der Klasse/Gruppe beim Entwurf der Leistungsüberprüfung nicht angemessen eingeschätzt werden konnte, muß nach dem Ergebnis der Schülerleistungen eine Neubewertung und Neugewichtung der Fehler vorgenommen werden.
Bei der Vorbereitung und Durchführung von Leistungsüberprüfungen sind außerdem folgende Punkte zu beachten:
- die Leistungsüberprüfung sollte durch eine ausreichende Zahl von Übungen vorbereitet sein
- die Aufgabenform sollte den Schülern nicht neu sein, sondern den vorbereitenden Übungen entsprechen oder zumindest gleichen
- die Zeit zur Bearbeitung durch die Schüler muß ausreichend bemessen sein
- die Aufgabenstellung sollte in englischer Sprache erfolgen
- vor Durchführung der Leistungsüberprüfung müssen die Schüler genaue Anweisungen für die Bearbeitung erhalten (einschließlich der zulässigen Hilfsmittel)
- während der Leistungsüberprüfungen sollten keine zusätzlichen Hilfen gegeben werden.

8.3 Beurteilung von Schülerleistungen

8.3.1 Sprachliche und inhaltliche Leistung

Der wichtigste Aspekt der Bewertung von Leistungen im Englischunterricht der Sekundarstufe I ist die sprachliche Leistung. Im fortgeschrittenen Englischunterricht tritt zunehmend die Bewertung der inhaltlichen Leistung hinzu.
Die Bewertung der sprachlichen Leistung hat zwei Komponenten:
- die sprachliche Richtigkeit, d. h., die phonetisch/phonologische, die orthographische, die lexikalische und die grammatische Richtigkeit
- das Ausdrucksvermögen, das sich in der Zahl und Differenziertheit der verwendeten Wortschatzelemente und der Angemessenheit der Verwendung grammatischer Strukturen zeigt und auch den stilistischen und registerangemessenen Gebrauch von Sprachmitteln umfaßt.

Bei der Bewertung der sprachlichen Richtigkeit von freien Aufgaben hat sich der Fehlerindex (FI) bewährt, damit Schüler, die umfangreichere Leistungen erbringen, nicht benachteiligt werden. Zur Ermittlung des Fehlerindex wird die Zahl der Fehler mit 100 multipliziert und durch die Wortzahl geteilt:

$$FI = \frac{\text{Zahl der Fehler x 100}}{\text{Wortzahl}}$$

Die Bewertung der inhaltlichen Leistung bezieht sich auf das Textverständnis, die Klarheit der Gedankenführung und die Schlüssigkeit einer eigenständigen Stellungnahme.
Die Leistungsbeurteilung beginnt mit der Ermittlung der Werte (Punkte, Fehlerzahl bzw. Fehlerindex), die sich für die einzelnen Aufgaben ergeben haben. Die Werte werden nach Aufgabenblöcken zusammengefaßt.
Werden neben der sprachlichen Richtigkeit auch das Ausdrucksvermögen und die inhaltliche Leistung bewertet, kann die Gesamtbeurteilung nicht auf der bloßen Addition der Punktwerte beruhen. In einem solchen Fall müssen die Punktwerte, die für die einzelnen Teilbereiche erzielt wurden, in ihrem Verhältnis zueinander gewichtet werden (z.B. 50% sprachliche Richtigkeit, 25% Ausdrucksvermögen, 25% inhaltliche Leistung). Die Gewichtung hängt vom Lernstand der Schüler und den Zielen des vorausgegangenen Unterrichts ab.

8.3.2 Die Ermittlung von Schulnoten

Das übliche Verfahren im Englischunterricht ist die lernzielbezogene Notengebung. Daneben gibt es die gruppenbezogene Notengebung, die nur unter ganz seltenen Bedingungen (z.B. bei bestimmten Einstufungstests) in Frage kommt.
Die lernzielbezogene Notengebung setzt voraus, daß bei der Testkonstruktion genau festgelegt wird, wie viele Aufgaben zu jedem Lernzielbereich für das Erreichen einer bestimmten Note richtig gelöst werden müssen oder welcher Punktwert insgesamt erreicht sein muß. Orientierungspunkt kann dabei der angenommene Schwierigkeitsgrad der Aufgaben und die Wichtigkeit eines Lernziels innerhalb des Lehrplans sein. Auch bei objektiven Tests ist die Bestimmung der Grenze, bei der das Lernziel als noch erreicht angesehen wird, eine subjektive Entscheidung des Lehrenden.
Da Unterricht auf das Erreichen der Lernziele ausgerichtet ist, wird sich bei der lernzielbezogenen Notengebung fast immer eine Verteilung ergeben, bei der mindestens zwei Drittel aller Schüler die Lernziele erreicht haben. Schulverwaltungen machen daher oft die Berücksichtigung von Leistungsüberprüfungen als Klassenarbeiten davon abhängig, daß nicht mehr als 30 % der Schüler mit der Note „mangelhaft“ oder schlechter abgeschlossen haben. Sollte dieser Wert überschritten sein, sind Zweifel an der

Effizienz des vorausgegangenen Unterrichts oder an der Angemessenheit der Leistungsüberprüfung angebracht.
Die gruppenbezogene Notengebung nimmt keine Rücksicht auf den Umfang der zu errreichenden Lernziele. Sie sieht die Teilnehmer an einer Leistungsüberprüfung als Bestandteile einer Stichprobe, für die in der Statistik üblicherweise die Gauß'sche Normalverteilung gilt. Ordnet man beispielsweise eine größere Gruppe von Menschen nach einem äußeren Merkmal, etwa der Körpergröße, wird man die Normalverteilung finden, die folgende Struktur hat.

9%	16%	25%	25%	16%	9%
sehr klein	ziemlich klein	etwas kleiner als Mittelwert bis hin zum Mittelwert	etwas größer als Mittelwert bis hin zum Mittelwert	ziemlich groß	sehr groß

In gleicher Weise ordnet die gruppenbezogene Notengebung ohne Berücksichtigung einer Lernzielorientierung immer die Noten 1–6 nach den erreichten Punktwerten oder Rangplätzen zu. Dies führt in jedem Fall zur vollen Ausschöpfung des Notenspektrums, und es wird jeweils ein fester Prozentsatz der Gruppe den einzelnen Notenstufen zugeordnet (vgl. Darstellung 1).

Darstellung 1: Schulnoten bei der gruppenbezogenen Notengebung

Note	% der Schüler
1	9
2	16
3	25
4	25
5	16
6	9

Die gruppenbezogene Notengebung ist daher für einen an Lernzielen orientierten Unterricht ungeeignet. Sie eignet sich dagegen gut zur Auswertung von Einstufungstests, bei denen die Testteilnehmer keinen gemeinsamen vorhergehenden Unterricht hatten und aus heterogenen Lernumgebungen stammen sowie eine breite Streuung der Leistungsfähigkeit aufweisen.

Zu: Leistungsmessung und Leistungsbeurteilung

1. Stellen Sie durch Ankreuzen der entsprechenden Felder des folgenden Diagramms (zu Elementen der Sprachebenen und Fertigkeiten vgl. Lado. *Language Testing.* S. 25f.) fest, welche sprachlichen Einzelleistungen von einem Schüler
   (a) bei einem englischen Diktat
   (b) bei einem *Précis*
   (c) bei einem mündlichen Rollenspiel
   erwartet und überprüft werden.

FERTIGKEITEN / SPRACHEBENEN	Hörverstehen	Sprechen	Leseverstehen	Schreiben
Phonologie				
Orthographie				
Lexik				
Grammatik				
Sprachfunktionen				
Inhalt von Texten				

2. Welche Besonderheiten der Schreibung bei der Hinzufügung des *-s* in der dritten Person Singular werden durch die Aufgabe in Beispiel 6 nicht erfaßt? Nennen Sie charakteristische Verben und konstruieren Sie dafür je eine Aufgabe.
3. Entwerfen Sie je eine gebundene und eine freie Aufgabenform zur Überprüfung von drei ausgewählten Wörtern eines Bedeutungsfeldes zum Text *A brave decision* (vgl. S. 219f.).

Literatur zu: Leistungsmessung und Leistungsbeurteilung

Doyé, Peter. *Typologie der Testaufgaben für den Englischunterricht.* München, 1986.

Heaton, J. B. *Classroom Testing.* London, 1990.

Hüllen, Werner, Albert Raasch und Franz-Joseph Zapp (Hrsg.). *Lernzielbestimmung und Leistungsmessung im modernen Fremdsprachenunterricht.* Frankfurt am Main, 1975.

Lado, Robert. *Language Testing: The Construction and Use of Foreign Language Tests.* London, 1961.

Macht, Konrad. *Lernzielkontrolle im Englischunterricht.* Donauwörth, 1975.

9. Anhang: Die wichtigsten Medien im Englischunterricht

Während das Kapitel *3.3 Medien* sich mit den allgemeinen Eigenschaften und Funktionen von Medien im Fremdsprachenunterricht befaßt, werden in diesem Anhang die wichtigsten Medien mit ihren speziellen Eigengesetzlichkeiten und besonderen Funktionen für den Englischunterricht dargestellt.

Realgegenstände

Realgegenstände spielen eine wichtige Rolle im Anfangsunterricht, wo sie wesentlich zur Durchführung eines einsprachigen Unterrichts beitragen. Sie sind im besonderen Maß für jüngere Schüler geeignet.

Man kann zwei Arten von Realgegenständen unterscheiden:
- Realgegenstände, die normalerweise im Klassenraum vorhanden sind
- Realgegenstände, die speziell für den Englischunterricht in das Klassenzimmer gebracht werden.

Realgegenstände, die sich leicht handhaben lassen (z.B. Bücher, Hefte, Bleistifte etc.) sind sowohl für die Darbietung als auch für die Steuerung von Sprachäußerungen einsetzbar. Dies bedeutet, daß sie nicht nur für die Phase der Sprachaufnahme geeignet sind (z.B. Semantisierung neuer Wortschatzelemente), sondern sich auch leicht für die Phasen der Sprachverarbeitung und Sprachanwendung einsetzen lassen. Die flexible Verwendung von Realgegenständen führt in den ersten Unterrichtsjahren zu einem anschaulichen Unterricht.
Die Verwendung von Realgegenständen trägt zur Konkretisierung der Kommunikationssituation bei. Ihr Einsatz kann die Gefahr des rein verbalen Unterrichts vermindern und das Lernen der Sprache durch Einbettung in Situationen erleichtern. Realgegenstände sind geeignet, einen Handlungsrahmen für sprachliche Interaktion zu schaffen. Der Einsatz von Realgegenständen kann die Aktivität und Motivation der Lernenden anregen.

Bei simulativen Arbeitsweisen können Realgegenstände zur Darstellung von Gegenständen benutzt werden, mit denen sie gewisse Ähnlichkeiten aufweisen.

Beispiel:
Lehrer: *Fred, you're the reporter now.*
(Gibt ihm ein Lineal)
This is your microphone.

Hier handelt es sich nicht mehr um Realgegenstände im eigentlichen Sinn, sondern um die symbolische Verwendung solcher Gegenstände, die bereits gewisse Anforderungen an Phantasie und Vorstellungskraft der Lehrenden und Lernenden stellt.

Wandtafel

Eine Wandtafel ist in jedem Klassenraum vorhanden. Ihr Einsatz ist mit einem Minimum an Aufwand und Kosten verbunden. Tafelbilder gewährleisten ein Höchstmaß an Adaptierbarkeit, so daß sie mit Recht am häufigsten im Fremdsprachenunterricht anzutreffen sind.
Das Tafelbild kann auf allen Stufen des Lehrgangs und für Schüler jedes Alters und jeder Lernfähigkeit eingesetzt werden. Es kann sowohl für Zwecke der Darbietung als auch für Zwecke der Steuerung benutzt werden. Es ist daher in allen Phasen des Unterrichts verwendbar.
Tafelbilder können bildliche Darstellungen oder schriftliche Fixierungen wiedergeben und auch Bild und Schrift miteinander kombinieren. Die Wandtafel kann daher zur Schulung aller Fertigkeiten im Fremdsprachenunterricht verwendet werden.
Um die Vorteile der Adaptierbarkeit in vollem Umfang zu nutzen, sollten Tafelbilder im allgemeinen nicht vorgefertigt werden, sondern im Verlauf des Unterrichts allmählich entstehen. Dabei ermöglicht die Wandtafel die jederzeitige Wegnahme oder Hinzufügung beliebiger Elemente. Auf der anderen Seite verbieten sich komplizierte bildliche Darstellungen oder aufwendige schriftliche Fixierungen von Sprache.
Die besonderen Vorzüge der Wandtafel werden deutlich an der einfachen Strichskizze, die im Verlauf des Unterrichtsgesprächs entsteht und die je nach Erfordernis der Unterrichtssituation oder Bedürfnis der Lernenden vereinfacht oder ergänzt werden kann. Dasselbe kann mit schriftlichen Darstellungen geschehen, z. B. allmähliche Entwicklung eines *substitution table* im Verlauf eines Unterrichtsgesprächs. Durch die Verwendung farbiger Kreide sind Hervorhebungen (etwa zu Zwecken der Bewußtmachung) problemlos möglich.
Die Möglichkeit, das Tafelbild jederzeit zu variieren, erlaubt die Trennung und die Beachtung der Reihenfolge der Fertigkeiten (z. B. Darstellung eines Gegenstandes durch eine Strichskizze; akustische Darbietung und Übung des fremdsprachlichen Wortes, das diesen Gegenstand bezeichnet; Hinzufügung des Schriftbildes im geeigneten Augenblick).
Durch Hinzufügen und Wegnahme einzelner Bestandteile eines Tafelbildes kann die Schwierigkeit von Übungen je nach Bedarf gesteigert oder reduziert werden. So kann beispielsweise ein Handlungsablauf, der durch eine

Skizze dargestellt ist, durch zusätzliche *key words* verdeutlicht werden. In dem Maße, in dem die Fähigkeit der Schüler zunimmt, den Handlungsverlauf in der Fremdsprache ohne Hilfe wiederzugeben, können nach und nach einzelne *key words* gelöscht werden, bis die Lernenden in der Lage sind, die Handlung ohne diese Hilfen wiederzugeben. Bei geschickter Benutzung einer Klapptafel können bestimmte Hilfen zu einem späteren Zeitpunkt wieder zur Verfügung gestellt werden.
Die Wandtafel hat ferner den Vorzug, daß auch die Schüler durch Zeichnen oder Schreiben aktiv beteiligt werden können. Bei jedem Tafelanschrieb – also auch bei der Verwendung der Wandtafel durch den Lehrer – muß genau darauf geachtet werden, daß keine Fehler stehenbleiben.
Die vielfachen Adaptierungsmöglichkeiten eines Tafelbildes führen oft dazu, daß am Ende einer Unterrichtsstunde ein wirres und unübersichtliches Bild entstanden ist. Aus diesem Grunde sollte jedes Tafelbild exakt vorgeplant sein. Ein so vorgeplantes Tafelbild wird auch durch spontane Änderungen während der Unterrichtsstunde seinen Charakter als wirksame Lern- und Erinnerungshilfe nicht verlieren.

Literatur zu: Wandtafel

Byrne, Donn und Rosa Maria Hermitte. *Die Tafelzeichnung im Fremdsprachenunterricht: Eine Anleitung*. München, 1984.
Gutschow, Harald. *Englisch an der Tafel: Anregungen zum Tafelzeichnen*. Berlin, 1980.

Hafttafel und Haftelemente

Die Hafttafel existiert in der Form der Magnettafel und der Flanelltafel. Flanelltafeln werden zunehmend seltener, weil Wandtafeln heute oft so geliefert werden, daß sie zusätzlich die Funktion einer (magnetischen) Hafttafel erfüllen können.
Viele Verlage bieten zu ihren Lehrwerken Haftelemente als zusätzliches visuelles Begleitmaterial an. Daneben ist die Selbsterstellung weiterer Haftelemente ohne übermäßigen Aufwand möglich. Dies kann auch durch die Schüler geschehen. Selbsterstellte Haftelemente weichen von der Konformität der übrigen Materialien ab, und ihr Einsatz kann dazu beitragen, das Interesse zu wecken und die Motivation zu fördern.
Der Einsatz von Haftelementen erfolgt hauptsächlich in den ersten beiden Lehrjahren. Die Arbeit mit Haftelementen ist durch ein hohes Maß an Adaptierbarkeit gekennzeichnet. Dies ist durch die folgenden Punkte gewährleistet:

- freie Wahl der zu verwendenden Haftelemente
- beliebige Anordnung der Elemente an der Hafttafel
- Möglichkeit, eine Situation je nach Bedarf entstehen zu lassen und beliebig zu variieren.

Auch Schüler können Haftelemente selbst handhaben und auf diese Weise durch eigenes Handeln und Sprechen am Unterricht beteiligt werden.

Haftelemente lassen sich sowohl in der Darbietungsfunktion als auch in der Steuerungsfunktion verwenden. Sie sind daher für alle Phasen des Unterrichts geeignet. Durch die Vorgabe einer bestimmten Konstellation von Haftelementen als Steuerungsinstrument können Schüler zur Äußerung längerer zusammenhängender Sprachsequenzen veranlaßt werden. Dabei besteht jederzeit die Möglichkeit des Übergangs zum freien Sprechen. Die Vielfalt der Variationsmöglichkeiten einzelner Situationen läßt die Hafttafel als besonders geeignetes Medium für die Transferphase und die Phase der Sprachanwendung erscheinen. Jede geringfügige Änderung des Situationszusammenhangs kann als neue Variante einer Sprechsituation verstanden werden und löst einen Übertragungseffekt des Gelernten aus.
Die Flanelltafel hat den Nachteil, daß auf ihr nicht geschrieben werden kann. Steht jedoch eine magnetisierte Wandtafel zur Verfügung, muß die Hinzufügung des Schriftbilds nicht in jedem Fall durch Wortkarten erfolgen, die als Haftelemente benutzt werden, so daß hier die Vorzüge beider Medien kombiniert werden können.
Der Einsatz der Hafttafel zielt im wesentlichen auf die Entwicklung der Sprechfertigkeit. In Verbindung mit der Wandtafel können problemlos auch Leseverstehen und Schreiben geschult werden. Die Arbeit mit Haftelementen erhöht die Eigentätigkeit der Schüler und vergrößert die Möglichkeiten, mit immer neuen Situationen zu arbeiten.

Flashcards

Flashcards sind Karten, die im allgemeinen die Größe eines DIN A4-Blattes nicht überschreiten. Auf ihnen ist ein einzelner Gegenstand, eine Person, eine kleine Situation, ein Schriftbild, ein Symbol etc. abgebildet.

Flashcards werden überwiegend in den ersten Lehrjahren eingesetzt. Sie können sowohl zur Darbietung von Sprachanlässen als auch zur Steuerung von Sprachäußerungen verwendet werden. Als Mittel zur Darbietung werden sie oft zur Semantisierung neu einzuführender Wörter verwendet. Darüber hinaus sind sie auch zur Übung und Anwendung sprachlicher Elemente einsetzbar. Ihr Anwendungsbereich umfaßt daher die Phasen der Sprachaufnahme, Sprachverarbeitung und Sprachanwendung.

Flashcards konzentrieren die Aufmerksamkeit aller Schüler auf ein Element. Sie dienen als Sprechanlaß und können sowohl für die Wortschatzarbeit als auch für die Arbeit mit grammatischen Strukturen eingesetzt werden.
Flashcards können nicht nur vom Lehrer verwendet werden, sondern sind in der Hand des Schülers ein wichtiges Mittel, die Schüleraktivität anzuregen. Bei der Verwendung von *Flashcards* durch die Schüler tritt der Lehrer in den Hintergrund, und die Schüler können ohne Vermittlung des Lehrers in sprachliche Interaktion eintreten. Bei Vorhandensein einer größeren Zahl von *Flashcards* können diese an mehrere Schüler ausgegeben und für Lernspiele verwendet werden. Sie können auch die Funktion von Haftelementen übernehmen.
Flashcards sind in erster Linie ein Mittel zur Schulung der Sprechfertigkeit; sie können aber auch zur Lese- und Schreibschulung verwendet werden. Sie fördern einen am Mündlichen orientierten Unterricht und erlauben eine Arbeit, die das Lehrbuch nicht ins Zentrum des Unterrichts stellt.

Literatur zu: Flashcards

Wright, Andrew. *Pictures for Language Learning.* Cambridge, 1990.

Wandbild/Diapositiv

Das Wandbild spielte früher im Fremdsprachenunterricht eine wichtige Rolle. Neben Buchillustrationen war es eine der wenigen Möglichkeiten, mit visuellem Bildmaterial zu arbeiten. Wandbilder wurden in der Vergangenheit vielfach zur Darstellung landeskundlicher Sachverhalte benutzt.

Wandbilder enthalten oft eine große Zahl von Informationen und sind daher sehr detailreich. Damit Einzelheiten gut erkennbar sind, haben Wandbilder zur Landeskunde oft eine Größe, die sie unhandlich und teuer macht. Um ein solches Bild angemessen auszunutzen, muß im allgemeinen längere Zeit mit derselben Darstellung im Unterricht gearbeitet werden. Dies hat zur Folge, daß das Interesse der Lernenden bald nachläßt.
Durch Serien von Diapositiven (bei Bildstellen ausleihbar) erfolgt heute überwiegend die visuelle Vermittlung von landeskundlichen Informationen. Zur Diaprojektion ist allerdings eine Verdunklung erforderlich, die nicht in jedem Unterrichtsraum möglich ist.
Im Gegensatz zu Wandbildern mit landeskundlichen Informationen werden Wandbilder mit lehrbuchbezogenen Illustrationen, deren Einsatz eine Unterrichtsarbeit ohne Verwendung des Lehrbuchs ermöglicht, auch heute noch verwendet.

Da Wandbilder kaum adaptierbar sind, ist auch ihr Einsatzbereich begrenzt. Lehrbuchbezogene Wandbilder werden vor allem als Hilfe zur Einführung und Übung von Wortschatzelementen verwendet. Daneben existieren auch Wandbilder zur Übung grammatischer Strukturen. Einzelbilder und Bildreihen können zur Darstellung komplexer Sachverhalte oder zur Beschreibung von Handlungsabläufen benutzt werden.

Arbeitsprojektor und Arbeitsfolien

Der Arbeitsprojektor (auch Overhead-Projektor genannt) ist eines der vielseitigsten Mediengeräte für den Fremdsprachenunterricht. Für seinen Einsatz sind lediglich eine weiße oder hellfarbige Wand als Projektionsfläche sowie ein elektrischer Anschluß erforderlich. Außer bei direktem Einfall von Sonnenlicht auf die Projektionsfläche ist eine Abschirmung des Tageslichts nicht erforderlich.
Materialien für die Arbeitsprojektion sind zahlreich und vielfältig. Dazu gehören:
(a) Verlagsseitig hergestellte Folien mit Wandbildcharakter
(b) Verlagsseitig hergestellte Folien für Übungszwecke (besonders zahlreich zur Einführung und Übung von Wortschatzelementen und grammatischen Strukturen). Hierbei wird häufig das für den Arbeitsprojektor charakteristische *Overlay*-Verfahren verwendet: Durch sukzessives Auflegen weiterer Folien auf eine Grundfolie wird eine abgestuft zunehmende Informationsmenge allmählich verfügbar gemacht. Solche Foliensätze werden gelegentlich zusammen mit Rahmenkonstruktionen angeboten, die ein feldweises Abdecken bzw. Freigeben von bestimmten Foliensegmenten erlauben.
(c) Selbsterstellte Folien
- in der Form von Einzelfolien
- als Grundfolien mit *Overlay*.

Durch geeignete Kopiergeräte ist die Herstellung einer Folie von einer selbsterstellten gezeichneten oder geschriebenen Vorlage problemlos möglich. Bei gedruckten Vorlagen sind die Vorschriften des Urheberrechts zu beachten. Sie verbieten eine Übertragung und Vervielfältigung solcher Materialien ohne vorherige Einwilligung des Copyright-Inhabers (im allgemeinen eines Verlags).
Texte, Tabellen, Graphiken etc., die auf einem Computer erstellt wurden, können mit Hilfe eines Laser- oder Tintenstrahldruckers problemlos als Folien ausgedruckt werden, ggf. sogar mehrfarbig. Der Handel bietet speziell präparierte Folien für diesen Zweck an. Die so erstellten Folien sind von hoher graphischer Qualität, sie wirken motivierend und können bei

Bedarf (ggf. in abgewandelter Form) z. B. als Ausdruck in Form eines Arbeitsblattes eingesetzt werden.
Die Arbeitsfolie verbindet die Vorzüge des Wandbildes (graphisch übersichtliche Darstellung für Dauergebrauch) mit den Vorteilen des Tafelbildes (beliebige Veränderbarkeit). Durch die Möglichkeit des teilweisen Abdeckens, der Beschriftung oder Markierung ohne Beschädigung (durch Auflage einer weiteren Folie, die beschriftet oder markiert wird) wird ein hohes Maß an Adaptierbarkeit gewährleistet. Die problemlose Selbsterstellung von Folien ermöglicht zusätzlich eine optimale Anpassung des Materials an die jeweilige Lerngruppe.
Die Vorzüge gegenüber der Wandtafel liegen darin, daß Folien mit einer Exaktheit vorbereitet werden können, die beim Tafelbild nicht möglich ist. Durch diese Vorbereitung ist eine erhebliche Zeitersparnis im Unterricht gegeben, da die Notwendigkeit entfällt, ein kompliziertes graphisches Gebilde in aufwendigen Schritten in der Klasse zu entwerfen. Folien können ausgetauscht, archiviert und beliebig oft reproduziert werden, während ein Tafelbild unwiederbringlich verloren ist.
Durch Abdecken, *Overlay* und nachträgliche Beschriftung kann jede Folie im Unterricht an die Bedürfnisse der Lernenden und die Erfordernisse der Unterrichtssituation angepaßt werden. Während der Arbeit mit der Folie wendet der Lehrer den Schülern nicht den Rücken zu, sondern hat jederzeit die Möglichkeit des Blickkontakts mit den Schülern.
Infolge ihrer Vielseitigkeit ist die Arbeitsprojektion auf allen Stufen des Lehrgangs verwendbar. Die hohe Adaptierbarkeit erlaubt den Einsatz für alle Altersstufen und Differenzierungsarten. Folien können sowohl mit Darbietungs- als auch mit Steuerungsfunktion eingesetzt werden. Sie sind daher in allen Phasen des Fremdsprachenunterrichts anwendbar.
Da Bild und Schrift beliebig einzeln projiziert oder auch kombiniert dargeboten werden können, ist der Arbeitsprojektor sowohl zur abgestuften als auch zur integrierten Ausbildung der Fertigkeiten des Sprechens, Lesens und Schreibens geeignet.
Trotz seiner zahlreichen Vorzüge garantiert der Einsatz des Arbeitsprojektors nicht von sich allein schon einen erfolgreichen Unterricht. Der Erfolg hängt in erster Linie davon ab, ob der Lehrer einen angemessenen Gebrauch von der Arbeitsprojektion macht. Dazu sollte er die folgenden Gesichtspunkte beachten:

- Auswahl geeigneter Folien oder Foliensysteme aus dem vorliegenden Verlagsangebot
- Adaptierung dieser Materialien an die Bedürfnisse der Lernenden
- Beherrschung der Techniken der Selbsterstellung von Folien

- Beherrschung der Techniken des Einsatzes des Arbeitsprojektors im Unterricht. Hierzu gehören vor allem: An- und Abschaltung zum geeigneten Zeitpunkt, angemessene Verwendung der Abdeck- und *Overlay*-Technik, Sicherheit im Beschriften und Markieren
- Einsatz des Arbeitsprojektors im Wechsel mit anderen Methoden und Medien.

Unter Berücksichtigung dieser Gesichtspunkte ist die Arbeitsprojektion ein unverzichtbares Medium für den Fremdsprachenunterricht. Ein Arbeitsprojektor sollte heute in keinem fremdsprachlichen Unterrichtsraum fehlen.

Literatur zu: Arbeitsprojektor und Arbeitsfolien

Hinz, Klaus. *Der Overhead-Projektor im Englischunterricht: Didaktisch-methodische Handreichungen.* Düsseldorf, 1979.

Tonbandkassette/CD

Die Tonbandkassette hat wegen ihrer Handlichkeit den Plattenspieler und das Tonbandgerät aus dem Klassenraum weitgehend verdrängt. Neben Kassettengeräte können auch CD-Geräte treten. Hierzu ist ein entsprechendes Angebot an Materialien für den Fremdsprachenunterricht auf CD erforderlich.
Ein Kassettengerät wird in erster Linie für die Darbietung gesprochener Sprache im Unterricht verwendet. Deshalb sind im Klassenraum Übungen zum Hörverstehen möglich, bei denen einzelne Textpassagen beliebig häufig abgerufen und wiederholt werden können. Das Kassettengerät kann zusätzlich zur Aufnahme von Schülerleistungen benutzt werden.
Das Kassettengerät führt zu einer Objektivierung der Sprachdarbietung. Die beliebig häufige Wiederholbarkeit einzelner Textpassagen hat zudem den Vorteil, daß der Lehrer sich flexibel an die Bedürfnisse der Lerngruppe anpassen kann.
Die Verwendung von Kassetten im Unterricht hat den Vorzug, daß der Schüler verschiedenen Varianten des heutigen Englisch mit natürlichem Sprechtempo, natürlicher Intonation und angemessenem Sprachrhythmus begegnet. Er wird auf diese Weise befähigt, neben der Variante der englischen Sprache, die durch das Vorbild des Lehrers gegeben wird, auch andere Sprecher und Sprachvarianten zu verstehen.
Die Darbietung von Varianten des gesprochenen Englisch sollte sinnvollerweise so erfolgen, daß in den ersten Lehrjahren überwiegend von Sprachvarianten ausgegangen wird, die der Standardsprache sehr nahestehen. Im Verlaufe des Lehrgangs können stärker dialektal gefärbte Varianten und

auch Varianten von Soziolekten eingeführt werden. Die Kassette ist so auf allen Stufen des Lehrgangs von großem Nutzen.
Die hohe Adaptierbarkeit der Arbeit mit der Kassette erlaubt den Einsatz sowohl für leistungsschwache als auch für leistungsstärkere Einzelschüler und Lerngruppen. Je nach Bedarf kann eine Kassette entsprechend der Leistungsfähigkeit der Schüler verändert werden. Auch die Selbsterstellung von Kassetten (z.B. Aufzeichnung von Sendungen als Grundlage für aktuelle landeskundliche Unterrichtsarbeit) ist problemlos möglich.
Die Kassette erlaubt nicht nur die Darbietung von Sprache (in der Sprachaufnahmephase), sondern kann auch Steuerungsfunktionen übernehmen. Sie kann Vorgaben für Nachsprechübungen und auch Stimuli zur Produktion grammatischer Strukturen geben. Dies bedeutet, daß die Kassette sowohl für die Phase der Sprachaufnahme als auch für die Phase der Sprachverarbeitung und der Sprachanwendung eingesetzt werden kann.
Durch die Arbeit mit der Kassette werden insbesondere die Fertigkeiten des Hörverstehens und des Sprechens ausgebildet. Die Fertigkeit des Hörverstehens wird gelegentlich vernachlässigt, obwohl sie in einem auf Kommunikationsfähigkeit zielenden Unterricht einen hohen Stellenwert hat. Jeder Sprecher kann bereits mit einem geringen Umfang an Wortschatzelementen und grammatischen Strukturen eine große Zahl von Mitteilungsabsichten (zumindest auf einfache Weise) ausdrücken. Er kann im allgemeinen aber nicht voraussehen, welche Form die Äußerungen seines Gesprächspartners haben werden. Wenn er die Äußerungen seines Gesprächspartners nicht versteht, bricht die Kommunikation zusammen. Um dies zu verhindern, ist eine extensive Schulung des Hörverstehens notwendig. Im fortgeschrittenen Unterricht sollte auch Hörverstehen unter erschwerten Bedingungen (z.B. bei Überlagerung gesprochener Sprache durch Hintergrundgeräusche) trainiert werden.
Neben Hörverstehen und Sprechen kann durch die Arbeit mit der Kassette auch die Schreibfertigkeit geschult werden. Dies gilt besonders für das Umsetzen gesprochener Sprache in geschriebene Sprache. Die Objektivierung der Wiedergabe bei beliebig häufiger Wiederholbarkeit ist auch hier ein großer Vorzug der Kassette.

Sprachlabor

Das Sprachlabor hatte in den 60er und 70er Jahren mit den folgenden Hauptbegründungen Eingang in den Unterricht gefunden:
- Intensivierung: die Sprechzeit der Schüler vervielfacht sich
- Differenzierung: es ist möglich, Gruppen zu bilden und diesen verschiedene Programme zuzuspielen

- Individualisierung: jeder Schüler spricht für sich allein nach der Musterstimme und kann sein Lerntempo individuell bestimmen
- Objektivierung: das Programm steht beliebig häufig in gleicher Qualität zur Verfügung; alle Schüler arbeiten unter gleichen Bedingungen (dies gilt auch für Tests im Sprachlabor)
- Ökonomisierung: Einsparung von knapper und teurer Lehrerzeit.

Die letzte Annahme hat sich als völlig unzutreffend erweisen, und man unterschätzte die organisatorischen Probleme der Verbindung von Klassenunterricht mit der Arbeit im Sprachlabor sowie die Schwierigkeiten einer angemessenen Differenzierung und Individualisierung. Anfangs bestand auch kaum Klarheit darüber, daß das Sprachlabor nicht in allen Unterrichtsphasen eingesetzt werden kann. Die Enttäuschung führte gelegentlich zu einer völligen Ablehnung der Sprachlaborarbeit, wobei man auch auf deren Vorteile des effektiven Übens mit authentischen Sprachvorbildern verzichtete.

Das Sprachlabor kann vor allem in den ersten Lernjahren eingesetzt werden (nicht jedoch am Beginn des Anfangsunterrichts). Begleitend zu den einzelnen Lehrwerken werden von Verlagen fertige Programme angeboten. Daneben existiert ein Angebot an Sprachlaborprogrammen, die nicht lehrwerkbezogen sind. Dem Lehrer stellt sich die Aufgabe der Auswahl geeigneter Programme. Selbstverständlich ist es möglich, selbst kurze Sprachlaborübungen zu entwerfen. Dies ist jedoch mit einem großen Aufwand verbunden, so daß man diese Lösung im allgemeinen nicht wählen wird.

Sprachlaborübungen sind gewöhnlich so konzipiert, daß sie eine starke Steuerungsfunktion haben. Sie werden daher vorwiegend in der Phase der Sprachverarbeitung eingesetzt. Die Bandbreite der Gestaltungsmöglichkeiten von Sprachlaborübungen ist sehr groß. Neben Übungen zur Diskrimination und Imitation (vorwiegend zur Arbeit mit phonologischen Elementen) treten Gestaltungsübungen (zur Übung grammatischer Strukturen oder zur Übung von Wortschatzelementen). Innerhalb dieser Übungen gibt es Drills, die weitgehend mechanisch bearbeitet werden können. Auf der anderen Seite existieren Übungen mit situativer Einbettung des sprachlichen Materials, deren erfolgreiche Bearbeitung davon abhängt, daß der Lernende die Bestandteile der Kommunikationssituation klar erkannt hat und entsprechend auf einzelne Stimuli sinnvoll sprachlich reagiert. Diese Übungen sind besonders geeignet zur Anbahnung einer Kommunikationsfähigkeit in Situationen außerhalb des Unterrichts.[1]

---

1 Vgl. Mindt, Dieter. „Sprachlaborarbeit und Lernziel ‚kommunikative Kompetenz'." *Praxis des neusprachlichen Unterrichts,* 25 (1978) 2, S. 119–129.

Die im Sprachlabor geförderten Fertigkeiten sind in erster Linie Hörverstehen und Sprechen. Daneben tritt in erheblich geringerem Umfang die Fertigkeit des Schreibens (Umsetzung von gesprochener in geschriebene Sprache) sowie im Falle der Verwendung schriftlicher Begleitmaterialien auch die des Lesens. Diese Art der Sprachlaborarbeit beruht auf der Einschätzung des Sprachlabors als Medium mit den Funktionen Hören-Sprechen-Aufnehmen.
Daneben hat das Sprachlabor eine weitere Funktion: die der Vervielfältigung von Hörtexten. In dieser Funktion wird es vorwiegend zu individualisierten Hörverstehensübungen eingesetzt, wobei auch die Möglichkeit der Differenzierung besteht.

Literatur zu: Sprachlabor

Freudenstein, Reinhold. *Unterrichtsmittel Sprachlabor.* 4. Aufl. Bochum, 1975.
Wulf, Herwig. *Sprachlaborkursbuch: Programme im Englischunterricht: Technik, Theorie, Erfahrungen und Empfehlungen.* Paderborn, 1978.

Computer

Der Computer ist ein relativ neues Medium für den Englischunterricht. Mit dem Aufkommen preisgünstiger Computer für den Eigengebrauch (*personal computers* = PCs) hat die Diskussion um den Einsatz des Computers im Englischunterricht seit Mitte der 80er Jahre eine neue Dimension erhalten.
Der Computer kann vom Lehrer oder vom Schüler benutzt werden. Für die Unterrichtsvorbereitung des Lehrers spielt die Möglichkeit der Textverarbeitung (Erstellung, Änderung, Abwandlung von Texten) eine hervorragende Rolle. Kein Lehrer wird für die Vorbereitung und die Erstellung von Texten für die Schüler und deren Abwandlung auf die Vorteile von Textverarbeitung verzichten können. Für den Schüler kann der Computer als Unterrichtsmittel verwendet werden (CALL = *Computer-Assisted Language Learning*). Der Einsatz kann Individualarbeit, Gruppenarbeit oder Frontalunterricht im Klassenverband betreffen.
Die Erfahrungen haben gezeigt, daß die Erstellung eigener Lernprogramme sich wegen des unvertretbaren Zeitaufwandes verbietet. Der Lehrer sollte daher auf die auf dem Markt befindlichen Programme zurückgreifen und sie auf Einsatzart und -ort überprüfen.
Alle Programme (*software*) sind abhängig vom Computertyp (*hardware*) und dem Betriebssystem (*operating system*) des jeweiligen Computertyps, z. B. DOS, WINDOWS, OS/2. In jedem Fall muß die *software* sowohl mit der *hardware* als auch dem Betriebssystem kompatibel sein. Der Lehrer muß sich daher vergewissern, auf welche Computer er zurückgreifen kann

und mit welchem Betriebssystem sie betrieben werden, bevor er sich mit den Lernprogrammen auseinandersetzt.
Zur Überprüfung der Programme ist eine Einschätzung nötig, welche Lernziele sie anstreben. Der Lehrer muß sich entscheiden, ob er die Programme von einem Computer als Großprojektion für alle Schüler mit dem laufenden Klassenunterricht verbinden will oder ob er mehrere Computer zur Gruppen- oder zur Individualarbeit einsetzen kann und möchte.
CALL-Programme lassen sich nach verschiedenen Kriterien klassifizieren. Zunächst gibt es lehrwerkabhängige und lehrwerkunabhängige Programme.
Die lehrwerkabhängigen Programme gehören wie andere (optionale) Bestandteile zum Lehrwerk und folgen dessen Aufbau. Ein Vorteil dieser Programme besteht darin, daß sich der Lehrer weniger Gedanken über die vorkommenden Vokabeln, die grammatischen Strukturen und die Sprachfunktionen machen muß, da ihre Verwendung auf das Lehrbuch abgestimmt ist. Die meisten dieser Programme haben jedoch den Nachteil, daß sie wenig flexibel sind und nicht sehr von den Übungen des Lehrbuchs oder der *Workbooks* abweichen.
Der Vorteil der lehrwerkunabhängigen Programme liegt darin, daß sie den Schüler mit neuen Situationen konfrontieren und insofern zu Beginn motivationsfördernd wirken können. Sie haben jedoch den Nachteil, daß sich der Lehrer bei ihrem Einsatz genau über die unbekannten Wortschatzelemente und grammatischen Strukturen informieren muß, um die Programme angemessen vorbereiten und einsetzen zu können.
Eine weitere Klassifizierung ist diejenige nach *authoring programs* und *dedicated programs*. Bei *dedicated programs* ist der Inhalt und Ablauf unveränderlich festgelegt. Hierbei kann meist keine Veränderung bezüglich der Lernziele und der Reihenfolge der Lernschritte vorgenommen werden.

Authoring programs dagegen erlauben es, ein vorgegebenes Raster so auszufüllen, daß Inhalte sowie Lexik und Grammatik flexibel an die Bedürfnisse der Lernenden angepaßt werden können. Dazu sind keine Programmierkenntnisse erforderlich.
Schließlich unterscheiden sich die Programme nach ihrem Inhalt und Aufbau. Man unterteilt hierbei im allgemeinen vier Programmtypen: Vokabelprogramme, Grammatikprogramme, Textrekonstruktionsprogramme und Simulationsprogramme.
Bezüglich des Einsatzes ist die erste Forderung, die an alle Programme zu stellen ist, diejenige der Benutzerfreundlichkeit. Es kann nicht verlangt werden, daß Lehrer und Schüler viel Zeit zum Studium komplizierter Anleitungen aufwenden. Daher sollten nur solche Programme ausgewählt

werden, die einfach zu starten sind, deren Handhabung während der Benutzung durch das Programm selbst in der Fremdsprache erklärt wird und aus denen jederzeit ein einfacher Ausstieg möglich ist.
Vokabelprogramme sind daraufhin zu überprüfen, ob das Programm zwischen Fehlern im Bereich der Orthographie und Fehlern im Bereich der Bedeutung unterscheiden kann. Vor allem bei älteren Programmen gibt es vielfach nur eine richtige Antwort, so daß in diesen auch korrekte, aber vom Programm nicht vorgesehene Lösungen als Fehler gedeutet und bewertet werden. Gelegentlich werden Vokabelgleichungen aufgestellt, die den Kontext nicht berücksichtigen. Dem heutigen situativen Anspruch gemäß sollen Wortschatzelemente aber in die Zielsprache integriert und in einem typischen Verwendungsrahmen präsentiert werden. Leider werden eine Reihe von Vokabelprogrammen diesem Anspruch nicht gerecht. Außerdem wird das Prinzip der Einsprachigkeit immer wieder verletzt.
Reine Grammatikprogramme sind daraufhin zu überprüfen, ob die Terminologie einheitlich ist, ob alle in Frage kommenden richtigen Lösungen akzeptiert werden und ob die Fehlerkorrekturen einschließlich der erklärenden Hinweise angemessen sind. Insbesondere bei Grammatikprogrammen besteht die Schwierigkeit, alle in Frage kommenden Fehlertypen zu antizipieren. Eine rein negative oder unklare Antwort wirkt demotivierend auf die Lernenden.
Textrekonstruktionsprogramme zielen auf die Ausbildung integrierter Fertigkeiten. Sie sind von *cloze procedures* abgeleitet: Aufgabe des Schülers ist es, vorgegebene Lücken (z.B. jedes n-te Wort in einem Text) auszufüllen. Es kann aber auch der gesamte Text rekonstruiert werden. Die Fähigkeit der Textrekonstruktion steht in enger Beziehung mit der allgemeinen Sprachfähigkeit. Die Textrekonstruktion erfordert lexikalische Kenntnisse, grammatisches Wissen und ein gut entwickeltes Inhaltsverständnis. Deshalb hat sich dieser Programmtyp besonders bewährt.
Textrekonstruktionsprogramme beschränken sich nicht auf die Satzebene, sondern beziehen sich auf einen größeren Textzusammenhang. So können die Schüler bei der Rekonstruktion des Textes satzübergreifende Einsichten in die Struktur des fremdsprachlichen Textes gewinnen. Sie lernen u.a. dabei (meist unbewußt), Funktionswörter (*the, of, she*) von lexikalischen Wörtern (*sing, coffee*) zu unterscheiden und die Häufigkeiten von lexikalischen Elementen und grammatischen Strukturen sowie deren Bezug zur jeweiligen Textsorte zu erkennen.
In der Idealform sind diese Programme *authoring programs*. Die Lehrenden können nach Vorgaben des Programms ohne eigene Programmierkenntnisse den Inhalt verändern (z.B. durch eigene Texteingabe oder Ver-

änderung des Schwierigkeitsgrads) und die Aufgabenstellung so an die Bedürfnisse ihrer jeweiligen Lerngruppe anpassen.
In Simulationsprogrammen müssen sich die Lernenden in eine bestimmte Situation versetzen, in der sie sprachliche Handlungen vollziehen. Hier wird vor allem der pragmatischen Komponente Rechnung getragen, aber auch lexikalische und grammatische Verstöße können durch diese Programme korrigiert werden. Der Lehrer sollte allerdings den Umfang der vom Programm geleisteten Fehlerkorrektur beachten.
Außerdem kommt hier dem landeskundlichen Aspekt größere Bedeutung zu. Simulationsprogramme kommen wohl dem kreativen Umgang mit Sprache und der geforderten Einbettung der Sprache in einen Situationszusammenhang am nächsten. Die Lernenden müssen sich in Rollen versetzen, in denen sie bestimmte Entscheidungen zu treffen haben. Simulationsprogramme sind meist als Gruppenaufgaben konzipiert, wobei die Teilnehmer die Lösungen mündlich vor dem Bildschirm beraten. Die Programme sind oft sehr motivationsfördernd und ermöglichen die selten realisierte Schüler-Schüler-Interaktion. Allerdings ist bei Gruppen mit derselben Muttersprache zu bedenken, inwieweit das Prinzip der Einsprachigkeit beachtet werden kann.
Gleichzeitig wird zukünftig die Möglichkeit immer wichtiger, mit Hilfe des Computers auf maschinenlesbare Wörterbücher, Grammatiken und *Usage*-Informationen zurückzugreifen. Die damit verbundenen Abfragetechniken können dem Benutzer Informationen schneller und detaillierter zur Verfügung stellen, als es durch Nachschlagen in Büchern möglich ist.
Diese Möglichkeiten machen den Computer zu einem immer wichtigeren Werkzeug für den Fremdsprachenlehrer, für den Schüler und den Unterricht.

Literatur zu: Computer

Higgins, John und Tim Johns. *Computers in Language Learning*. London, Glasgow, 1984.

Jones, Christopher und Sue Fortescue. *Using Computers in the Language Classroom*. London, 1987.

Rüschoff, Bernd. *Fremdsprachenunterricht mit computergestützten Materialien: Didaktische Überlegungen und Beispiele*. 2. erw. Aufl. München, 1988.

Video

Fernsehen und Video sind weitverbreitete Produkte der Unterhaltungsindustrie und gehören zu den Medien, die in jüngerer Zeit Eingang in den Englischunterricht gefunden haben. In jedem Schuljahr strahlen einzelne Fernsehsender im Rahmen ihrer Schulfernsehprogramme auch Sendungen

aus, die für den Englischunterricht entwickelt wurden. Neben der direkten Nutzung dieser Schulfernsehsendungen können – unter Berücksichtigung der Copyright-Vorschriften – von diesen Programmen Mitschnitte erstellt und für eine begrenzte Zeit archiviert und als Videos verwendet werden. Weitere Videos werden von Schulbuchverlagen angeboten oder können von Bildstellen ausgeliehen werden.
Der Einsatz von Video wird oft mit einem Motivationseffekt begründet. Die Freude am Fernsehen im häuslichen Bereich soll für den Unterricht genutzt werden. Hierbei wird ein wesentlicher Unterschied übersehen: das häusliche Fernsehen wird in der Regel als Konsumangebot benutzt (lat. *consumere* = verbrauchen). Der häusliche Fernsehfilm erfordert keine aktive, mit Konzentration verbundene Aufnahme aller wichtigen Sprach- und Situationselemente. Für seine Vorbereitung ist keine Bereitstellung fehlender Informationen notwendig. Er ist an seinem Ende verbraucht, sein Informationsgehalt wird als erschöpft betrachtet. Kaum jemals wird der Film im häuslichen Bereich unmittelbar nach seinem Abschluß insgesamt oder in Teilen wiederholt.
Der Einsatz von Video im Unterricht erfordert jedoch eine andere Art von Rezeption und Verarbeitung auf Seiten der Lernenden. Deshalb besteht eine der wesentlichsten Aufgaben des Lehrenden darin, der passiven Konsumhaltung entgegenzuwirken und durch gezielte Aufgaben die Aufmerksamkeit der Lernenden auf die Erfassung der wichtigsten Aspekte der Sprache und der visuell dargebotenen Informationen zu lenken und sie für die Sprachrezeption und -produktion der Lernenden nutzbar zu machen.

Der Videoeinsatz erfordert daher eine spezielle Vorbereitung vom Lehrer. Sachanalyse und didaktische Analyse und die damit verbundene Aufgliederung des Stoffes auf Phasen und Unterrichtsabschnitte sowie die Isolierung der Lernziele sind ebenso wichtig wie bei allen anderen Unterrichtsplanungen.
Gegenüber der Fernsehsendung, die nur zu einem bestimmten Zeitpunkt empfangen werden kann, bietet das Medium Video zusätzliche Möglichkeiten. Dieses „Fernsehen in der Dose“ erlaubt es,
- den Film an einem beliebigen Ort zu einer beliebigen Zeit abzuspielen
- den laufenden Film jederzeit anzuhalten
- den Film zu wiederholen, insgesamt und in Teilen.

Dadurch kann das Lerntempo auf die Gruppe oder das Individuum abgestimmt werden.
Beim Einsatz von Video im Englischunterricht müssen zunächst die technischen Voraussetzungen betrachtet werden. Da die Videokassetten nicht normiert sind, ist die erste wichtige Frage diejenige nach dem Videosystem.

Will man Videoprogramme an einer Schule einsetzen, so muß man sich zunächst vergewissern, daß geeignete Videogeräte an der Schule vorhanden sind, und das passende Video für das entsprechende System erwerben.
Nachdem der videogestützte Englischunterricht zunächst vorwiegend durch Programme gekennzeichnet war, die einen ganzen Lehrgang (meist außerhalb des schulischen Fremdsprachenunterrichts) kontinuierlich begleiteten, ist in der letzten Zeit eine wachsende Zahl von Videoprogrammen auf den Markt gelangt, die sich einzelnen Schwerpunktbereichen des Englischunterrichts gezielt widmen. Diese Videoprogramme beziehen sich auf ein bestimmtes Lehrwerk oder sind lehrwerkunabhängig.
Da viele Videoprogramme als lehrwerkunabhängiges Zusatzmaterial oder für den Unterricht mit erwachsenen Lernenden konzipiert sind, ist zu prüfen, ob, auf welche Weise und an welcher Stelle sie sich in einen Lehrgang integrieren lassen. Dabei müssen die Besonderheiten der Zielgruppe (Alter, Vorkenntnisse etc.) beachtet werden.
Zu den unterschiedlichen Videoprogrammen gibt es teilweise Begleitmaterialien. Sie sind entweder für den Schüler bestimmt (wie z.B. *Workbooks*) oder für die Hand des Lehrers. Bei letzteren handelt es sich um didaktisch-methodische Vorschläge bis hin zu technischen Hinweisen.
Bei der Arbeit mit Videos sind eine Reihe von methodischen Gesichtspunkten zu beachten. Auf keinen Fall sollte das bloße Abspielen eines Videos eine gesamte Unterrichtsstunde in Anspruch nehmen. Statt dessen muß die Präsentation durch entsprechende Unterrichtsabschnitte vorbereitet und vor allem auch nachbereitet werden, ähnlich wie beim Einsatz von Hör- oder Lesetexten. Oft wird der eigentliche Videoeinsatz im laufenden Unterricht nur wenige Minuten umfassen.
Videos unterscheiden sich von reinen Hör- oder Lesetexten besonders durch die Verbindung von Sprache und bewegtem Bild. Die Kombination des visuellen und auditiven Aspekts ist besonders gut geeignet, um landeskundliche Informationen oder auch die non-verbale Seite von Sprache (Gestik und Mimik) zu vermitteln. Andererseits kann die Verbindung von Bild und Ton auch Gefahren mit sich bringen. Der Schüler ist oft nicht in der Lage, auf zwei Wahrnehmungskanälen gleichzeitig eine Fülle von Informationen zu verarbeiten.
In der Sachanalyse ist zu klären, ob die Verbindung von Sprache und Bild immer eindeutig ist, so daß der Lernende erkennen kann, ob ein bestimmtes sprachliches Element mit der visuell dargestellten Situation zwingend verbunden ist oder ob es zu zwei- oder sogar mehrdeutigen Interpretationen kommen kann. Für die Semantisierung eines neuen Wortschatzelementes und die Vermittlung einer neuen grammatischen Struktur ist die Eindeutigkeit zwingend erforderlich.

Die Isolierung des Bildes kann Impulse zur Schulung des Sprechens bieten. Eine Isolierung des Tons kann die Schwierigkeit des Hörverstehens erhöhen, da die Erläuterung durch die visuelle Komponente nicht gegeben ist.

Eine völlig andere Verwendung von Video besteht darin, kurze Videosequenzen selbst zu produzieren. Wenn eine Videokamera verfügbar ist, können ohne großen Aufwand beispielsweise Mitschnitte von kleinen szenischen Darstellungen oder Rollenspielen angefertigt und anschließend vorgespielt und besprochen werden. Solche Filmaufnahmen wirken sich nicht nur förderlich auf die Motivation insbesondere jüngerer Schüler aus, sie können auch unmittelbar zur gemeinsamen Kontrolle und ggf. Korrektur der erbrachten mündlichen Leistungen durch den Lehrer und die Lernenden selbst dienen.
Wesentlich aufwendiger, aber ebenfalls möglich, ist die gemeinsame Produktion eines Videofilms in englischer Sprache. Dies kann im Rahmen eines Projektes zu einem bestimmten Thema geschehen. Das fertige Produkt kann Eltern oder anderen Schülern vorgespielt bzw. als Unterrichtsmittel für andere Klassen eingesetzt werden.
Grundsätzlich sollten Schülerleistungen erst dann auf Video festgehalten werden, wenn die Lernenden ausreichende Sicherheit im Gebrauch der betreffenden sprachlichen Elemente erlangt haben. In der Regel ist dies erst in der Phase der Sprachanwendung der Fall.
Als Ausblick sei noch auf das sogenannte *interactive video* verwiesen, das zusätzliche Funktionen bietet, aber einen hohen technischen und finanziellen Aufwand erfordert. Es handelt sich hierbei um das Zusammenspiel von Video und Computer. Während oder nach der Präsentation einer Videosequenz werden vom Programm Aufgaben an den Lernenden gerichtet. Bei fehlerhafter Reaktion wird der Schüler auf die Stelle im Video zurückgeführt, an der ihm gezielte Hilfen gegeben werden. Diese Art des Einsatzes ist vorrangig für die individuelle Arbeit bestimmt.
Da das *interactive video* einen hohen technischen und finanziellen Aufwand erfordert, ist diese Medienkombination bisher selten an deutschen allgemeinbildenden Schulen eingesetzt worden.

Literatur zu: Video

Allan, Margaret. *Teaching English with Video.* London, 1985.
Geddes, Marion und Gill Sturtridge (Hrsg.). *Video in the Language Classroom.* London, 1982.
Lonergan, Jack. *Fremdsprachenunterricht mit Video: Ein Handbuch mit Materialien.* München, 1987.
Tomalin, Barry. *Video, TV & Radio in the English Class.* London, 1986.

Medien zum Selbstlernen

Selbstlernen spielt für das Erlernen fremder Sprachen eine wichtige Rolle, wird aber in der Schule nicht selten auf die häusliche Nacharbeit des im Unterricht behandelten Stoffes beschränkt. Ohne Selbstlernen bleibt der Lernende auf Dauer vom Lehrenden abhängig, und er kann nach Ende der Schulzeit seine Sprachfähigkeiten kaum gezielt in Eigeninitiative erweitern. Aus diesem Grunde sollten Lerntechniken[2], insbesondere Techniken des Selbstlernens, schon frühzeitig im Unterricht vorbereitet und eingeübt werden.

Medien zum Selbstlernen[3] sind Lernhilfen, die zwischen fremd- und selbstbestimmter Steuerung liegen und zeitweise oder vollständig an die Stelle des Lehrers treten können. Mit Medien zum Selbstlernen können die Lernenden sich in Gruppen-, Partner- oder Einzelarbeit Teilbereiche der Sprache oder Teilfertigkeiten selbst erarbeiten.

Medien zum Selbstlernen unterstützen nicht nur den Erwerb der Fremdsprache, sie dienen gleichzeitig dazu, den Schülern eine der elementarsten Qualifikationen überhaupt zu vermitteln, nämlich das Lernen zu lernen. Darüber hinaus geht von ihnen oft auch eine besondere Lernmotivation aus, da die Lernenden durch den selbständigen Umgang mit diesen Medien das Gefühl einer größeren Lernautonomie und Mündigkeit erhalten, das durch persönliche Erfolgserlebnisse noch bestärkt wird.

Der Einsatz von Medien zum Selbstlernen ermöglicht Differenzierung und Individualisierung des Lernens. Jede Schülergruppe oder jeder Schüler kann dabei sowohl den Lernumfang als auch das Lerntempo den eigenen Bedürfnissen und Erfordernissen anpassen. Dies kann in einem zeitlich festgelegten Rahmen während der Unterrichtszeit erfolgen mit dem Ziel, die im Unterricht erworbenen Lerntechniken später auch eigenständig außerhalb des Unterrichts anzuwenden.

Damit der Charakter des Selbstlernens, zu dem auch die Selbstkontrolle gehört, von Anbeginn deutlich wird, sollten die Ergebnisse immer zunächst durch die Schüler selbst kontrolliert und ggf. korrigiert werden, bevor sie dem Lehrenden zur Überprüfung vorgelegt werden.

Einen hohen Stellenwert haben Medien zum Selbstlernen in der Phase der Sprachverarbeitung, in der es um das Üben zuvor vermittelter sprachlicher Elemente geht. Nicht unproblematisch ist in der Sekundarstufe I dagegen die Nutzung von Medien zum Selbstlernen in der Phase der Sprachaufnah-

---

2 Zu Lerntechniken vgl. u.a. Rampillon, Ute. *Lerntechniken im Fremdsprachenunterricht.* München, 1985.

3 Vgl. u.a. Wißner-Kurzawa, Elke. „Materialien zum Selbstlernen." In: Karl-Richard Bausch et al. (Hrsg.). *Handbuch Fremdsprachenunterricht.* 3., überarb. und erw. Aufl. Tübingen, 1995. S. 308–311.

me. Jüngere Schüler benötigen zunächst eine sichere Grundlage, bevor sie eigenständig tätig werden können. Andernfalls besteht die Gefahr, daß viele Schüler entweder frühzeitig resignieren oder sich Falsches einprägen.

Viele der bisher genannten Medien können auch zum Selbstlernen verwendet werden.[4] Zahlreiche Computer- und Sprachlaborprogramme sowie Videos sind ausdrücklich für derartige Zwecke entworfen worden. Allerdings sind für ihren erfolgreichen Einsatz in der Regel Änderungen oder Ergänzungen nötig.
Die beiden wichtigsten Bedingungen, die erfüllt sein müssen, damit ein Medium zum Selbstlernen verwendet werden kann, sind:
- die Aufgabenstellungen und ggf. Erklärungen müssen eindeutig und für die Lernenden leicht verständlich sein
- die Lernenden müssen die Möglichkeit zur Selbstkontrolle und -korrektur haben.

Insbesondere die zweite Bedingung erfüllen das Lehrbuch oder das *Workbook* von sich aus meist nicht, so daß der Lehrende zu den hieraus entnommenen Aufgaben zumindest zusätzliche Lösungsblätter anfertigen muß, wenn diese Medien auch zum Selbstlernen verwendet werden sollen.
Gleiches gilt für Tonband- und Videokassetten. Diese eignen sich nur dann zum Selbstlernen, wenn sie durch Begleithefte bzw. zusätzlich vom Lehrenden angefertigte Aufgabenblätter ergänzt werden, die eindeutige Arbeitsaufträge und Kontrollmöglichkeiten enthalten.
Flashcards können zum Selbstlernen, z.B. im Bereich des Wortschatzes, eingesetzt werden, wenn sie als Wendekarten konzipiert sind, d.h., wenn sie etwa auf der Vorderseite ein Bild und auf der Rückseite das entsprechende Wort enthalten.
Weitere Medien, die sich für das Selbstlernen eignen, sind Lernkarteien oder speziell für Selbstlernzwecke zusammengestellte Aufgabensammlungen mit Arbeits- und Lösungsblättern als Kopiervorlagen. Auch eine Reihe unterschiedlicher Lernspiele wie z. B. Bingos, Dominos, Trimonos, Memories, Puzzles, einige spezielle Brett- oder Kartenspiele, Stöpselkarten, Lernschieber, Lernscheiben usw. eignen sich zum Selbstlernen in Einzel-, Partner- oder Gruppenarbeit, insbesondere bei jüngeren Lernenden.
Medien zum Selbstlernen, oft auch als Freiarbeitsmaterialien bezeichnet, werden zunehmend von den Schulbuchverlagen angeboten. Sie existieren als Teil eines Lehrwerks oder lehrwerkunabhängig, sie können aber auch vom Lehrenden oder von den Lernenden selbst hergestellt werden. Bei

4 Z. B. das Lehrbuch, das *Workbook, Flashcards,* Tonbandkassetten, Videokassetten, Computer- oder Sprachlaborprogramme.

lehrwerkunabhängigen Materialien ist darauf zu achten, ob sie die Lernenden mit unbekannten Vokabeln oder Strukturen überfordern.

Materialien, die vom Lehrenden oder von den Lernenden selbst angefertigt werden (z.B. persönliche Lernkarteien, Spiele) haben besonders motivierenden Charakter und den zusätzlichen Vorteil, daß sie optimal den Erfordernissen des einzelnen oder der Lerngruppe angepaßt werden können.

Ausgewählte Materialien zum Selbstlernen:

Free and Easy: Freiarbeitsmaterial Klasse 5 und 6. Von K. Mehlich. Berlin, 1993.

Free Line: Spiele und Übungsmaterialien für die Freiarbeit in Klasse 6. Stuttgart, 1991.

Fun and Practice 1 and 2: Materialien zur Freiarbeit. Von Gerd Hesterberg, Brigitte Seidl und Jochen Vatter. Stuttgart, 1992/1993.

Krüsmann, Gabriele. *Do it yourself 1–4.* Mühlheim/Ruhr, 1988/1989.

Langenscheidts Lernkartei Englisch 1–3. Erarbeitet von Adolf Ringhofer. München, 1988.

Stich, Bernhard. *Englisch im Spiel.* Mühlheim/Ruhr, 1988.

Vokabelkartei Englisch. Bearbeitet von P. N. Hewitt und R. Langhans. Stuttgart, 1977.

Sachregister

Fettgedruckte Zahlen verweisen auf Seiten des Textes, auf denen eine Definition gegeben wird oder eine ausführliche Behandlung des genannten Begriffs erfolgt. Am Ende des Sachregisters finden sich Literaturhinweise zu Begriffswörterbüchern und Nachschlagewerken zur Fremdsprachendidaktik und angewandten Linguistik.

Begriffswörterbücher und Nachschlagewerke zur Fremdsprachendidaktik und angewandten Linguistik:

Bausch, Karl-Richard, Herbert Christ und Hans-Jürgen Krumm (Hrsg.). *Handbuch Fremdsprachenunterricht.* 3., überarb. und erw. Aufl. Tübingen, 1995.
Finkenstaedt, Thomas und Konrad Schröder (Hrsg.). *Reallexikon der englischen Fachdidaktik.* Darmstadt, 1977.
Richards, Jack C., John Platt und Heidi Platt. *Longman Dictionary of Language Teaching and Applied Linguistics.* Harlow, 1992.

Verzeichnis der zur Bearbeitung der Aufgaben erforderlichen Literatur

Dieses Verzeichnis enthält alle Titel, die für die Bearbeitung der im Text enthaltenen Aufgaben erforderlich sind. Es kann als Grundlage für die Zusammenstellung eines Handapparates dienen. Weitere Grundlagenliteratur zu den einzelnen Themen dieses Buches findet sich jeweils am Ende der betreffenden Kapitel oder Teilkapitel.

Alexander, Louis G. *Longman English Grammar.* London, 1988.

Arnold, Roland und Klaus Hansen. *Englische Phonetik.* 8. Aufl. Berlin, Leipzig etc., 1992.

Bausch, Karl-Richard, Herbert Christ und Hans-Jürgen Krumm (Hrsg.). *Handbuch Fremdsprachenunterricht.* 3., überarb. und erw. Aufl. Tübingen, 1995.

Blundell, Jon, Jonathan Higgens und Nigel Middlemiss. *Function in English.* Oxford, 1982.

Butzkamm, Wolfgang. *Psycholinguistik des Fremdsprachenunterrichts: Natürliche Künstlichkeit: Von der Muttersprache zur Fremdsprache.* Tübingen, 1989.

Digeser, Andreas. *Fremdsprachendidaktik und ihre Bezugswissenschaften: Einführung, Darstellung, Kritik, Unterrichtsmodelle.* Stuttgart, 1983.

Doyé, Peter. *Systematische Wortschatzvermittlung im Englischunterricht.* 5. Aufl. Hannover, Dortmund, 1980.

Ek, J. A. van und J. L. M. Trim. *Threshold Level 1990.* Straßburg, 1991.

Ek, J.A. van und J. L. M Trim. *Waystage 1990.* Straßburg, 1991.

English G OS 1: Neue Ausgabe. Berlin, 1986.

English live: Ausgabe A, Band 1. München, 1990.

Greenbaum, Sidney und Randolph Quirk. *A Student's Grammar of the English Language.* Harlow, 1990.

Harmer, Jeremy. *Teaching and Learning Grammar.* Harlow, 1987.

Harmer, Jeremy. *The Practice of English Language Teaching.* New edition. London, New York, 1991.

Hecht, Karlheinz und Ludwig Waas. *Englischunterricht konkret: Linguistische und didaktische Grundlagen, Stundentypen, Übungsformen.* Donauwörth, 1980.

Hermes, Liesel. *Texte im Englischunterricht der Sekundarstufe I.* Hannover, Dortmund, 1979.

Heuer, Helmut und Friederike Klippel. *Englischmethodik.* Berlin, 1987.

Hornby, A. S. *Guide to Patterns and Usage in English.* 2nd ed. London, 1975.

Hunfeld, Hans. *Englischunterricht: Literatur 5–10.* München etc., 1982.

Kenworthy, Joanne. *Teaching English Pronunciation.* London, New York, 1987.

Lamprecht, Adolf. *Grammatik der englischen Sprache.* 8., völlig überarb. und erw. Aufl. Berlin, 1986.

Lehrpläne des eigenen Bundeslandes.

Let's go 1. Stuttgart, 1984.

Peck, Antony. *Language Teachers at Work: A Description of Methods.* New York, 1988.

Piepho, Hans-Eberhard. *Contacts: 50 Stichwörter von A–Z.* 2. erw. Aufl. Bochum, 1982.

Rampillon, Ute. *Englisch Lernen: Mit Tips und Tricks zu besseren Noten: Schülerarbeitsbuch.* München, 1985.

Siebold, Jörg, Klaus Kähler und John Tarver. *Do you see what I mean? Language functions in spoken English.* Berlin, 1989.

Stevick, Earl W. *Teaching and Learning Languages.* Cambridge, 1982.

Ungerer, Friedrich, Peter Pasch, Peter Lampater und Rosemary Hellyer-Jones. *Learning English: Grundgrammatik: Ausgabe für Gymnasien.* Stuttgart, 1989 bzw. *Learning English: A Guide to Grammar.* (Einsprachige Version der Ausgabe für Gymnasien) Stuttgart, 1992.

West, Michael. *Teaching English in Difficult Circumstances.* London, 1960 (auch abgedruckt bei Doyé, Peter. *Systematische Wortschatzvermittlung im Englischunterricht.* 5. Aufl. Hannover, Dortmund, 1980, S. 111ff.).

West, Michael. *A General Service List of English Words.* Erweiterte Aufl. London, 1953 und weitere Drucke.

Ziegésar, Detlev und Margaret von. *Einführung von Grammatik im Englischunterricht: Materialien und Modelle.* München, 1992.

Zimmermann, Günther. *Grammatik im Fremdsprachenunterricht.* Frankfurt am Main, 1977.